W0058668

Über das Buch:

Schauplatz Ostsee: Dreimal so groß wie das heutige Leipzig war die sagenhafte Stadt Vineta. Wegen ihres unermeßlichen Reichtums und ihrer Macht galt sie als das Venedig des Nordens. Im 12. Jahrhundert wurde sie überflutet und versank für immer. Wirklich? Eine Frage, die Archäologen und Historiker ebenso interessiert wie die Tourismusmanager, die heute am Ruhm der Stadt teilhaben wollen.

Alle müssen jetzt umdenken. Alte Quellen werden neu gedeutet. Endlich wird schlüssig dargestellt, wo genau Vineta lag und wie die Katastrophe seines Untergangs geschehen konnte. Mit Akribie, Neugier und dem Mut zum Querdenken versetzen die Autoren die etablierte Wissenschaft in Erstaunen.

Eine faszinierende Entdeckungsgeschichte aus dem Norden Deutschlands!

Über die Autoren:

Dr. Klaus Goldmann, geboren 1936 in Guben, Niederlausitz, ist Oberkustos des Museums für Vor- und Frühgeschichte der Staatlichen Museen zu Berlin und veröffentlichte zahlreiche Aufsätze zur Archäologie der Bronzezeit und des Mittelalters. Bekannt geworden ist er durch seine Forschungen nach verschollenem deutschem Museumsgut. 1995 wurde Dr. Klaus Goldmann mit dem »Verdienstkreuz am Bande« der Bundesrepublik Deutschland ausgezeichnet.

Günter Wermusch, geboren 1936 in Coswig/Anhalt, arbeitete bis 1991 als Lektor und Lektoratsleiter im Berliner Verlag »Die Wirtschaft«; seitdem freier Publizist und Übersetzer. Er beschäftigt sich mit der Geschichte Vorpommerns und veröffentlichte Bücher u. a. zu kulturhistorischen Themen, zur Geschichte des Kunstraubs sowie zur Frühgeschichte der Mark Brandenburg.

Klaus Goldmann
Günter Wermusch

VINETA

Die Wiederentdeckung
einer versunkenen Stadt

BASTEI LÜBBE TASCHENBUCH
Band 64179

1. Auflage: Mai 2001
2. Auflage: Januar 2002

Die Karte auf der Seite 265 wurde von Frank Stiefel erstellt.

Aktualisierte Taschenbuchausgabe der im
Gustav Lübbe Verlag erschienenen Hardcoverausgabe

Bastei Lübbe Taschenbücher und Gustav Lübbe Verlag
sind Imprints der Verlagsgruppe Lübbe

© 1999 by Verlagsgruppe Lübbe GmbH & Co. KG,
Bergisch Gladbach
Lektorat: Barbara Lauer, Bonn
Titelbild: Ausschnitt aus »Nova illustrissimi Ducatus Pomeraniae
Tabula...« von Eilhardo Lubino
(Lubinus), Amsterdam um 1633
(Berlin, Staatsbibliothek zu Berlin)
© BPK, Berlin
Einbandgestaltung: Tanja Østlyngen
Satz: Dörlemann Satz, Lemförde
Druck und Verarbeitung: Clausen & Bosse, Leck
Printed in Germany
ISBN 3-404-64179-5

Sie finden uns im Internet unter
http://www.luebbe.de

Der Preis dieses Bandes versteht sich einschließlich
der gesetzlichen Mehrwertsteuer.

INHALT

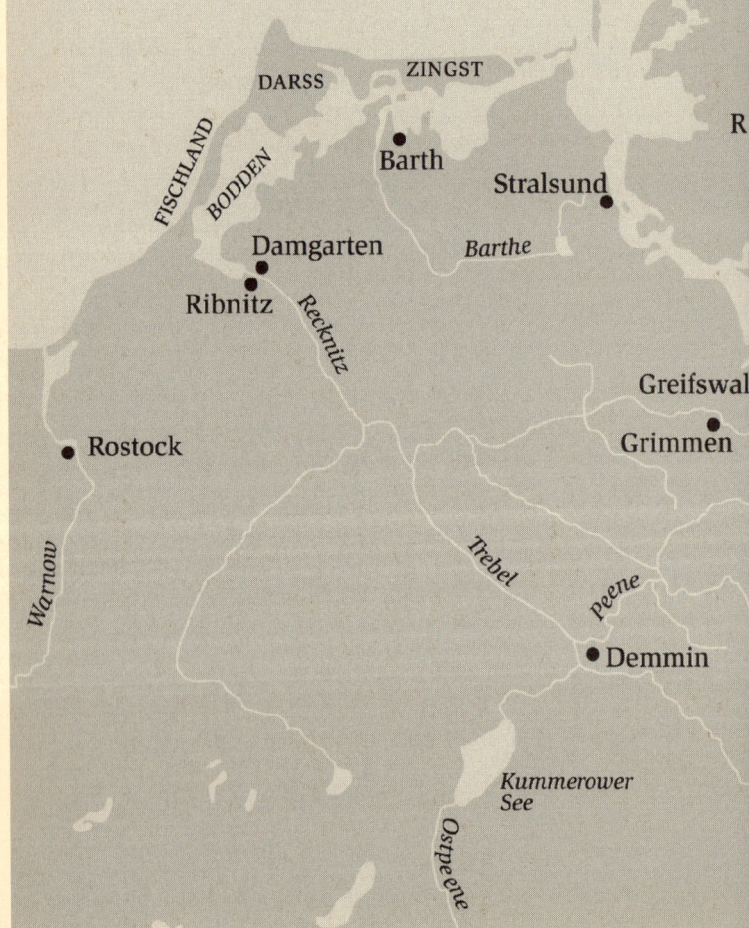

OSTSEE

HIDDENSEE

DARSS ZINGST

FISCHLAND

BODDEN

Barth

Stralsund

R

Barthe

Damgarten

Ribnitz

Recknitz

Greifswal

Grimmen

Rostock

Warnow

Trebel

Peene

Demmin

Kummerower See

Ostpeene

Vorpommern mit der Ostseeküste bis Wollin

N

Thiessow

OSTSEE

IFSWALDER BODDEN

Ruden

Wolgast

Koserow

Swinemünde

WOLLIN

USEDOM

Peene

Anklam

Wollin

ODERHAFF

»Den unlösbaren Knoten zu
zersäbeln
gehörte zu dem Pensum Alexanders.
Und wie hieß jener, der den Knoten
knüpfte?
Den kennt kein Mensch.
(Doch sicher war es jemand anders.)«
Erich Kästner: *Über den Nachruhm*
oder Der Gordische Knoten

Vor rund achthundertfünfzig Jahren soll sie untergegangen sein, die einst größte Stadt Europas. In Sage und Chronik ist sie unter dem Namen »Vineta« bekannt. Dem Zeugnis zeitgenössischer Chronisten zufolge hat sie an der Ostsee gelegen. An einer Odermündung. Die Oder hat heute drei Mündungen – bei Dievenow, bei Swinemünde und bei Peenemünde. Schließlich soll es bis zum 13. Jahrhundert noch eine weitere Odermündung auf Usedom gegeben haben.

Wie konnte eine so große Stadt plötzlich verschwinden? Und warum gibt es über Vineta nur so spärliche Nachrichten, wenn es sich um Europas größte Stadt gehandelt haben soll?

Folgt man der Sage, dann hat ein Gottesurteil den im Überfluß schwelgenden Bewohnern Vinetas den Untergang in den Meeresfluten beschert. Demnach könnte es eine Sturmflut vernichtet haben. War es so? Vielleicht ist Vineta auch gar nicht untergegangen und besteht unter einem anderen Namen noch heute? In einschlägigen wissenschaftlichen Darstellungen und Nachschlagewerken wird diese Ansicht bis heute recht einhellig vertreten. Demnach war Vineta mit dem Städtchen Wollin auf der gleichnamigen Insel am Oderhaff identisch. Dort wurden seit Ende des vorigen Jahrhunderts bei systematischen Ausgrabungen derart reiche Bodenfunde von einer mittelalterlichen Handelsstadt gemacht, daß Zweifel an der Gleichsetzung von Vineta mit Wollin völlig ausgeschlossen zu sein schienen.

Klaus Goldmann und Günter Wermusch haben in über vierjähriger Arbeit die Spuren zu Vineta und zu der sagenhaften Wikingerfeste »Jómsburg«, die meist mit Vineta in engen Zusammenhang gestellt wurde, wiederaufgenommen. Zunächst sichteten sie fast alles heute noch erreichbare Material über die Stadt und Burg. Parallel dazu widmeten sie sich geographie- und allgemeinhistorischen Untersuchungen für die Zeit, in der Vineta bestanden haben soll. Drittens schließlich befaßten sie sich mit der etymologischen Deutung von Orts- und Flurnamen, die mit Vineta zu tun gehabt haben konnten.

Es war ein mühsamer Weg; denn beide hatten anfangs nicht mehr als eine vage Vermutung, wo Vineta gelegen haben könnte. Und die sollte sich noch als unzutreffend erweisen. Sicher waren sie sich nur in einem: Wollin war nicht Vineta. »Nachdem wir alles erreichbare Material kritisch gesichtet hatten, sahen wir uns plötzlich einem Krimi von völlig unerwarteten Dimensionen gegenüber«, sagt Klaus Goldmann.

Die beiden Autoren haben bei ihren Forschungen sozusagen »interdisziplinär« zusammengearbeitet. Die archäologischen und geographiegeschichtlichen Untersuchungen gehen vor allem auf Goldmann zurück, während Wermusch in erster Linie für die allgemeinhistorischen und etymologischen Deutungen verantwortlich zeichnet. Die hier vorgeschlagenen Überlegungen beanspruchen nicht, lückenlose Gegenantworten auf die von der Wissenschaft mit Wollin längst zu den Akten gelegte Vineta-Frage zu liefern. Sie bieten eine Version an, die bislang völlig außerhalb des Gesichtsfeldes lag und den Vorzug hat, die geographischen Angaben der Chronisten wie Ibrahim ibn Jaqub, Adam von Bremen und Helmold von Bosau beim Wort genommen zu haben.

Die in diesem Buch vorgelegten Studien stellen den Versuch dar, logischere als die bisherigen Erklärungen zu finden. Daß die Deutung des Vineta-Rätsels auf Widerspruch stößt, wäre sogar begrüßenswert, wird doch auf diese Weise die Diskussion über das uralte Rätsel um die so plötzlich aus dem Blickpunkt der Geschichte verschwundene große Handelsmetropole an der Ostsee wiederbelebt. Zudem bleibt zu hoffen, daß mit diesen Untersuchungen der Frühgeschichtsforschung hinreichend Anreize gegeben werden, auch die noch immer im dunkeln liegende Vorgeschichte Stralsunds unter bislang unbeachteten Aspekten anzugehen. Gezielte archäologische Untersuchungen in den angegebenen Gebieten werden mit Sicherheit reichhaltige Funde nicht nur aus wendischer Vergangenheit zutage fördern. Erst sie werden schließlich bestätigen können, welcher Wert den in diesem Buch dargestellten Überlegungen und Ergebnissen zugestanden werden kann.

Was die Autoren in dem Buch darlegen, sollte zumindest Anregung sein, auch jenen Aspekt deutscher Geschichte des Mittelalters neu zu betrachten, wie Slawen, Germanen (Deutsche, Sachsen) und »Griechen« über Jahrhunderte friedlich zusammengelebt haben.

Die Darstellungsweise des vorliegenden Buches entspricht weitgehend dem Weg, den die Autoren bei ihrer Suche nach Vineta gegangen sind. Sie soll den Leser anregen, diesen Weg mit »kriminalistischem Gespür« mitzugehen, auch wenn es mitunter schon wegen der Fülle des Stoffes beschwerlich erscheint. Vielleicht kommt dieser oder jener Leser dabei auch zu Denkanstößen, für deren Mitteilung die Autoren dankbar wären. Denn um die Vineta-Frage ranken sich einfach zu viele historische Begebenheiten, um sofort ein lückenloses Bild liefern zu können. Schon bei der Lösung, wie sie Klaus Goldmann und Günter Wermusch gefunden haben, ergab sich eine ganze Reihe von Korrekturen in der bisherigen Betrachtung der untersuchten Geschichtsepoche. Weitere, bislang unbeachtete Aspekte werden sich angesichts der neuen Betrachtungsweise von selbst aufdrängen.

»Wir haben uns bemüht, sparsam mit Hypothesen umzugehen, wenngleich die für eine an schriftlichen Überlieferungen so karge Zeit unverzichtbar sind. Vor allem haben wir uns von willkürlichen, ›paßfähigen‹ Konstruktionen ferngehalten, waren stets bemüht zu beweisen, statt zu behaupten«, lautet das Credo beider Autoren.

Das Buch sollte so wissenschaftlich wie nötig, aber auch so unterhaltsam wie möglich sein. Es wendet sich vor allem an Leser, die gern mitdenken, sich nicht nur mit vom Fernsehen mitunter zweifelhaft aufbereitetem Stoff unterrichten lassen. Denen, besonders natürlich, wenn sie geschichtlich interessiert sind, werden letztlich auch die von den Autoren ermittelten Zusammenhänge und Schlüsse als eine kleine Sensation erscheinen.

1. ANNÄHERUNG AN VINETA

>»Die Fehler, die wir machen, sind nur die,
in die wir verfallen, wenn wir uns mit Hülfe
eines Plans eine Stadt im Geiste auferbauen.
Die Dinge selbst sind nicht richtig, aber wir
geben den Dingen ihren richtigen Platz.«
Theodor Fontane: *Der Blumenthal*

Es war im Januar 1988, als wir uns zum ersten Mal trafen. Klaus Goldmann, der in Charlottenburg (Westberlin) wohnte, war nach Ostberlin gekommen. Wir kannten uns schon über ein Jahr per Brief und Telefon. Damals stand die Mauer noch, und für Günter Wermusch in Lichtenberg wäre es schier unmöglich gewesen, bei den Behörden den Besuch eines Bekannten in Westberlin zu beantragen. Für Klaus war der umgekehrte Weg kein Problem. Als auch im Osten bekannter Archäologe kam er häufig nach dort, um zusammen mit Kollegen etwa aus der Ostberliner Akademie der Wissenschaften auf Erkundungsreise zu gehen.

Damals reduzierte sich unser gemeinsames Thema noch auf die Forschung nach Kunstschätzen, die im und nach dem Krieg aus in- und ausländischen Museen und Privatsammlungen verschollen waren. Für Klaus waren das in erster Linie die drei »Goldkisten« mit dem legendären »Schatz des Priamos«, für Günter die im Mai 1945 angeblich verbrannten vierhundertelf Gemälde Alter Meister des Berliner Kaiser-Friedrich-Museums und das Bernsteinzimmer. In dieser Zeit tauschten wir bereits unsere veröffentlichten Arbeiten zu historischen Themen aus. Bei Klaus waren dies vor allem in wissenschaftlichen Zeitschriften publizierte Untersuchungen über die vor- und frühgeschichtliche Landschaft Ostdeutschlands. Günter hatte kulturgeschichtliche Abhandlungen anzubieten, die Klaus mit der Bemerkung kommentierte: »Wir sind nicht nur eines Jahrgangs, wir schwimmen auch auf derselben Welle.« Beide »machten wir in Geschichte«, nur von unterschiedlichen Ausgangspunkten her.

Günter Wermusch war seinerzeit noch im Ostberliner Verlag Die Wirtschaft tätig. Zu seinem verlegerischen Programm gehörten auch sogenannte populäre Sachbücher, darunter eine Publikationsreihe von Sagen mit wirtschaftlichem Bezug aus den historischen deutschen Landschaften. Klaus Goldmann interessierte sich sehr dafür. »Sagen geben vielfach Kenntnis von Dingen, die von der Geschichtsschreibung einfach ignoriert oder von allzu simplen Vorstellungen her erklärt werden. Man muß nur offene Sinne für unsere landschaftlichen Eigenheiten, gerade im heutigen Ostdeutschland, und für das haben, was uns die teils uralten Sagen verkünden.«

Erst 1992 griff Günter diesen Gedanken auf, begann sich mit den Sagen der Mark Brandenburg und ihren Hintergründen zu befassen. Dabei sollte es nicht bleiben, zeigten sich doch Parallelen zu der Sagenwelt Mecklenburg-Vorpommerns. Das betraf in erster Linie Sagen von untergegangenen Schlössern und Ortschaften. So kam es beinahe zwangsläufig zu der Frage nach Vineta. Auch hier hatte Klaus bereits einigen »Vorlauf«, trug sich mit dem Gedanken, das Rätsel um die vor etwa achthundertfünfzig Jahren untergegangene Stadt noch einmal unter neuen Gesichtspunkten anzugehen. Günter meinte zuerst, das wäre vergeudete Zeit, das Thema sei ausgelaugt, er habe sich selbst einmal damit beschäftigt. »So ein erster literarischer Versuch. Die Anregung dazu kam von meinem Kumpel Walter Mittelstraß. Er war mein Nachbar in einer Hinterhofbude von Prenzlauer Berg. Das war so um 1970. Walter ließ kaum eine Wohnungsauflösung in der näheren Umgebung aus, und seine kleine Wohnung glich dem Lager eines Antiquitätenhändlers. Bei so einer Wohnungsauflösung bekam er einmal als kostenlose Draufgabe, wie er sagte, ein paar Aufzeichnungen mit, die eine alte Dame hinterlassen hatte. Und die handelten von ihrer Suche nach Vineta. Daraus habe ich dann versucht, so was wie einen Roman aufzubauen und die Frau sozusagen als Heimatforscherin in den Mittelpunkt zu stellen.«

»Hast du das Manuskript noch?«

»Nein, das habe ich vor meinem letzten Umzug, also 1983,

weggeworfen. Ich hatte mich inzwischen ja auch dem Schreiben von Sachbüchern zugewandt.«

Klaus grübelte. »Warum hast du denn das Buch nicht zu Ende geschrieben, dich nicht schon damals mit dem Vineta-Thema weiter befaßt?«

»Weil ich einfach nicht weiterkam. Was die einschlägige Literatur zu dem Thema lieferte, war zu widersprüchlich. Ich wollte das Leben in der Stadt schildern, dazu mußte ich doch wenigstens wissen, wo Vineta untergegangen ist.«

So ergab sich, daß wir auch hier »auf derselben Welle« schwammen, zu verschiedenen Zeiten, aber am gleichen Ort – damals noch in getrennten Welten. Bevor wir uns dann nach dem Fall der Mauer entschlossen, die Suche nach der Wunderstadt gemeinsam anzugehen, sollte noch viel Zeit vergehen. In langen Abenden am Kamin spekulierten wir im blauen Dunst der Tabakspfeifen, wie es in Vineta ausgesehen haben mochte und wie man dort lebte. Aus diesen Gesprächen gewannen wir schließlich ein lebendiges Bild von der Stadt, die wir suchten. Bei einer dieser »Sitzungen« meinte Klaus dann: »Würdest du es dir zutrauen, dein Romanfragment von damals aus dem Gedächtnis niederzuschreiben?«

»Natürlich ginge das. Aber was darin stand, beruhte nur zu einem geringen Teil auf den Skizzen der alten Dame, denen verdankte ich aber letztlich die Anregung. Ihr Name war übrigens Irmgard Klatt oder Kratt, so jedenfalls erinnerte sich Walter. Das weitaus meiste hatte ich mir selbst angelesen aus der Literatur, wieder anderes ist reine Dichtung. Ehrlich gesagt, wenn ich das jetzt noch mal niederschreibe, werden sich darin auch Passagen wiederfinden, die aus den Gesprächen mit dir resultieren.«

Günter nahm sich schließlich der Sache an. Als Klaus das Manuskript gelesen hatte, meinte er, es könnte einen interessanten Einstieg abgeben für ein Buch über Vineta, wenn es uns denn gelänge, dem Geheimnis der Wunderstadt auf die Spur zu kommen.

»Die Darstellung der Stadt und des Lebens in ihr finde ich fein. Das mit den Pergamenten halte ich für etwas spekulativ. Zum anderen ist es kein Fehler, wenn du das Manuskript durch unsere Überlegungen am Kamin ergänzt hast. So ist es nicht nur

ANNÄHERUNG AN VINETA

Einstieg, sondern gewissermaßen eine Ausgangsposition für unsere weitere Arbeit, um das so gelieferte Bild zu ergänzen und gegebenenfalls zu korrigieren.«

Wenden wir uns also dem beschriebenen »Romanfragment« zu, bevor wir unsere lange Reise zur Wiederentdeckung Vinetas antreten.

EIN TRAUMBILD
VON VINETA

Ein halbes Leben verbrachte ich damit, mir diese Wunderstadt wiedererstehen zu lassen. Vielleicht las ich in dieser Zeit mehr über mittelalterliche Städte und besonders über Vineta, als je ein anderer. Es sei von Slawen und anderen Völkern bewohnt gewesen, heißt es in der Chronik Adams von Bremen. Deshalb widmete ich mich vor allem der Literatur über Kiew und Nowgorod – die im hohen Mittelalter berühmtesten Handelsstädte – und fand es immer wieder befremdend, auch dort keinerlei Verweise auf Vineta zu entdecken.

In meiner Phantasie verband sich Vineta mit Venedig, wo ich vor dem Krieg zweimal gewesen bin. So ähnlich stelle ich mir noch heute Vineta vor. Vineta jedenfalls war das Venedig des Nordens, man mag es auslegen, wie man will. Es war sogar mächtiger als die italienische Lagunenstadt, wenn man Adam von Bremen Glauben schenkt. Bei ihm trägt Vineta den Namen »Jumne«. Wahrscheinlich ist Jumne der Name einer nordisch-baltischen Gottheit, der sich so erhalten hatte. Nach Adam von Bremen und Helmold von Bosau, also ab dem Jahre 1170, sind weder Vineta noch Jumne in irgendwelchen Chroniken genannt. Auch dafür habe ich versucht, eine Erklärung zu finden.

Vineta war nicht nur slawisch. Bei Adam von Bremen sind die Bewohner von Vineta »Sclavi«. Man mag die Bedeutung dieses Wortes auslegen, wie man will. Ich meine nur, es hat sich auf die heidnischen, also dem christlichen Glauben nicht untertänigen Bewohner östlich des Franken- und Sachsenlandes allgemein bezogen. Damit auch auf Deutsche, Germanen, die bei der großen Völkerwanderung seßhaft geblieben waren. (Kommentar: In einem Buch über die Geschichte Rußlands las ich kürzlich, daß der Name Sklave aus dem Orient stammen soll. Der schwedische Stamm der Waräger soll gefangene Slawen dorthin verkauft haben, so daß aus den Slawen eben Sklaven wurden.) Meine Vorstellung von Vinetas Bevölkerung habe ich aus der ostpreu-

ßischen Heimat. Dort lebten Angehörige verschiedener Völker auch zusammen. Warum soll dies vor tausend Jahren anders gewesen sein? Erst durch den Krieg wurden wir vertrieben. Genau so könnte es auch mit Vineta geschehen sein, wenn der Krieg damals auch ein anderer war.

Adam von Bremen schreibt, Vineta (Jumne) habe da gelegen, wo die Oder zwischen dem Land der Wilzen (oder Lutizen) und der Pommern hindurchging. An einer Mündung der Oder in die Ostsee. Wo lag diese Mündung?

Bis vor drei Jahren verbrachte ich den Sommerurlaub immer nur damit, die Ostseeküste zu bereisen. Meistens mit meiner Freundin Elsa. In Wind und Wetter auf unseren Mopeds. Abends suchten wir uns einen Zeltplatz, legten auf der Karte die Route für den nächsten Tag fest und saßen noch lange nach Sonnenuntergang an der Küste. Die einbrechende Dunkelheit schien das Rauschen des Meeres zu dämpfen. Fern vor dem Horizont schlich ein beleuchtetes Schiff dahin. Von irgendwoher war das Schlagen einer Kirchturmuhr zu hören. Es klang wirklich, als käme es von der See herauf. Weit draußen blinzelte ein Leuchtfeuer. »Vineta«, sagten wir wie aus einem Munde und lachten.

Elseken – sechs Jahre jünger als ich – interessiert sich mehr für die Natur als für »irgendeine spinnerte Stadt, die vor tausend Jahren verschwunden ist«, wie sie sagt. Sie stammt aus der Gegend von Greifswald, wo ich sie während eines Urlaubs kennenlernte.

Was mir bei den Untersuchungen über Vineta entgegenkam, war meine leidliche Kenntnis der polnischen Sprache, die mit der heute nicht mehr gesprochenen pomoranischen viel Ähnlichkeit gehabt haben muß. Man sagt, sie lebe in der Sprache der Kaschuben fort.

Würde ich direkt gefragt, wo Vineta lag, gäbe ich darauf keine Antwort. Zwei Regionen an der Ostseeküste sind meine Favoriten. Dazu rechne ich nicht das jetzt polnische Wollin. Was ich im Stralsunder Museum sah, hat mir viel zu denken gegeben. Jedoch erscheinen mir die dort zu lesenden Kommentare zu allgemein; man müßte doch erfahren können, von welchen Fundplätzen die in den Vitrinen zu sehenden Stücke stammen. Mit einem Wissenschaftler mich über Vineta zu unterhalten hielt ich immer für unangemessen. Der hätte mich, die kleine Sachbearbeiterin, für verrückt gehalten. Vielleicht bin ich verrückt, andere sind es auch, sagen läßt man sich's ungern.

DAS INFERNO

Kurz vor Mitternacht brach das Inferno herein. Überlebende sollen später gesagt haben, die Vineter seien gewarnt worden. Ein Predigermönch in wehendem weißem Mantel und auf einem schwarzen Pferd sei durch Stadt und Land gezogen und habe von dem drohenden Unheil gekündet. Eine Sintflut werde kommen und alles vertilgen, was auf heidnischer Erde lebt, vom Menschen bis auf das Vieh. Der Prediger soll von den Vinetern erschlagen worden sein an jenem siebzehnten Tag des zweiten Mondes.

Eine Woche zuvor war der strenge Frost in frühlingshaft warmes Wetter umgeschlagen. Über dem vorher halbmeterstarken Eis auf den flachen Seen und Teichen stand jetzt Wasser. Rabenschwärme stürzten sich auf die dahintreibenden toten Fische, die aus ihrem eisigen Sarg nach oben trieben. Die angeschwollene Oder schob riesenhafte Eisschollen in die See hinaus. Sie türmten sich an den Flußufern auf und rissen alles weg, was ihnen im Wege stand. Dazu herrschte ein stürmischer Westwind mit peitschendem Regen.

Man ging früh zu Bett in den Häusern und Bauernhütten während dieser Jahreszeit. Nur in den Tavernen am Hafen herrschte noch reges Treiben: bei Bier, schwerem Met und Obstwein. An den Tischen der Kaufleute und Handwerker wurde südlicher Wein ausgeschenkt. Man sang, schlug zum Takt mit den Krügen auf den Tisch oder stopfte sich die Mäuler mit Brot, salzigem Dörrfisch und Käse voll. Polterndes Gelächter ertönte, wenn jemand in dem von blakenden Kienfackeln halberleuchteten Raum einen guten Witz zum besten gegeben hatte. Alles war wie immer an diesem Abend.

Als das Rauschen den Lärm der Zecher übertönte, wurde es für ein paar Minuten totenstill. Die zur See erprobten Männer kannten dieses Rauschen. Alles sprang auf, rannte zu der offenen Tür. Da war nun kein Hinauskommen mehr. Man drängelte und quetschte sich an dem engen Ausgang, fluchte, schrie. Bald hörte man nur noch gurgelnde Hilferufe aus der Finsternis.

Andere wurden im Schlaf überrascht. Das eiskalte Wasser schoß zuerst unter der Tür hindurch in die Häuser und Bauern-hütten. Als die erschreckten Bewohner von der Schlafstatt auf-sprangen, war es zu spät. Die Flutwelle riß alles nieder. Die mei-sten der geharnischten Krieger in der Burg konnten sich retten. Sie eilten landeinwärts, alarmierten die Leute. Jeder rannte um sein Leben. Wie ein Zug von Ameisen, deren Bau zerstört war, strebten alle den rettenden Höhen zu.

Als der Morgen heraufgraute, breitete sich dort, wo das Zen-trum Vinetas gelegen hatte, eine Wasserwüste aus. Noch waren die Reetdächer einiger Häuser zu sehen, doch das Wasser stieg unaufhörlich weiter, spielte mit umgekippten Booten, Brettern und Hausrat. Nur das unheilvolle »Krakra« der Raben durch-drang die morgendliche Stille. Tage später erst kamen die auf-getriebenen Leichen von Mensch und Getier an die Oberfläche. Die Toten wurden von den Überlebenden der Erde übergeben. Wochenlang war das Weinen und Schreien der Klageweiber zu vernehmen.

Vineta war nicht mehr. Wohl hatten die Bauern und Hand-werker in den höher gelegenen Teilen der Stadt die Katastrophe ebenso überlebt wie die Geflohenen. Nur war das der ohne Hafen und Markt nicht lebensfähige Teil der großen Stadt. Die Verbindung mit der Außenwelt war abgeschnitten.

Trotzdem bleiben noch ein paar tausend Vineter. Als auch sie, der Aussichtslosigkeit ihrer Lage bewußt, ein halbes Jahr später die Heimat verlassen wollen, bricht das endgültige Inferno her-ein. Heerscharen geharnischter Krieger fallen plündernd, brand-schatzend und mordend in den von der Flut verschont gebliebe-nen Teil Vinetas ein. Wer noch Geld sein eigen nennt, vertraut es einem Erdversteck an in der Hoffnung, es später einmal wieder-zufinden und auszugraben. Jedoch nur wenige entkommen dem Gemetzel. Viele verbergen sich in Erdhöhlen. Auch von denen bleiben nur ein paar Dutzend am Leben. Kälte, Hunger und Ent-behrungen jeglicher Art bringen den Tod.

Von Überlebenden aus Vineta gibt es keine Berichte. Jene, welche die Stadt vor dem Höllenspektakel verlassen haben, sagten nichts aus. Vielleicht tat es dieser oder jener von ihnen so-gar, nur sind solche Zeugnisse im Nebel späterer Verfremdung der wahren Geschichte untergegangen. Auch dazu will ich etwas sagen.

Vineta soll die größte und glänzendste Stadt Europas im frühen Mittelalter gewesen sein. Städte im eigentlichen Sinne gab es jedoch zu der Zeit noch nicht in Nordeuropa. Es war ein Marktflecken, der sich territorial allmählich ausweitete. Auch Nowgorod und Kiew sind so entstanden. Wie groß Vineta wirklich war, wird man erst feststellen können, wenn es einmal wiedergefunden ist. Wollin in Pommern kann es nach meiner Meinung nicht gewesen sein. Schon weil es nie untergegangen ist. Wie es zum Untergang Vinetas kommen konnte, will ich versuchen, anhand meiner Nachforschungen und des daraus gewonnenen Traumbildes darzustellen.

VINETA

Ein Morgen im Frühherbst. Nur langsam weichen die Nebelschwaden den wärmenden Sonnenstrahlen und geben den Blick auf die Hafenstraße, die scheinbar unregelmäßig verlaufenden Gassen zwischen den Fachwerkhäusern und die vielen Brücken frei. Hier befindet sich das weiträumige Hafengebiet Vinetas mit den großen Handelshäusern und dem einstöckigen, erhaben wirkenden Steingebäude des »Wiec« (des Ältestenrates), in dem auch die Eichbehörde untergebracht ist. Das Fachwerkgebälk wie auch die Fenster und Türen sind mit schönem Schnitzwerk verziert. Die für einen Marktplatz typischen kleinen Buden fehlen im Zentrum fast völlig. Hier werden die großen Geschäfte getätigt, vor allem mit den Kaufleuten aus fremden Landen. Den Verkehr mit dem Seehafen besorgen die wendigen, bis zu zehn Meter langen Boote von den Molen aus. Denn das Hafenzentrum Vinetas befindet sich inmitten eines Binnengewässers. Der Seehafen liegt, durch Deiche und Molen zusätzlich abgeschirmt, hinter einer hohen Dünenwand ganz im Norden der Stadt. Dort brennt des Nachts und bei nebligem Wetter ein Leuchtfeuer, das die Hafeneinfahrt markiert.

ANNÄHERUNG AN VINETA

Noch ist es früh am Tage. Die ersten Händler aus den näher gelegenen Dörfern bringen ihre Waren auf schweren, von Ochsen gezogenen Planwagen auf die Märkte, von denen es viele gibt im Süden des Hafengeländes. Gaukler, Possenreißer, Musikanten und muskelbepackte Ringkämpfer grenzen ihre Schaubühnen ein. Weiter unten am Wasser und in gehöriger Entfernung von den Wohn- und Handelsgebäuden werden Schweine und Ochsen auf Drehspieße gesteckt. Bald wird es lebendig hier, wenn das Gekreisch der Marktschreier ertönt, Musikanten zum Tanz aufspielen, Gaukler ihre »unerhörten« Kunststücke aufführen, Bären und Hunde tanzen lassen. Ringkämpfe werden ausgetragen, Zauberkünstler holen Tauben aus den Ärmeln und lassen sie wieder verschwinden, gackern wie Hühner und legen Eier, Possenreißer in Bären- und Greifenmasken bringen das Volk zum Lachen mit hintergründigem Witz.

Jeder Markttag ist ein Fest, wiewohl es Anlässe zum Feiern auch sonst zur Genüge gibt. Man feiert an den Opfertagen, zu denen die Priester den Tempel auf der heiligen Insel aufsuchen und die Gunst des Gottes erbitten oder ihm für die gute Ernte danken; man feiert Hochzeiten, Geburten, die Aufnahme des Sohnes in die Männergemeinde, den Beginn des Frühlings; auch gute Jagden und Fischfänge geben Anlaß zu gemeinschaftlichem Schmaus, fröhlichem Umtrunk und Tanz. Feste sind so selbstverständlich wie das tägliche Brot.

An einem der mit Eichenpfählen bewehrten Kais, dem Nowgorodski Priston, werden Boote entladen. Ein Dutzend Hafenarbeiter reicht sich wortreich und fluchend Ballen, Säcke und Fässer zu, legt sie auf dem Bohlenweg ab, von wo sie auf zweirädrige Ochsenkarren verladen werden. Der Aufseher, ein breitschultriger Mann mit dem Spitznamen Pupsig, mahnt zu Vorsicht und Eile zugleich. In einigen der Ballen sei Zerbrechliches, hat man ihm gesagt, und im Seehafen sind gestern noch Schiffe aus Lothringen und dem Frankenland eingetroffen. Wenigstens eine dieser Frachten will sich Pupsig nicht entgehen lassen. Die Konkurrenz ist hart, auch wenn viele Hafenarbeiter jetzt mit der Ernte und Wintervorbereitung auf ihren Höfen zu tun haben. Andererseits verebbt der Hafenverkehr in dieser Jahreszeit, und jeder Auftrag ist willkommen. Männer, die auf Arbeit warten, sieht man überall auf den Bohlenwegen und Brücken. Sie vertreiben sich die Zeit mit Würfelspielen, Angeln, Schnitzen, Flötespielen oder einfach mit Geschwätz. Der Tag ist noch jung.

Die Fracht kommt von drei großen Nowgoroder Kielschiffen, die seit gestern im Seehafen vertäut liegen. Die Herren, die das Ausladen beobachten, sind in lange, pelzbesetzte Mäntel und Spitzhüte gekleidet: der Nowgoroder Kaufmann Boguslaw und die Einheimischen Wadim und Wulf. Einen Dolmetscher brauchen die drei nicht, man spricht fast dieselbe Sprache. Jedenfalls beherrscht der Deutsche Wulf die pomoranische Sprache nicht schlechter als der Pommer Wadim das Niederdeutsche. Das Russisch des Nowgoroders Boguslaw kommt dem Pomoranischen nahe.

Seit Jahrhunderten zusammenlebend, pflegen die Pommern und die Deutschen unter sich auch eine Art Dialekt, der aus Elementen beider Sprachen besteht. Wulf selbst weiß nicht mehr, welchem Germanenstamm seine Vorfahren angehörten. Ebensowenig hat Wadim eine Ahnung, welcher Slawenstamm vor langer Zeit nach Vineta zog, um sich schließlich »Pomorzane«, Küstenbewohner, zu nennen. Man fühlt sich als eine Gemeinschaft, ist versippt und verschwägert, ohne daß die Grenzen zwischen beiden Völkern gänzlich getilgt wären.

Die entladenen Ballen, Säcke und Fässer werden mit den Ochsenkarren zum Nowgorodski Dwor, dem Handelskontor der Russen, gebracht, um da auf einem langen, überdachten Tisch ausgebreitet und begutachtet zu werden: feinste Pelzware, vom Polarfuchs bis zum Zobel, Gewürze aus russischen und orientalischen Landen, Edelgestein wie Karneole, Lapislazuli, Türkise und Opale, schöne Gefäße und Schmuckketten aus venezianischem Glas und Bernstein.

Wulf greift zu den Wachstafeln, notiert mit einem Metallstift die Anzahl der verschiedenen Posten und meint dann: »Es ist spät im Jahr. Wenn der Winter in zwei Monden anbricht, werden unsere Märkte nicht mehr angelaufen, auch nicht zu Lande. Wir werden nur soviel nehmen, wie noch verkäuflich ist. Das andere solltet ihr auf euer Lager bringen. Die Gefahr, von Dänen oder Sachsen überfallen zu werden, ist uns zu groß.«

Wadim stimmt dem zu: »Wir stehen seit langem unter Waffen. Unsere Brudervölker im Westen wie auch im Süden befinden sich in ständigem Krieg gegen die Dänen, Franken und Sachsen. Die machen keinen Unterschied, obwohl sie wissen, daß Vinetas Krieger nie Seeraub betrieben haben. Wir sind keine Christen, und sie wollen unser Land.«

Boguslaw ist Christ. Das Argument, seines Wissens sei Vineta noch nie von christlichen Kriegern heimgesucht worden, findet bei seinen Handelspartnern nur ein feines Lächeln. Wulf zeigt wortlos auf die große Burg am Ende des Hafengeländes, die erst kürzlich zur Verteidigung gebaut wurde.

Der Nowgoroder zögert noch. Er weiß, die beiden taktieren nur. Jetzt ärgert er sich, ihnen von der bevorstehenden Ankunft einer weiteren Nowgoroder Flotte erzählt zu haben. Die wollen auch ihre Ware loswerden, um dafür – wie Boguslaw – Nahrungsmittel, besonders Getreide, einzuhandeln. Die letzten beiden Jahre haben den Russen Mißernten beschert, viele sind verhungert. Vineta ist der größte Getreidemarkt weit und breit. Hier bieten auch die jenseits der Oder wohnenden Völker ihre Ernte an.

Boguslaw überlegt und sagt dann: »Ich will dir den vierten Teil der Getreidefracht in Griwnen bezahlen, wenn du die Ware ganz übernimmst und mir dafür noch eine mit vierzig Krügen Met und Honig beladene Barke gibst. Was soll ich mit den Pelzen, da ihr mir nicht erlauben werdet, sie einem anderen Händler von hier zu verkaufen. Oder soll ich sie in Liubice feilbieten?«

Griwnen sind Silberbarren, gediegenes Silber, das ausgewogen und jedem gemünzten Edelmetall vorgezogen wird. Wulf und Wadim haben in Vineta das Monopol auf Pelzware, und nicht nur auf diese. Auch für den Waid zum Einfärben der Tuche, das Olivenöl und die Mandeln aus Spanien, sogar für Schwerter aus dem Orient beanspruchen sie das Alleingeschäft. Mit Schiffen und Honig handeln sie nicht, aber da findet sich schon ein Weg. Honig ist jetzt in Mengen zu haben und deshalb billig. Und die Barke? Es liegen noch zwei im Hafen, erst in diesem Jahr gebaut.

Boguslaw läßt seine Ware erst einmal in das Lager des Nowgorodski Dwor bringen, wo sie von Wulf und Wadim abgeholt werden soll, sobald das Geschäft abgeschlossen ist und die

Nowgoroder Schiffe die Rückfracht übernommen haben. Hier,
direkt an der Südgrenze des Hafenzentrums, dem »Hochland«,
wie die Vineter sagen, haben Kaufleute aus Franken, Sachsen,
Rußland, Flandern und aus den nordischen Landen ebenso ihre
Niederlassungen wie die aus orientalischen Gefilden. Ihre Häu-
ser sind – schon des Prestiges wegen – teils aus Stein erbaut. Die
Konkurrenz braucht ein Gesicht. Die Herren von Vineta haben
dies ja auch mit dem Gebäude des Wiec und den zwei Steinbur-
gen im Hafenzentrum der Stadt wie auch mit der Anlage des
steingepflasterten Volksplatzes bewiesen. Ihre Schiffsleute kom-
men weit herum in der Welt. Jede Neuerung, besonders im
Handwerk, die sie in Venedig, Brügge oder anderen Städten
kennenlernen, wird in Vineta bald aufgegriffen.
    Eine dritte Burg, allein der Verteidigung gewidmet, liegt an
der Südostgrenze Vinetas, direkt am Meer. Dort unterhalten die
Vineter einen weiteren großen Hafen, der in früherer Zeit nur
Kriegsschiffen vorbehalten war. So habe ich es den alten nordi-
schen Sagen entnommen, in denen von einer Jómsburg die Rede
ist. Vor langer Zeit gehörte sie den Dänen, doch daran kann sich
niemand mehr unter den Bewohnern von Vineta erinnern. Man
lebt hier und heute, und was vor so langer Zeit sich ereignete,
überdauert nur in der Erinnerung der Sänger und Erzähler, zum
Beispiel des eisbärtigen und fast blinden Seemanns Ring. Nie-
mand weiß, wie viele Winter Ring schon erlebt hat. Du findest
ihn sommers wie winters auf dem großen Volksplatz, auch dann
noch, wenn dort keine Schaustellungen mehr stattfinden. Ring
kennt die uralten Mären von den Taten der Nordmänner ebenso
wie die von den pommerschen Vorfahren und gar von dem süd-
ländischen Seefahrer Sindbad. Er weiß auch noch von den bösen
Zeiten, als die Pest in Vineta wütete. Mit rauher Stimme singt
er zum Klange seiner Gusli frohe und traurige Lieder. Dem einen
oder anderen Vineter soll Ring von dem großen Schatz gesagt
haben, den ein Tysjatschnik vor langer Zeit vergraben habe. Die
Tysjatschniks sind die Gebieter über Vinetas Kriegsheer, bei den
Deutschen werden sie Hertoge genannt. Es heißt, der Tysja-
tschnik, dessen Name kaum jemand noch weiß, hätte Ring als
einzigem die Stelle genannt, wo er seinen Hort der Erde anver-
traute. Das soll zu einer Zeit gewesen sein, als Vineta Gefahr

drohte von den Dänen. Der Tysjatschnik sei damals im Kampf gegen die Dänen gefallen.

In direkter Nähe zu den Piers im Binnenseegebiet trifft man auf den Pferdemarkt. Vineta ist wegen seiner Pferdezucht berühmt. Die größten und schönsten Rösser werden jedoch dem Tempel geweiht. Der Pferdemarkt hat deshalb seinen eigenen Platz. Das andere Getier – Geflügel, Schweine, Rinder, Ziegen und Schafe – wird auf dem Viehmarkt feilgeboten, in dessen Nähe die Gerbereien liegen. Eine davon hat sich auf die Herstellung von Pergament spezialisiert, auf dem nicht nur Handelsgeschäfte schriftlich fixiert werden. Ein Handwerker aus dem Orient, einst als Sklave von einem Händler Vinetas gekauft, hat das neue Gewerbe hier eingeführt. Nicht nur er macht damit gute Geschäfte. Weiter unten, im Handwerkerviertel, ist ein Franke ansässig, der Tinte und Federkiele für das Beschreiben der Pergamente herstellt. Früher brauchte man beides nur, um den Abschluß von Geschäften auf Birkenrinde festzuhalten.

Für fremde Kaufleute haben alle diese Waren wenig Anziehung. Heringe, Kabeljau und Plattfische, vor allem aber Getreide wie Weizen und Buchweizen sind bei ihnen für Rückfrachten interessant.

Vinetas Ruhm als nördliches Emporium gründet sich jedoch vor allem auf den Zwischenhandel. Seine günstige Lage an Odermündung und Ostseeküste, besonders aber die Freizügigkeit gegenüber auswärtigen Kaufleuten – wie die Zollfreiheit und das Niederlassungsrecht gegen geringe Abgaben – haben ihm Vorteile vor den anderen Handelsstädten dieser Region, wie Liubice oder Julin, verschafft.

Die Vineter Kaufleute erwerben orientalische Seiden, Gewürze, Emaillen, feine Tuche aus Flandern, Kupfer aus Sachsen, Wein aus Italien, Frankreich und Spanien, um sie mit Gewinn an Händler weiterzuverkaufen, vor allem an solche aus fremden Landen. Was Vineta sonst zu bieten hat, sind Vieh, Tonware, Honig, Wachs, Tuche, Leinengewebe, Leder und Lederbekleidung, Schuhwerk, Erzeugnisse des Schmiedehandwerks, heilkräftige Drogen, Schnitzwerk aus Elfenbein und Elchgeweihen, Bernstein, Handels- und Kriegsschiffe. Das sind mit wenigen Ausnahmen Waren, die der aus südwestlichen Regionen kommende Händler auch in näher gelegenen Häfen kaufen kann. Aber dort ist die Konkurrenz viel stärker. Wichtig für den vom Süden kommenden Schiffsherrn ist jedesmal die Rückfracht. Das trifft auch auf die östlichen und nördlichen Länder zu. Doch ist das Warenangebot von da nicht sehr attraktiv. Der Sklavenmarkt wird von fremdländischen Händlern beherrscht, die dort Kriegsgefangene feilbieten.

Gut einen Kilometer südöstlich des Hafenzentrums wohnen und arbeiten die Handwerker. Die Werkstätten sind offen zu den Gassen hin und haben überdachte Marktstände. Schöne Tuche aus heimischer Wolle liegen neben Ballen gröberen Leinengewebes. Bei Torkel, dem »Tkatsch« (Weber), der die größte Manufaktur der Stadt mit einem Dutzend Webern sein eigen nennt, kann man auch orientalische Seidenware kaufen. Torkel, aus Jütland stammend, hat sich vor vielen Jahren schon in Vineta angesiedelt und gilt als Pommer, nachdem er eine pommersche Vineterin geehelicht hat. Er beliefert vor allem den Großmarkt. Sein großartiges Fachwerkhaus steht im Hafenzentrum.

Von ausländischen, besonders dänischen und norwegischen Händlern gern gekauft wird die schön verzierte, dünnwandige Tonware aus slawischen Werkstätten. Die besten Stücke gehen an das Haus von Knut Einohr, der sich nicht nur darin das Monopol im Handel mit den Fremdländischen gesichert hat. Der stämmige Rothaarige hat das rechte Ohr schon als Knabe im Kampf mit polnischen Eindringlingen verloren. Seither trägt er eine schwarze Binde, die seinem Gesicht etwas Grimmiges verleiht. Dabei ist er ein geschmeidiger Kaufmann, der seit kurzem auch die besten Produkte der Grob- und Kunstschmiede aufkauft und gewinnbringend veräußert. Vom Spätherbst bis zum Frühling gleicht sein Haus einer Schule. Vinetas Kaufherren lassen hier – gegen Entgelt natürlich – ihre Söhne im Schreiben und Rechnen wie in sonstigem Wissen ausbilden, das ein Kaufmann braucht.

Knut war es auch, der im Ältestenrat die Abschaffung des Leinengeldes verlangte, dieses aus wertlosen Stoffetzen bestehenden Ersatzgeldes, das man im Bedarfsfall – wie bei Geschäften mit Fremden – bei der Eichbehörde gegen Silber einwechseln konnte. Aber da traf er auf Widerstand. Vor allem Witoslaw, der Ratsvorsitzende, verwies darauf, das Schatzgeld diene seit Urväter Zeiten der sicheren Existenz von Großvineta. Wenn es zum Krieg komme, sei das Geld bereit für den Kauf von Rüstungen und Waffen wie auch von Nahrung bei den befreundeten Völkern. Sonst müsse man nach dem Vorbild der Christen Abgaben einführen. Der Streit konnte nicht beigelegt werden. Die zur Hälfte im Rat vertretenen Deutschen hielten zu dem Einohrigen, die pommerschen Ratsmitglieder zu Witoslaw.

So wertlos ist das mit einem Siegel des Rates der Alten versehene Leinengeld jedoch nicht. Es ist nämlich eine Art Kreditgeld, ähnlich unseren heutigen Banknoten. Sein Wert wird von dem Gold- und Silberschatz in dem streng bewachten Haus des Wiec garantiert. Allerdings braucht der Vineter schon einen triftigen Grund, wenn er sein Leinengeld gegen Edelmetall einwechseln will.

Unter den Einwohnern Vinetas bildeten sich zwei Parteien. Nie zuvor hatte etwas die Deutschen und die Slawen derart gegeneinander aufgebracht. Hinzu kam jenes »Großvineta«, ein Wort, das die Pommern von den Russen entlehnt hatten. Dort spricht man nur von »Großnowgorod«, »Großkiew«, »Großwladimir«. Dem russischen Vorbild weiter folgend, hatte der Ratsvorsitzende vorgeschlagen, sein Amt dem eines Fürsten gleichzustellen. Obwohl der oberste Ratsherr alle drei Jahre neu gewählt wird, hätte das bedeutet, Witoslaw zum Fürsten, zum Alleinherrscher von Vineta, zu erheben, was den Deutschen gar nicht schmeckte. Wenn der erst Fürst wäre, würde er sich die Vollmachten verschaffen, die ihn unabsetzbar machten.

Die Deutschen sind es, die Vinetas Wirtschaft beherrschen. Wer die wirtschaftliche Macht besitzt, muß wenigstens mitbestimmen dürfen. Nie hat sich das Volk von Vineta einem Alleinherrscher fügen müssen, sagten sie, das Vorbild für diesen Fürsten hätten die Pommern aus dem christlich gewordenen Fremdland. Die Rüganer hätten die Fürstenherrschaft eingeführt – und mit welchem Resultat? Die Pommern hielten dagegen, die Deutschen wollten die Gold- und Silberwirtschaft, um das Feld für die Eroberung der Stadt durch die christlichen Sachsen und Dänen zu bereiten.

So ganz unrecht hatten beide Parteien nicht. Ich datiere dieses Ereignis auf die Jahre zwischen 1120 und 1170. Genauere

Angaben finden sich in keinen Annalen, wie überhaupt fast nichts Schriftliches auf uns gekommen ist, was das Leben in Vineta betrifft. Meine Phantasiegebilde beruhen auf Gleichnissen, auf Vergleichen mit Geschehnissen, die sich im Zusammenleben von einst befreundeten Völkerschaften bis in die jüngste Zeit ereignet haben. Das Wort Vernunft hat da keinen Platz. Die hat es in der Geschichte nie gegeben. Menschliche Verhaltensweisen sind von jeher diktiert oder inspiriert worden. Der Mensch ist ebenso eingebunden in seiner Herde wie der Wolf im Rudel. Der Leitwolf hat das Sagen.

DAS SALZ

Fünf Jahre später, an einem Oktobertag. Um die Mittagszeit kommen die Fischer von der See zurück. Ihr Hafen liegt in einer sturmgeschützten Bucht im Nordosten der Stadt. Der Fang – vor allem Heringe – ist reichlich, doch von den acht Booten, die im Morgengrauen zum Fang ausgefahren sind, landen nur fünf an. Die anderen wurden von fremden Schiffen erobert, ihre Besatzung erschlagen. Man weiß nur, daß es Langboote waren, Kriegsschiffe, die den Frieden störten. Dänen, Sachsen?

Die Fangergebnisse im Herbst sind für das Volk von Vineta lebenswichtig. Der Winter steht bevor. Niemand weiß, ob er die Fanggebiete mit einer Eisdecke überziehen oder mild ausfallen wird. Der hohe Rat tritt zusammen und beschließt, den Fischern Kriegsboote beizugeben. Drei mit jeweils zwanzig Helmträgern besetzte Ruderschiffe sollen die Fangflotten begleiten. Auch die Fischer werden angehalten, auf Schwert und Speer nicht zu verzichten.

Da kommt die Nachricht, Dänen hätten Darsin überfallen und die Salzsiedereien zerstört. Die Darsiner sind einer von Vinetas größten Salzlieferanten. Man hat auch eigene Salzquellen im Land der Vineter, jedoch ist die Sole moorig verschmutzt und nicht sehr ergiebig. Salz ist teuer, besonders in den Zeiten des Hauptfischfangs. Was die flandrischen Handelsschiffe kürzlich geliefert haben, ist zu wenig. Die Flandern und Lothringer machen außerdem ungern Tauschgeschäfte. Sie nehmen auch nicht die schlechte Münze, die bei ihnen kursiert: allzu unverschämt mit Kupfer versetztes Silber, so dünn, daß es nur einseitig geprägt werden kann. Sie verlangen gediegenes Silber.

Der Ältestenrat tritt in diesen Tagen mehrmals zusammen. Der erste Beschluß lautet, aus dem Lager nur noch Salz für gewerbliche, dem Handel dienliche Zwecke abzugeben. Die Bauern sollen sich gefälligst ihr Salz selbst besorgen: von den Salzwiesen oder direkt aus dem Meer. Meerwasser zu versieden sei zwar mühevoll, aber es werde schon gehen. Erst danach wird erwogen, mit eigenen Schiffen Salz aus dem Holsteinischen zu holen. Zwar müsse man da auch mit blankem Silber zahlen, doch komme es billiger, als wenn es die Holsteiner selbst lieferten.

Die Debatten entzünden sich weniger an dem Silber, von dem die Schatzkammer Vinetas reichlich hat, als daran, das Salz aus Holstein zu holen. Holstein ist jetzt christliches Sachsen- und Dänenland. Die Überfälle auf vinetische Schiffe gehen gerade von da aus. Die Gefahr sei zu groß, seit längerer Zeit schon habe man die Fahrt über die offene See deshalb gemieden. So kommt endlich von einem deutschen Ratsmitglied der Vorschlag, die Segel mit Kreuzen zu bemalen und nur Deutsche als Schiffsbesatzung zu nehmen. Sie sollen sich in Holstein als vinetische Christen ausgeben. Der Vorschlag wird mit knapper Mehrheit angenommen, das Vorhaben gelingt auch, die Schiffe kommen mit dem ersehnten Salz zurück.

Es ist nun, als hätte jemand eine bis dahin schwelende Glut zum Lodern gebracht. Zuerst sind es die Bauern, die den Deutschen im Rat die Schuld geben, daß sie kein Salz mehr kaufen dürfen. Da haben sie nicht ganz unrecht. Sie sagen auch, was sie denken. Die Deutschen hier seien schon lange Knechte im Dienst der Sachsen und beteten insgeheim deren Gott an. Nur wenige suchten noch den heiligen Hain auf. Auch darin liegt viel Wahres. Selbst ein paar von den vermögenden pommerschen Kaufleuten haben die Zeichen der Zeit erkannt.

Vinetas große Zeit, als es noch Mittelpunkt der nördlichen Handelswege war, geht unmerklich dem Ende zu. Die Tonnage der Schiffe wird größer, damit auch ihr Tiefgang. Vinetas Seehafen läßt Tiefgänge bis zu zwei Metern zu. Das ist zu wenig für rentable Frachten. Im Westen beginnen sich die Handelshäuser zu Genossenschaften zu vereinen, die schließlich in die allmächtige Hanse münden. Als die Hanse endgültig ihr Haupt erhebt, ist Vineta nicht mehr. Es ist wie vom Erdboden verschwunden. Keine Chronik, außer der des Adam von Bremen und des Helmold von Bosau, weiß noch von der einst berühmten großen Stadt Vineta.

Als die pommersche Bevölkerung von Vineta den Beweggründen des Verhaltens der Deutschen auf die Spur gekommen war, herrschte ein Geist der Feindschaft zwischen den beiden Bevölkerungsgruppen. Es kam zu blutigen Händeln. Die Pommern warfen alle Deutschen aus dem Rat hinaus. Die fremdländischen Kaufleute verließen ihre Niederlassungen. Ebenso die deutschen, mit ihnen viele Handwerker. Um die Abwanderung der deutschen Kaufleute per Schiff zu verhindern, sperrten die Pommern den Seehafen.

Das Ende von Vineta war damit gekommen. Es heißt, eine Sintflut hätte die Stadt untergehen lassen. Ich glaube, daß die Deutschen sich gewaltsam den Weg zur offenen See verschafften, Dünen und Deiche durchbrachen, so daß die See, wohl während einer Sturmflut, Vineta den Untergang bereitete.

DIE PERGAMENTE

Nun will ich von jenem Geschehnis erzählen im Dezember des Jahres 1936. Damals war ich zu Besuch bei Gerda, meiner Schwester in Hamburg. Richard, mein Mann, war schon fast zwei Jahre tot. Gerda hatte mich eingeladen, das Weihnachtsfest gemeinsam zu verbringen. Wir hatten uns letztmalig 1920 gesehen, zu Gerdas Hochzeit, die noch in Insterburg stattfand. Ihr Mann Alfred war das, was sein Nachname bedeutete: Wessolek, der Fröhliche. Aber das tut wohl nichts zur Sache, was Vineta angeht. Wichtiger ist der Hauptdarsteller in diesem »Film«, mit dem mein Traum von Vineta begann: Paul Harnisch, ein langjähriger Freund meines Schwagers. Harnisch ging schon auf die Siebzig zu, ein kleiner, unfaßbar dürrer Mann mit einer dicken Brille. Er besaß mehrere Leihbüchereien in Hamburg, in denen man sich für einen Groschen die Woche Bücher ausleihen konnte. Glück-

liche Zeiten: Die Menschen lasen noch, das Radio in Gestalt
des bakelitenen Volksempfängers, der »Goebbelsschnauze«, kam
gerade erst in Gebrauch. Dieser Paul Harnisch, er wohnte im
Hamburger Stadtteil Eimsbüttel, hatte noch etwas anderes, näm-
lich ein Archiv.

Es war an einem Adventssonntag – der dritte, wenn mich die
Erinnerung nicht trügt –, als ich ihn kennenlernte. Die Wessoleks
hatten ihn eingeladen. Er war verwitwet und nannte sich selbst
einen »Eremiten«, was nicht ganz stimmte, aber das interessiert
hier nicht.

Harnisch brachte ein Gastgeschenk mit. Ich glaube, es war
die deutsche Erstausgabe einer Auswahl von Molière. Nach dem
Kaffee unterhielten wir uns über die verschiedensten Themen.
Harnisch entpuppte sich als ein lebendes Lexikon. Das Stichwort
Vineta brachte er selbst ins Gespräch, als er zu Alfred sagte, er
habe die Vineta-Pergamente nun bis auf ein paar nicht mehr les-
bare Stellen übersetzt. Ich fragte, was er mit den Pergamenten
meine. So sonderlich geschichtsinteressiert war ich gar nicht;
doch Vineta, die rätselhafte alte Stadt, die irgendwo im Meer
untergegangen sein sollte, weckte meine Neugier. »Wollen Sie es
sehen?« fragte der alte Herr. »Dann kommen Sie doch mal rüber
zu mir. Sagen wir, übermorgen gegen Abend?« Schwager Alfred
bot sich an, mich hinzubringen.

Der Besuch in dem hübschen Zweifamilienhaus von Harnisch
ist mir bis heute im Gedächtnis geblieben, wie ein Film, den ich
mir gerade angeschaut habe. Hermine, sie mochte kaum jünger
sein als der Hausherr, holte uns an der Vorgartentür ab. Harnisch
nannte sie mit verschmitztem Lächeln seine »Haushälterin«.
Nach einer Tasse Kaffee in der Küche des zweiten Obergeschosses
zog sich Harnisch einen grauen Kittel über und führte Alfred und
mich in sein »Allerheiligstes«. Der ganze Keller und die Räume
im ersten Stock waren mit Regalen vollgestopft, in denen sich
mehrere tausend Bücher und zahllose Mappen befanden. Weil
die Räume nicht allzu groß waren, erschienen mir die so voll-
gestellten Wände fast erdrückend. Die Vorhänge an den Fenstern
waren zugezogen, die an den Zimmerecken hervorlugende Tapete
mochte noch aus Kaisers Glorienzeit stammen. Bis auf einen
kleinen Läufer unter dem Schreibtisch im Keller waren die Dielen

blank. Nicht einmal Lampenschirme gab es, die Glühbirnen
hingen nackt von der Decke herab. »Wegen des Staubs«, sagte der
alte Herr etwas verlegen, als er in meinen Augen wohl den vor-
wurfsvollen Hausfrauenblick zu sehen glaubte. »Teppiche, Lampenschirme und das alles sind Brutstätten der kleinen Viecher,
die den Staub erzeugen. Hermine darf hier nur aufwischen
und sich um die Fenster samt Gardinen kümmern, das Staub-
wischen ist meine Angelegenheit.«

»Ein König im Reich des Schrifttums. Das können Sie doch unmöglich alles gelesen haben oder noch lesen wollen«, meinte ich.

»Aber nein doch, nur wenn mich was besonders interessiert.
Das ist zwar eine ganze Menge, doch um alles zu lesen, müßte
ich mich in wenigstens zwanzig Sprachen auskennen und das
Alter eines biblischen Methusalems erreichen.«

»Wozu sammeln Sie es dann?«

»Wer nichts zu sammeln versteht, versäumt ein gut Teil
seines Lebens«, gab er zur Antwort. »Der eine sammelt Briefmar-
ken, der andere Münzen, wieder andere verbringen ein Leben
damit, Bierkrüge, Bierdeckel, Werbeetiketten und sonst alles
mögliche zusammenzutragen. Ganz zu schweigen von denen, die
Gemälde, Bildwerke, alte Waffen, Teppiche oder Möbel sammeln. Ich habe mich eben auf alte Bücher und Manuskripte
spezialisiert. Sie sind ein Vermögen wert.«

Harnisch nahm mich an der Hand und führte mich in den vor-
deren Kellerraum. Dort ging er zu einem Regal und holte ein ver-
schnürtes Paket heraus, so an die vierzig mal vierzig Zentimeter.
Er legte es auf den Schreibtisch in der Mitte des Zimmers, zog sich
Gummihandschuhe an, öffnete die Mappe und breitete Blatt für
Blatt aus. Es waren neun Blatt Pergament, an den eingerissenen
und abgebröckelten Rändern schwarz. Ich sehe sie noch vor
mir, als wäre ich erst gestern bei dem alten Herrn gewesen. Auf
einigen Seiten, zum Beispiel auf der ersten, war die Schrift fast
ausgeblichen, auf anderen noch gut lesbar für den, der sie zu
lesen verstand. Der ganze Text war lateinisch, in säuberlichen,
verschnörkelten Buchstaben. Ich konnte kein Latein, hatte
nur die Realschule besucht. Harnisch meinte, er habe lange gebraucht, um das noch Identifizierbare zu übersetzen. Die Blätter
seien wohl an die achthundert Jahre alt.

Sodann zeigte er mir das Heft mit der Übersetzung und las einige Stellen vor. Mein Schwager setzte sich dazu. Alfred kannte das meiste bereits, wollte jetzt nur noch wissen, ob Harnisch die Stelle gefunden habe, die das Rätsel um die Lage Vinetas löse. So richtig vermochte er die Begeisterung Harnischs über das Manuskript nicht zu teilen.

Es ging darin um zwei Brüder, das Wort war jedoch im Sinne von Klosterbrüdern zu verstehen. Ihre Namen? Wenn ich mich recht erinnere, hießen sie Thomasius und Bernardus. Das Schrift-stück, von dem die letzte Seite fehlte, mußte bei der Aufnahme der beiden Männer in ein Kloster angefertigt worden sein. Ihre richtigen, also »weltlichen« Namen waren nicht angegeben. In den Klöstern war es ja so, daß man beim Eintritt Namen von Hei-ligen erhielt. Es war nur zu erfahren, daß einer von den zweien Handwerker, der andere Bauer in einer Stadt gewesen war. Merk-würdigerweise war der Name der Stadt nirgends genannt. Immer nur Stadt, auch kein Hinweis, wo die gelegen hat. Auch der Name der Abtei war getilgt, in welcher die beiden als Laienbrüder, sogenannte Konversen, Aufnahme gefunden hatten. Überall war nur von »unserem Gottesfürchtigen Haus« oder »unserem Gott-nahen Haus« die Rede. Erklären konnte sich das auch Harnisch nicht so recht. Er meinte nur, das mochte wohl bei diesem oder jenem Orden üblich gewesen sein.

Ich war gefesselt von dem, was Harnisch aus der Übersetzung vorlas. Ich bat ihn, noch einmal wiederkommen zu dürfen, wollte das Gehörte erst einmal gedanklich verarbeiten und mir Notizen machen. Der alte Herr war sogleich einverstanden. Am folgenden Sonnabend saß ich wieder bei ihm. Er wies mich auf die erste Seite hin, die insgesamt so ausgeblichen war, daß sich manche Stellen nur aus dem Zusammenhang heraus deuten lie-ßen. Rechts oben, unterhalb des abgebröckelten Randes, zeigte er mir eine Stelle, an der er noch die Buchstaben »Co« und »Po« zu entziffern meinte. Die darunter stehende zwei- oder dreistel-lige Zahl war so verwischt und ausgeblichen, daß sie beim besten Willen nicht mehr lesbar war.

Die beiden Laienbrüder müssen getrennt über ihre Lebens-läufe befragt worden sein, zuerst Thomasius. Sein Alter gab er mit vierundzwanzig Wintern an, der andere mit neunzehn, wenn ich mich recht erinnere. Keiner hatte, wie es hieß, eine »Hausfrau« gehabt, sie waren also nicht verheiratet. Thomasius sagte, das Haus seines Vaters habe nach Morgen hin vom Hafen der Stadt gestanden. Bei ihm habe er das Handwerk des Schuhmachers gelernt. Der andere wurde als »Sclavus« bezeichnet und lebte auf dem Hof seiner Eltern. (Erst später bin ich dahintergekommen, daß mit »Sclavus« Slawe gemeint war).

Gott der Herr habe der sündigen Stadt die Sintflut gesandt, hieß es dann. Er habe die Flut durch wochenlangen Regen und Sturm angekündigt, auch durch einen christlichen Prediger, den die Leute erschlugen. Eines Nachts sei das Wasser unaufhörlich gestiegen, habe Wege und Häuser überflutet, Mensch und Getier ersäuft. Später seien die himmlischen Heerscharen gekommen und hätten der Stadt endgültig den Garaus gemacht, dabei eine hohe Säule des Antichrist ins Wasser geworfen. Alles war durchsetzt mit Gleichnissen und Zitaten aus der Bibel. Sogar vom Turmbau zu Babel war die Rede und von barmherzigen Samaritern, von denen die beiden gerettet wurden.

Konnte es sich bei der untergegangenen Stadt um Vineta gehandelt haben? Dann war Vineta keine Sage. An diesem Tag nahm ich mir ernstlich vor, Vineta wiederzufinden. Ich fragte Harnisch, ob er mir Photos von den Seiten machen könnte. Er versprach es. Bekommen habe ich sie nicht.

Gerda schrieb mir im Herbst 1937, der alte Harnisch sei verstorben. Hermine hätte ihn so gefunden, als sei er nur über der Lektüre eines Buches eingeschlafen.

Nach dem Krieg bin ich noch mal zu dem Haus hin. Gerda und Alfred lebten nicht mehr. Sie war bei einem Bombenangriff ums Leben gekommen, Alfred als Volkssturmmann in den letzten Kriegstagen. Harnischs Haus stand noch, hatte jedoch einen neuen Besitzer. Der sagte, Erben Harnischs, die aus Bayern kamen, hätten nach dessen Tod das Haus geräumt und verkauft.

Ich habe immer wieder nachdenken müssen über das, was ich damals gesehen und gehört hatte.

Damit endet das »Romanfragment«. Wir waren uns einig, es gemeinsam zu korrigieren und fortzusetzen, sollte denn unsere Arbeit zu dem erhofften Ziel führen.

ANNÄHERUNG AN VINETA

2. DIE SAGE

»Das Märchen ist poetischer, die Sage
historischer.«
Jacob und Wilhelm Grimm:
Deutsche Sagen

An einem Ostermorgen hütete ein Schäferjunge seine Herde
nahe dem Strande von Koserow, und wie er so über die weite See
blickte, die, in der Sonne schimmernd, ruhig dalag, stieg mit
einem Male eine alte, ehrwürdige Stadt aus dem Wasser empor.
Gerade vor ihm tat sich das hohe, reichverzierte Tor in der
Mauer auf. Erstaunt und wie von einem Trugbild geblendet saß
er da. Dann aber sprang er auf und lief neugierig hinein.

Die Wächter, bärtige Männer mit Spießen und Hellebarden,
ließen ihn ungehindert hindurch, und gleich sah er sich mitten
unter Menschen, die sonderbar altertümlich, aber prächtig gekleidet waren. So trugen die Männer lange pelzbesetzte Mäntel und federgeschmückte Barette. Die Frauen gingen kostbar
in Samt und Seide gekleidet, und vom Halse hingen ihnen
schwere, mit Edelsteinen eingelegte Goldketten herab. Von den
Häusern war eines immer prunkvoller gebaut als das andere,
mit Fenstern aus buntem Glas, mit Säulen von weißem Marmor
und Alabaster, mit reich verzierten Giebeln, und die vergolde-
ten Ziegel ihrer Fassaden tauchten die Straßen in hellen Glanz
und Schein.

Eilig lief der Junge auf und ab, ihm wurde unheimlich zu-
mute, denn alles in dieser seltsamen Stadt geschah ohne den geringsten Laut: Stumm bewegten sich die Menschen auf den Straßen, stumm drängten sie sich auch um die Tische auf dem
Markt, wo Kaufleute ihre Waren ausbreiteten und stumm ihre
Stoffballen entrollten: schimmernden Samt, glänzenden Brokat,
leuchtende Seide, hauchdünne Spitzen, dazu weiche Decken
und schwere Teppiche. Vor Staunen blieb der Junge stehen. Da

winkte ihm einer der Kaufleute zu, und als er weiterlaufen wollte, winkte er wieder und lachte freundlich, breitete dabei herrlichen Stoff aus und bot ihn dem Jungen an, doch der schüttelte den Kopf. Woher sollte er, ein armer Schäferjunge, denn Geld haben, um etwas zu kaufen? Jetzt aber begannen auch die anderen Kaufleute ihm zuzuwinken, ihre schönsten Sachen holten sie hervor, um sie ihm anzubieten. Was sollte er tun?

Da streckte er ihnen seine beiden leeren Hände hin, nun mußten sie doch verstehen, daß er nichts hatte. Der Kaufmann zeigte ihm ein kleines Geldstück und wies auf seinen ganzen Tisch voll Ware, und der Junge suchte in allen Taschen seines alten Anzugs, allein, er wußte, daß er nicht einen Pfennig besaß. Traurig und enttäuscht sahen ihm alle zu.

Da lief er eilig durch die Straßen und durch das hohe Tor zurück zum Strande und zu seinen Schafen, und als er sich umwandte, schimmerte vor ihm in der Sonne nur wieder die See, und nichts war mehr zu sehen von der schönen alten Stadt, von Pracht und Glanz. Lautlos, wie sie emporgestiegen, war sie wieder in den Fluten versunken.

Betrübt und nachdenklich saß der Junge noch am Strand, als ein alter Fischer vorbeikam, sich zu ihm setzte und ihn ansprach: ›Höre, wenn du ein Sonntagskind bist, so kannst du heute, am Ostermorgen, die Stadt Vineta aus dem Meer steigen sehen, die hier vor vielen, vielen Jahren untergegangen ist.‹

›Oh, ich hab sie gesehen‹, rief der Junge und berichtete dem alten Mann, was er erlebt hatte und daß die Stadt dann gleich wieder verschwunden war.

Der Fischer nickte bedächtig und begann nun zu erzählen, was ihm von Vineta bekannt geworden war: ›Siehst du, hättest du auch nur einen Pfennig gehabt und damit bezahlen können, so wäre Vineta erlöst und die ganze Stadt mit allem, was darin ist, an der Oberfläche geblieben.

Diese Stadt Vineta ist einst größer gewesen als irgendeine andere Stadt in Europa, größer selbst als die gewiß sehr große und schöne Stadt Konstantinopel, und ihre Bewohner waren über alle Maßen reich, da sie mit allen Völkern der Erde Handel trieben und ihre Schiffe aus allen Teilen der Welt die schönsten und kostbarsten Waren brachten. Ihre Stadttore waren aus Erz und die

Glocken aus Silber, welches überhaupt für so gewöhnlich galt, daß man die einfachsten Dinge daraus herstellte und die Kinder auf der Straße sogar mit Silbertalern Klingpenning spielten.

Je mehr Reichtum in Vineta Einzug hielt, desto mehr verfielen die Bewohner aber auch dem Hochmut und der Verschwendung. Bei den Mahlzeiten aßen sie nur die auserlesensten Speisen, und Wein tranken sie aus Bechern von purem Silber oder Gold. Ebenso beschlugen sie die Hufe ihrer Pferde nur mit Silber oder Gold anstatt mit Eisen und ließen selbst die Schweine aus goldenen Trögen fressen. Und Löcher in den Hauswänden verstopften sie mit Brot und Semmeln.

Drei Monate, drei Wochen und drei Tage vor dem Untergang der Stadt erschien sie über dem Meer mit allen Häusern, Türmen und Mauern als ein deutliches, farbiges Luftgebilde. Darauf rieten alte, erfahrene Einwohner allen Leuten, die Stadt zu verlassen, denn sähe man Städte, Schiffe oder Menschen doppelt, so bedeute das immer deren sicheren Untergang. Aber man gab nichts auf diese Warnungen und verlachte sie nur. Einige Wochen danach tauchte eine Wasserfrau dicht vor der Stadt aus dem Meer und rief dreimal mit hoher, schauerlicher Stimme, daß es laut in den Straßen widerhallte:

Vineta, Vineta, du rieke Stadt,
Vineta sall unnergahn,
wieldeß se het väl Böses dahn!

Auch darum kümmerte sich keiner, alle lebten weiter in Saus und Braus, bis sie das Strafgericht ereilte. In einer stürmischen Novembernacht brach eine furchtbare Sturmflut über die Stadt herein. Im Nu durcheilte der riesige Wogenschwall die Straßen und Gassen, und das Wasser stieg und stieg, bis es alle Häuser und Menschen unter sich begrub.

Daß man Vineta erlösen kann, wenn es alle hundert Jahre am Ostermorgen auftaucht aus dem Meere, hast du ja schon erfahren und erlebt, wenn es dir auch nicht glückte. Wisse nun noch, daß die silbernen Glocken der versunkenen Stadt am Johannistag in der Mittagsstunde aus der Tiefe heraufklingen, daß aber jeder, der ihren dumpfen, traurigen Tönen lauscht, eilends da-

DIE SAGE

vongehen muß, er wird sonst unwiderstehlich angelockt von ihrem Klang und folgt ihm nach, bis er selbst da drunten ruht.‹«[1]

Es gibt zahlreiche Varianten der Vineta-Sage; eine eigentümliche gibt der polnische Historiker Władysław Filipowiak wieder:

»Nachdem Vineta zugrunde gegangen war, zog sich der Handel dieser Stadt teils nach Wisby in Gotland, teils nach Julin auf der Insel Wolin, also daß dieses Julin nun die größte und reichste Stadt in Europa wurde. Es wohnten und handelten in derselben Leute von den verschiedensten Nationen, Sprachen und Gottesdienst, als Winithen, Winiren, Heneter, Sunnonen, Slaven, Wenden, Dänen, Schweden, Gambrivier, Circipaner, Juden, Heiden, Ruthenier, Griechen und andere Völker mehr. Alle hatten dort Freiheit, zu handeln und Gottesdienst zu treiben, wie sie wollten; nur die Christen mußten sich bei Lebensstrafe heimlich halten. Jede Nation bewohnte ihre eigenen Straßen, die nach ihrem Namen benannt wurden. Lange Zeit waren die Sitten der Juliner gut und anständig. Auf die Länge aber wurden sie üppig und schwelgerisch, und einzelne Völkerstämme wollten eine Tyrannei über die anderen ausüben. Wegen solcher Greuel, Laster und Abgötterei wurde die Stadt des öfteren durch den Zorn Gottes von Blitz und Donner jämmerlich geplagt. Aber das half zu ihrer Belehrung nicht. Da zogen nach einer Weile zuerst die Ruthenier aus und wanderten in ihr Vaterland Rußland zurück. Ihnen folgten bald ihre Freunde und Genossen und stifteten in Rußland das Herzogtum, das noch jetzt von ihnen Wolhynien genannt wird. Unter den Zurückgebliebenen entstand hernach Aufruhr und Zerstreuung der Kaufleute, bis zuletzt der dänische König Waldemar die Stadt eroberte und sie bis auf den Grund zerstörte. Das geschah im Jahre 1170...«[2]

Soll man Sagen auf die Goldwaage legen? Warum nicht? Sieht man einmal von den prächtigen Palästen und den goldenen Schweinetrögen ab, durchaus. Und letztere waren auch nur symbolisch zu verstehen; es stand eben dieses Bild vor Augen bei der Schilderung von Reichtum und Verderbnis. Solcher Darstellungsweise bedienten sich schließlich auch die Künstler der Renaissance, wenn sie biblische Gestalten nach der Mode des späten Mittelalters kleideten. Vieles von dem, was die verschiedenen Versionen der Vineta-Sage behaupten, stimmt nämlich, wenngleich mitunter etwas zeitverschoben und fehlinterpretiert. Auch ortsverschoben?

Der Sage nachempfunden sind auch die Erzählung »Vineta« und besonders das Kapitel »Die Stadt auf dem Meeresgrund« in dem poetischen Märchen *Nils Holgerssons wunderbare Reise* der schwedischen Schriftstellerin und Nobelpreisträgerin Selma Lagerlöf (1858–1940). Einem Märchen verzeiht man schon die Domkirche und die goldenen Kruzifixe, die verzierten Altäre und die Priester in goldenen Meßgewändern, die es im »heidnischen« Vineta so nicht gegeben haben dürfte. Aber zu Vinetas Zauber gehören nun einmal die Glocken, die aus des Meeres Tiefe heraufklingen. Und die hört auch Heinrich Heine in seinem spöttisch-romantischen Gedicht »Seegespenst«, das er zwischen 1825 und 1826, allerdings nach einer Bootsfahrt auf der Nordsee, schrieb:

> »... Bejahrte Frauen,
> In braunen, verschollnen Gewändern,
> Gesangbuch und Rosenkranz in der Hand,
> Eilen trippelnden Schritts,
> Nach dem großen Dome,
> Getrieben vom Glockengeläute
> Und rauschendem Orgelton.«

Sogar Opern hat das Thema Vineta hervorgebracht. »Die Ostseesage oder Vineta« (1924) entstammt der Feder des polnischen Komponisten Feliks Nowowiejski (1877–1946) und »Vineta« (1968) der des deutschen Komponisten Rudolf Mors (geb. 1930).

Vineta. Ein Zauber ist darin. Irgendwann in den ersten Schulklassen erfuhren wir, die wir uns nun schon zu den Senioren rechnen müssen, davon und von den Sagen, die sich um Vineta ranken. Die Stadt hat goldne Zinnen, und ihre Glocken läuten noch unter Wasser. Jedes Jahr am Johannistag, man muß sie nur hören können. Und dazu muß man ein Sonntagskind sein.

> »Aus des Meeres tiefem, tiefem Grunde
> Klingen Abendglocken dumpf und matt,
> Uns zu geben wunderbare Kunde
> Von der schönen alten Wunderstadt.

In der Fluten Schoß hinabgesunken,
Blieben unten ihre Trümmer stehn.
Ihre Zinnen lassen goldne Funken
Widerscheinend auf dem Spiegel sehn.«

So heißt es in einem Gedicht des Dessauer Poeten Wilhelm Müller (1794–1827), das Johannes Brahms (1833–1897) vertont hat.
Welcher Schulbub träumte da nicht, später einmal Vineta wiederzufinden? So wie es die Legende von Heinrich Schliemann
(1822–1890) weiß, der Homers Heldenepen *Ilias* und *Odyssee*
schon als Kind gelesen hatte, ihnen aufs Wort glaubte und später
Troja tatsächlich ausgrub. Auch Theodor Fontane (1819–1898) ist
befangen vom Vineta-Rätsel, wenn er über Blumenthal, die so
geheimnisvoll verschwundene Stadt im Barnim, und die Landschaft *der* Blumenthal schreibt: »Etwas von dem Zauber Vinetas
ist um ihn her, und die Sage von untergegangenen Städten, verschwunden in Wasser oder Wald, begleitet den Reisenden
auf Schritt und Tritt.«[3] Und der große Spötter Erich Kästner
(1899–1974) erinnert sich seines Jugenderlebnisses Ostseeküste
für die »lieben Kinder und Nichtkinder« mit unnachahmlich
sächsischem Ulk: »Das Meer war groß und blind, unheimlich
und voller Geheimnisse. Gekenterte Schiffe lagen auf seinem
Grund und tote Matrosen mit Algen im Haar. Auch die versunkene Stadt Vineta lag drunten, durch deren Straßen Nixen
schwammen und in die Hutläden und Schuhgeschäfte starrten,
obwohl sie keine Hüte brauchten, und Schuhe schon gar nicht.
Fern am Horizont tauchte eine Rauchfahne auf, dann erst ein
Schornstein und nun erst das Schiff, denn die Erde war ja rund,
sogar das Wasser.«[4]
    Kaum jemand ahnte, daß sich dahinter eine Persiflage auf
das von Carl Loewe (1796–1869) vertonte Gedicht Ferdinand
Freiligraths (1810–1876) »Meerfahrt« verbarg, das von dem »versunkenen Julin« kündete:

»Da schwimm ich allein auf dem stillen Meer;
Keine Welle rauscht, es ist eben und glatt.
Auf dem sandigen Grunde prächtig und hehr
Glänzt die alte versunkene Stadt…

Die Türme ragen düster empor
Und geben schweigend ihr Trauern kund;
Die Mauer durchbricht das gewölbte Tor,
Es schimmern die Kirchenfenster bunt.

Doch in der schauerlich stillen Pracht
Keines Menschen Tritt, keine Lust, kein Spiel:
Auf Straßen und Märkten ungeschlacht
Treibt sich der Fische Gewühl.

Sie glotzen mit glasigen Augen bumm
In die Fenster und in die Thüren hinein:
Sie sehn die Bewohner schläfrig und stumm
In ihren Häusern von Stein.«

Während des ganzen 19. Jahrhunderts bis zum Ende der dreißiger Jahre des 20. Jahrhunderts lebte der Streit um die Lage
Vinetas an der Ostseeküste noch einmal auf, nachdem der größte
Teil der gelehrten Welt seit Jahrhunderten schon übereingekom-
men war, mit Vineta könne nur die Ortschaft Wollin auf der
gleichnamigen Insel an der pommerschen Ostseeküste gemeint
sein. Namhafte Historiker wie Ludwig Giesebrecht (1792–1873),
dessen etwas unseemännische Ballade »Der Lotse« wir in der
Schule herleierten, ja sogar der große Mediziner und Archäologe
Rudolf Virchow (1821–1902), dessen Beistand Heinrich Schliemann so viel zu verdanken hatte, engagierten sich heißen Her-
zens für ihre Vineta-Version. Robert Burkhardt faßte diesen
nicht enden wollenden Streit 1935 in einer Publikation mit dem
treffenden Titel *Die Jagd nach Vineta* zusammen. Das war glei-
chermaßen das Halali der Jagd, denn von nun an schien sich
alles endgültig mit der Wollin-Version versöhnt zu haben. Hinzu kam, daß die Nationalsozialisten wenig Interesse zeigten,
nach einer womöglich slawischen untergegangenen Stadt zu for-
schen. Wenn die archäologischen Untersuchungen in Wollin
noch bis 1941 andauerten, dann wohl in erster Linie, weil man
nach Spuren germanischer Vergangenheit suchte. Die gab und
gibt es dort zweifellos.

Auch nach dem Zweiten Weltkrieg war kein Wissenschâftler

mehr bereit, das Axiom, Wollin sei Vineta gewesen, in Frage zu stellen. Doch der Zauber der geheimnisvollen Stadt ist geblieben, besonders natürlich bei den Bewohnern der Ostseeküste zwischen Lübeck und Wollin. Da gibt es Straßen, Plätze und Hotels mit dem klangvollen Namen »Vineta«. Die findet man allerdings auch in Hamburg und sogar in Berlin. Die bekannte ostdeutsche Rockband »Die Puhdys« brachte noch 1974 einen Song über Vineta heraus.

3. DIE STADT

> »Bisweilen bedeutet es nur eine Versammlung
> oder Menge Leute, die sich nach gewissen und
> unter sich selbst errichteten Gesetzen und
> Verträgen, ruhig und friedlich bey einander zu
> wohnen und zu leben, in eine Gemeinschaft
> zusammen gefunden.«
>
> *Großes vollständiges Universal Lexikon,*
> Bd. 39, 1744

An einem Apriltag des Jahres 1967 entdeckt der dreizehnjäh-
rige Schüler Reiner Tunn auf einem frischgepflügten Feld ver-
streut ein paar Scherben. Sie sind unglasiert, gelbgrau. Einige
davon tragen an den Rändern feine Verzierungen. Reiner grenzt
die Fundstelle ein, gräbt mit den Händen in dem feuchten Boden
und findet weitere Scherben. Jeder andere Junge in seinem Alter
hätte sie gar nicht wahrgenommen. Aber Reiner ist seit längerem
schon enthusiastischer Sammler von Fossilien. Dabei war er im
Sommer des Vorjahres in einer Kiesgrube auf die Reste eines germanischen Kriegergrabes aus dem 2. Jahrhundert gestoßen. Den
Fund hatte er sofort in Stralsund gemeldet, und man registrierte
seinen Namen. Er war auch schon zu einer Archäologentagung
eingeladen worden. Nach dem neuerlichen Fund galt er bei den
Archäologen bereits als Mitarbeiter, die ihn berieten und zur
Stelle waren, wenn er wieder etwas entdeckt hatte.

Besonders häufig traf er in den folgenden Jahren auf Sied-
lungsreste des 10. bis 12. Jahrhunderts. Einige Funde, dem gleichen Zeitraum zugehörig, wurden als nordgermanisch gedeutet.
Das, so registrierte der junge Mann, paßte eigentlich gar nicht in
das überlieferte Bild, nach dem die vorpommersche Ostseeküste
seit dem 7. Jahrhundert nur von Slawen besiedelt war. Zudem
sollte es sich dabei lediglich um vereinzelte Dörfer gehandelt
haben, von irgendwelchen, nicht näher identifizierbaren Slawen-

stämmen bewohnt. Vorher, also vor der Völkerwanderung, wohnten da germanische Stämme. Die seien dann mit Kind und Kegel in den Süden abgewandert. Irgendwas paßte da nicht so recht in das Geschichtsbild.

Einmal stieß Reiner sogar auf zu Rost zerfallene Waffen. Allerdings war aus diesen Resten nicht auf die einstigen Eigentümer zu schließen.

Weder aus heimatkundlichen Veröffentlichungen noch aus den häufigen Besuchen im Kulturhistorischen Museum von Stralsund konnte Reiner Näheres über die Geschichte dieses Landstrichs im Norden des damaligen Bezirks Rostock[1] erfahren. Die setzte allgemein erst mit der Hanse ein. Es hieß immer nur, da habe es bis zum 12. Jahrhundert vereinzelte slawische Siedlungen gegeben, aus denen deutsche Städte wie Greifswald, Stralsund, Barth und Damgarten entstanden seien. Über die Geschichte Rostocks und des jenseits der innerdeutschen Grenze gelegenen Teils der Küste mit den Städten Alt-Lübeck und Oldenburg war mehr zu erfahren. Da gab es schon zur Slawenzeit Städte. Doch hier im zentralen Teil des Bezirks war nur von der Insel Rügen Genaueres bekannt. Dort hatte es zur Slawenzeit bereits ein Fürstentum gegeben, dort stand die wohl berühmteste slawische Tempelanlage an der Steilküste von Arkona, und da entdeckte man schließlich die Reste von einst reichen Handelsstädten, zum Beispiel Ralswiek oder Garz.

Als Reiner Tunn im April 1967 die gerade entdeckten Scherben noch in der Hand hielt, sah er dem von einem Traktor gezogenen Pflug nach. Was der jahrein, jahraus unterbuddelte und immer wieder, zu kleineren Stücken zerbrochen, ans Tageslicht brachte, waren die kümmerlichen Reste einer uralten Zivilisation, vielleicht sogar einer großen Stadt. Da hatten einst Menschen gelebt wie er; sie hatten geweint und gelacht wie er. Der Boden hier war fruchtbar, die See fischreich, und sollten hier nicht auch reiche Handelsstädte gestanden haben? Davon wußte jedoch niemand, und keine Sage raunte geheimnisvoll, daß in dieser Gegend vor langer Zeit eine Stadt gestanden habe, die in der Johannisnacht eines bestimmten Jahres wiederauftauche. Was aber war selbstverständlicher als die Traumbilder, die immer wieder vor dem Jungen entstanden. Er kannte die Vineta-

Sage, wußte natürlich, daß sie so, wie sie überliefert war, nicht stimmte. Aber wenn sich Vineta auf der Insel Wollin befunden haben sollte, dann mußte es eine vielleicht gleichwertige Stadt im zentralen Küstengebiet des Bezirks Rostock gegeben haben. Das hatten ihm erfahrene Archäologen gesagt, die von einer Lücke in der Kette der Handelsstädte sprachen.

»Vielleicht sollte man tiefer graben«, sinnierte der junge Mann damals. Es hätte auch eine Planung der Sucharbeiten geben müssen, aber dazu sah niemand einen Anlaß. Dieses Gebiet der Ostseeküste galt auch bei renommierten Wissenschaftlern gleichsam als geschichtslos. Es war ja nirgends erwähnt. So glaubte man jedenfalls.

Reiner Tunn ist dann nach dem Abschluß der Polytechnischen Oberschule nach Mitteldeutschland, in das Braunkohlenrevier von Lauchhammer, »ausgewandert«, wo er eine Elektrikerlehre absolvierte. Seine auf reiche praktische Erfahrungen gestützten Ambitionen, Archäologe zu werden, stießen auf unüberwindliche Hindernisse. Mit nur zehnjährigem Schulbesuch ging das schon gar nicht.

Später, nach der Lehre und der achtzehnmonatigen Wehrpflichtzeit, inzwischen in Dessau und im Harzgebiet ansässig, zog es Reiner im Urlaub immer wieder zurück in das Reich seiner damaligen Entdeckungen, wo er noch in den achtziger Jahren weitere Funde melden konnte. »In mir hatte sich damals so was wie ein Instinkt entwickelt; ich wußte genau, wo ich zu suchen hatte«, sagte er, als wir im Sommer 1997 mit ihm an seine einstige Wirkungsstätte gefahren waren. Nur eines konnte er nicht ahnen. Als wir ihm sagten, er hätte Reste der einst größten Stadt Europas gefunden, wollte er es nicht glauben.

DER KÖNIGLICHE GAST

Das genaue Datum ist nicht überliefert, es ist auch so überaus wichtig nicht. Nehmen wir an, es sei im Sommer des Jahres 1065 gewesen. Sven Estridsen, ein hochgewachsener, kräftiger Mittfünfziger, landet mit einer Schar von Höflingen an der Küste des Slawenlandes, um Vineta einen Besuch abzustatten. Sven herrscht seit dreizehn Jahren über Dänemark. Bei seinem Volk ist er beliebt, nicht nur wegen seiner Rechtschaffenheit und Leutseligkeit. Er gilt auch als sehr gelehrt und welterfahren. Und alle sind sich einig, Sven ist ein schöner Mann, auch so ganz nach dem Geschmack so mancher seiner Untergebenen; denn mit dem Sechsten Gebot hält es der König nicht so genau. Die meisten von Svens sechzehn Kindern entstammen außerehelichen Beziehungen.

Sven kommt nach Vineta, um sich zu informieren. Die Stadt ist berühmt, doch nur ein Angehöriger des dänischen Königshauses hat sie bisher zu Gesicht bekommen. Das war Svens Urgroßvater, König Harald Gormsson, genannt Blauzahn, der in Vineta verstarb. Dabei gilt die Stadt seit langem als zum dänischen Herrschaftsgebiet gehörig, was man allerdings den Vinetern gegenüber besser verschweigen sollte. Die nämlich haben bislang alle Ansprüche Dänemarks auf ihr Land ebenso zurückgewiesen wie die Absicht der Bischöfe von Lund und Roskilde, sie zu Christen zu machen. Sven Estridsen hatte deshalb den Vinetern durch Boten ankündigen lassen, er wolle ihnen nur als Reisender die Aufwartung machen.

Der Ältestenrat der Stadt empfängt den hohen Gast mit aller gebotenen Ehrfurcht. Junge Mädchen überreichen das traditionelle Brot und Salz, und den Ankömmlingen werden die besten Quartiere im Haus des Starosten, des Obersten im Stadtrat, zugewiesen. Der König läßt seine Gastgeschenke überreichen, darunter ein silbernes Schwert mit seinem eingepunzten Namen.

Eine Woche verweilen die dänischen Gäste in der Stadt, unterhalten sich mit Kaufleuten und Handwerkern, besichtigen Warenlager, Märkte, den Hafen, die Fischereien. Zu Pferde kommen sie in die Regionen östlich und südlich des Zentrums. Überall treffen sie auf geschäftiges Treiben. Ein Ruderboot bringt die Gäste zu der großen Stadt Demmin, die fast ebenso berühmt ist wie Vineta. Auch hier herrscht geschäftiges Markttreiben.

Sven, der als junger Mann Ostrom, die große Stadt Konstantinopel am Bosporus, besucht hat, ist so beeindruckt von Vineta, daß er es für die größte Stadt Europas hält. Auch einen solch riesenhaften Verbund von Märkten, auf denen alle Waren des Nordens ebenso vertreten sind wie Kostbarkeiten aus orientalischen Ländern, hat er noch nicht gesehen. Von den Vinetern selbst kann Sven Estridsen nur Gutes sagen. Größerer Gastfreundschaft und Hochherzigkeit ist er auf seinen Reisen noch nie begegnet.

Die Aufzeichnungen Svens sind verschollen. Es scheint so, daß sie im 16. Jahrhundert noch vorhanden waren. Vielleicht gehörten sie zu der »Gammel kongelike Samling«, der Alten königlichen Sammlung, von der Teile bei dem Brand der Bibliothek zu Kopenhagen 1728 vernichtet wurden. Was Sven Estridsen in Vineta gesehen hatte, teilte er in wenigen Worten einem Mann aus Bremen mit, der ihn 1067, es mag auch 1068 gewesen sein, besuchte. Nur so blieb wenigstens ein Teil von Svens Erinnerungen an die erstaunliche Stadt an der südlichen Ostseeküste erhalten, weil sie der Gast aus Bremen einem Manuskript einverleibte, das er wenige Jahre nach Svens Tod fertigstellte.

Der Dänenkönig war fasziniert von der Riesenstadt, ihren groß-
herzigen Bewohnern und dem pulsierenden Leben. Natürlich
war es keine Stadt nach heutigen Maßstäben. »Richtige« Städte
gab es zu jener Zeit weder in Dänemark noch sonstwo in Nord-
Mittel- und Osteuropa. Es handelte sich um einen über Jahrhunderte gewachsenen Verbund von ländlichen Niederlassungen,
die mit einer größeren Handels- und Hafensiedlung einen Wirt-
schafts- und Verwaltungsdistrikt, eine Art Provinz, bildeten.
Vielleicht hatten sie damals sogar schon eine »städtische« Ver-
fassung, wie sie später charakteristisch war für das »wendische
Quartier« der Hanse.

Die slawische Besiedlung Pommerns mit dem Gebiet, das unter dem klingenden Namen Vineta mehr in die Sage als in die
Geschichte eingegangen ist, soll nach bisherigen Erkenntnissen
etwa im 7. Jahrhundert eingesetzt haben, nachdem viele der dort
ansässigen Germanen den Weg nach Süden genommen hatten.
Ein Teil der germanischen Urbevölkerung (wahrscheinlich auch
ganze Stämme) blieb jedoch zurück, liierte sich teils mit den
Slawen. Anzunehmen ist auch, daß sich die über Jahrhunderte
belegte Wanderung skandinavischer Völkerstämme an die
südliche Ostseeküste noch einige Zeit fortsetzte.

Die Stadt dieser Epoche im nördlichen Mitteleuropa hatte nor-
malerweise weder Kirchen noch sonstige imposante Gebäude,
wenn wir von den Burgen absehen. Nicht ausschließen wollen
wir jedoch, daß die aus der begüterten Kaufmannschaft bestehende Oberschicht ein- und auch mehrstöckige Fachwerkhäuser
mit soliden Feldsteinsockeln bewohnte. Ansonsten gab es wohl
nur flache Wohn- und Handelshäuser, die teils aus Holz, teils
aus mit Weidenflechtwerk »vermauertem« Lehmbewurf bestanden, also ebenfalls in einer Art »Fachwerk« errichtet waren.
Diese Bauweise war noch im 19. Jahrhundert gerade in der mecklenburgischen und pommerschen Landschaft weit verbreitet.

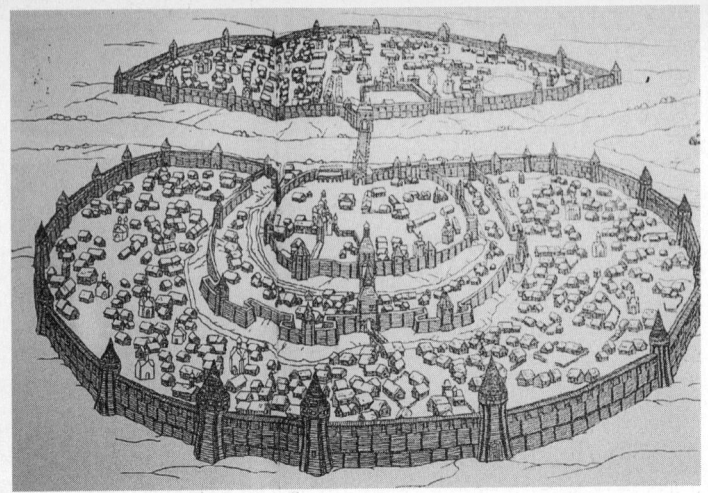

Abb. 1: Nowgorod, das Holmgardr der nordischen *Sagas*, im 10. Jahrhundert.
Rekonstruktionszeichnung. Aus: Z. Vana, *Die Welt der alten Slawen*,
Prag 1983, S. 153.

Bei den Handwerkern waren die Wohngebäude mit den Werkstätten verbunden, ebenso lebten die Bauern und Handwerker noch in trauter Nachbarschaft mit dem Vieh zusammen. Die Tiere waren Wärmespender; denn sonst gab es nur eine Wärmequelle im Haus: den (meist offenen) Herd in dem einzigen Wohnraum. Das Interieur war auch bei den vermögenderen Leuten auf Tisch, Bänke, Kleidertruhe und Lagerstatt beschränkt. Die Standesunterschiede drückten sich allenfalls in der Verarbeitung des Mobiliars aus: mit Schnitzarbeiten verzierte Bänke, Truhen und Betten oder aber schlichte Hocker sowie Bretter an den Wänden als Nachtlager. Die Dächer waren mit Schilf oder Stroh gedeckt. Die Handels- und Lagerhäuser hatten offene Vorhallen, in denen sich das Geschäftsleben abspielte.

Natürlich unterschieden sich die Häuser der Kaufleute in ihrer Größe und mit den durch Schnitzarbeiten verzierten Fassaden von denen der Fischer, Handwerker und Bauern. Fensterglas kannte man noch nicht. Zur kalten Jahreszeit lagen die Fenster hinter gut abgedichteten Läden. Je nach Vermögenslage wurden

DIE STADT

die Innenräume mit Kienfackeln, Öl- und Tranfunzeln oder aber von Wachskerzen in metallenen (oft silbernen) Kandelabern beleuchtet. Die unvermögenden Leute in ihren Katen begnügten sich mit dem Schein des Herdfeuers, dessen Rauch durch eine Öffnung im Schilf- oder Strohdach (die sogenannte Uhlenflucht) abzog und dabei gleich die unter dem Dach aufgehängten Fische und Schinken räucherte.

Zwischen den Gebäuden zogen sich enge Gassen hindurch. Die für den Handelsverkehr wichtigsten Straßen endeten an den Stadttoren, die zwischen mit Palisaden gekrönten und durch Holzroste befestigten Erdwällen auf die Fernverkehrsstraßen führten. Steingepflasterte Straßen gab es bereits, doch bildeten sie die Ausnahme. Morastige Stellen wurden meist mit Holzbohlen oder grobem Sand befestigt. Stadtmauern mit burgartigen Anlagen hat es in den Hafenstädten auch meerwärts gegeben, um vor Überfällen geschützt zu sein.

Die Standesunterschiede in der mittelalterlichen Stadt zeigten sich vor allem in der Kleidung. Der vermögende Kaufmann präsentierte sich in gutem Tuch und langem, im Winter pelzgefüttertem Umhang. Die »Dame des Hauses« bevorzugte importierte Stoffe und feines Geschmeide, mit Perlen und ungeschliffenen Edelsteinen, Bernstein oder farbigen Glasperlen besetzt. Der Bauer und Handwerker trug ein schlichtes Gewand aus Wolle oder Leinen, von der Hausfrau oft selbst gesponnen und gewebt. Bei alldem sollten wir uns die Standesunterschiede in jener frühgeschichtlichen Zeit nicht allzu ausgeprägt vorstellen.

Fontane zitiert aus Ludwig Giesebrechts 1843 veröffentlichten *Wendischen Geschichten aus den Jahren 780 bis 1182*, in denen er die Kleidung der Wenden beschreibt: »Zur nationalen Kleidung gehörten ein kleiner Hut, ein Obergewand, Unterkleider und Schuhe oder Stiefel; barfuß gehen wurde als ein Zeichen der äußersten Armut betrachtet. Die Unterkleider konnten gewaschen werden; der Stoff, aus dem sie bestanden, war also vermutlich Leinewand. Das Oberkleid war wollen.«[2]

Die Ansprüche waren auch bei den vermögenderen Bürgern eher bescheiden. Der Handel regte vor allem zur Akkumulation von Reichtum, zur Ausweitung des Geschäfts an, um der Konkurrenz einheimischer wie auswärtiger Kaufleute gewachsen zu sein.

Uns heute mag das Leben der Bewohner einer mittelalterlichen Stadt eintönig erscheinen. Doch hatten sie ihre eigene, von uns kaum nachempfindbare Lebensweise. Die Verwandtschafts- und nachbarschaftlichen Bindungen waren weit intensiver ausgeprägt als in heutiger Zeit. Zum anderen aber muß es bereits genossenschaftliche Zusammenschlüsse der Handwerker und Kaufleute gegeben haben, Vorläufer der Zünfte und Gilden, auf die sich die im 12./13. Jahrhundert entstandenen Städte wie Lübeck, Rostock, Wismar, Stralsund usw. gründeten. Die Wirtshäuser, in denen Bier, Met und auch Wein ausgeschenkt wurden, waren Stätten fröhlichen Zusammenseins ebenso wie die bei den Slawen unvermeidliche Dampfsauna. Abwechslung fanden die Bewohner in Reiterspielen – denn für die Pferdezucht waren die Wenden an der Küste weithin bekannt –, bei Ringkämpfen, Schwimm- und Schießwettbewerben sowie bei den zum Alltag gehörenden Schaustellungen der Gaukler, Akrobaten, Musikanten und Komödianten. Und wie wir schon aus dem einleitenden Kapitel wissen, waren sie auch um Anlässe zum Feiern nicht verlegen.

In den Wirtshäusern wie auch im Hafenviertel lauschte man Erzählern und Sängern, die von Sagen oder eigenen Abenteuern kündeten und dafür hin und wieder ein kleines Geschenk, immer aber eine Speise erhielten. Man war sich näher in jenen Zeiten, da Naturgewalten als Ausdruck des Willens von Göttern galten und immer mit Überfällen von äußeren Feinden gerechnet werden mußte.

Einer arabischen Quelle zufolge war die »Streitkraft« der Bewohner von Vineta »gewaltig«. Man hatte sich der nordischen Wikinger ebenso zu erwehren wie der Polen und der Sachsen. Vor allem von letzteren drohte die Zinsknechtschaft unter dem Glauben der römischen Kirche, und davon gab es aus den ehemals freien wendischen Provinzen viel Böses zu hören. Die Männer befanden sich ständig im Zustand der »Mobilmachung«, denn auch Überfälle durch andere Städte gehörten zum Alltag.

Als Handelsgut hatten die Kaufleute in den nordischen Städten vor allem Fisch, Salz und Pottasche zur Herstellung von Seife zu bieten, aber auch Erzeugnisse des Handwerks (Töpferei, Weberei, Böttcherei, Seilerei, Schiffbau, Schnitzarbeiten, Goldschmiedearbeiten, Erzeugnisse der Leder-, Eisen-, Kupfer- und Bronzeverarbeitung und Kämme aus Horn) und der Landwirtschaft (Weizen, Hirse, Buchweizen, Gerste, Honig, Bienenwachs), besonders auch der Viehzucht (Pferde, Rinder, Schweine) und deren Produkte (Butter, Käse, Schinken, Wurst, Wolle und Pelze). Ebenso gehörten, wie zahlreiche Quellen bezeugen, kriegsgefangene Sklaven zum bevorzugten Handelsgut; denn die Gesellschaftsordnungen der meisten Gebiete, mit denen Handel getrieben wurde, kannten die Sklavenhaltung seit der Antike. Hinzu kam der überall in der damals bekannten Welt hochgeschätzte Bernstein, das »Gold des Nordens«, der meist in verarbeiteter Form (Schmuckgegenstände, Pulver und in Öl für medizinische Zwecke) angeboten wurde.

Die den Hafen von Vineta anlaufenden Schiffe kamen von weither. Selbst Kaufleute aus Byzanz, Kiew und Nowgorod suchten dort Gewinn mit ihren Handelsgeschäften zu machen. Den wenigen glaubwürdigen Chroniken, die auf uns überkommen sind, dürfen wir entnehmen, daß ausländische Kaufleute in Vineta Handelsniederlassungen unterhielten. Was sie nach dort mitbrachten, waren sogar Seidengewebe und Brokatstoffe, Teppiche, orientalische Spezereien, Wein, auch Elfenbein, Perlen, »Bijouterie« aus farbigen Glasperlen, Gläser und prachtvolles Geschirr aus Edelmetall, exotische Tiere, vor allem aber Geld in Gold- und Silbermünzen sowie Hacksilber. Abgerechnet wurde in Form von »Banknoten«: kleinen Leinentüchern.

Eisen- und Kupfererze kamen wahrscheinlich aus Schweden und Rußland. Die meisten dieser Importe wurden indes direkt oder in bearbeiteter Form weiterverkauft. Denn die wichtigste Einnahmequelle und Grundlage für das Aufblühen der mittelalterlichen Seehandelsstädte, deren Tradition später das »Wendische Quartier« der Hanse mit Lübeck, Wismar, Rostock, Stralsund, Greifswald usw. übernahm, war der Zwischenhandel.

Wir können dieses mittelalterliche Bild von einer Großsiedlung im Norden Deutschlands bislang noch anhand von Ausgrabungsergebnissen in der einstigen Handelsstadt Birka, siebenundzwanzig Kilometer westlich von Stockholm auf einer Insel im Mälarsee, im holsteinischen Oldenburg, in der Ortschaft Wollin auf der gleichnamigen Insel in Pommern, im ehemaligen

Handelsort der Wikinger Haithabu bei Schleswig, in Ralswiek auf Rügen, in Alt-Lübeck, im russischen Nowgorod sowie in dem erst jüngst wiederentdeckten Handelsemporium Reric bei Groß Strömkendorf an der Wismarbucht nachzeichnen und uns nach bildlichen Darstellungen des Mittelalters vorstellen. Hinzu kommt, daß sich an der Ostsee das mittelalterliche Dorfleben bis in das 19. Jahrhundert geradezu konserviert hatte. Und das Bild der so auf uns gekommenen Dorfbehausungen (mehrere Freilichtmuseen im norddeutschen Raum wie auch in Polen und im Baltikum vermitteln es uns anschaulich) ist einer Ostseestadt des Mittelalters so unähnlich nicht.

Das dänische Haithabu, obgleich viel kleiner, scheint eine frühe Rivalin von Vineta gewesen zu sein. Die Stadt verschwand etwa ein Jahrhundert vor dem Untergang Vinetas aus dem Blickfeld der Geschichte. Haithabu hatte einst auch die (teils slawischen) Kaufleute der dänischen Handelsniederlassung Reric an der Wismarbucht aufgenommen, nachdem die Dänen den Marktplatz schon zu Beginn des 9. Jahrhunderts aufgegeben und zerstört hatten. Das südschwedische (von Dänemark beherrschte) Birka war Ende des 10. Jahrhunderts bedeutungslos geworden. Im letzten Drittel des 11. Jahrhunderts gab es kaum noch Spuren von der Stadt. Diese damals berühmten Handelsemporien scheinen das Opfer von mit Seeräuberei verbundenen Konkurrenzkämpfen geworden zu sein. Traf das auch auf Vineta zu?

Was König Sven Estridsen in Vineta sah, erschien ihm wie ein Wunder. Und Adam von Bremen hatte Sven gerade wegen der auch ihm zu Ohren gekommenen Wunder dieser Stadt befragt. In der Bauweise unterschied sich die Stadt kaum von den Städten, die er in Nordeuropa kannte. Und wenn er sie als größte Stadt Europas sah, so wußte er auch um die Größe Roms, das zu seiner Zeit allerdings nur noch einen Schatten jener Millionenmetropole darstellte, die es in der Antike gewesen war. Auch gab es noch andere »Großstädte« wie Köln, das seinerzeit etwa zehntausend Bürger hatte.

Was machte die Besonderheit Vinetas aus, die erlaubte, es von allen anderen bei Adam und Helmold beschriebenen Handelsstädten des Ostseeraums so stark abzusetzen? Waren es

DIE STADT

Windmühlen oder Schleusentreppen? Gab es Spitäler, die von geschickten Ärzten der »Griechen« betrieben wurden? Und sollten die gottesfürchtigen »Griechen« dort nicht auch Kirchen, vielleicht auch ein Kloster, unterhalten haben? Von den orthodoxen Christen brauchten die Vineter ja, anders als von den römisch-katholischen, deren Religionsausübung daher in Vineta bei Strafe verboten war, keine Zinsknechtschaft zu befürchten. Alles Fragen, die sich – noch – nicht beantworten lassen.

Wie groß war Vineta? Und vor allem, wo lag die so berühmte Handelsmetropole? Der Streit darüber geht seit Jahrhunderten.

Vineta hat bei der Insel Usedom gelegen, vor Koserow, so weiß es die Sage, der zufolge die Stadt vom Meer verschlungen worden sein soll. Anerkannte Wissenschaftler wie Richard Hennig (1874–1951) und zuvor der Direktor des Berliner Museums für Vor- und Frühgeschichte Carl Schuchhardt (1859–1943) verlegten in den zwanziger und dreißiger Jahren Vinetas Standort auf eine untergegangene Insel an der Nordspitze von Usedom. Der in Pommern gebürtige Historiker und Dichter Ludwig Giesebrecht vermutete, die Stadt habe vor der Stettiner Odermündung gelegen. Heute halten es fast alle Archäologen und Historiker nur noch mit der Variante, Vineta auf der Ostseeinsel Wollin heimisch zu machen. Nur geht das nicht an. So jedenfalls meinten wir.

Es mußte in diesem Kontext noch Rätsel geben, die unbeachtet geblieben und von unseren Vorgängern in der Vineta-Forschung anhand des »Beweismaterials« von Wollin schlichtweg als unwesentlich abgetan worden waren.

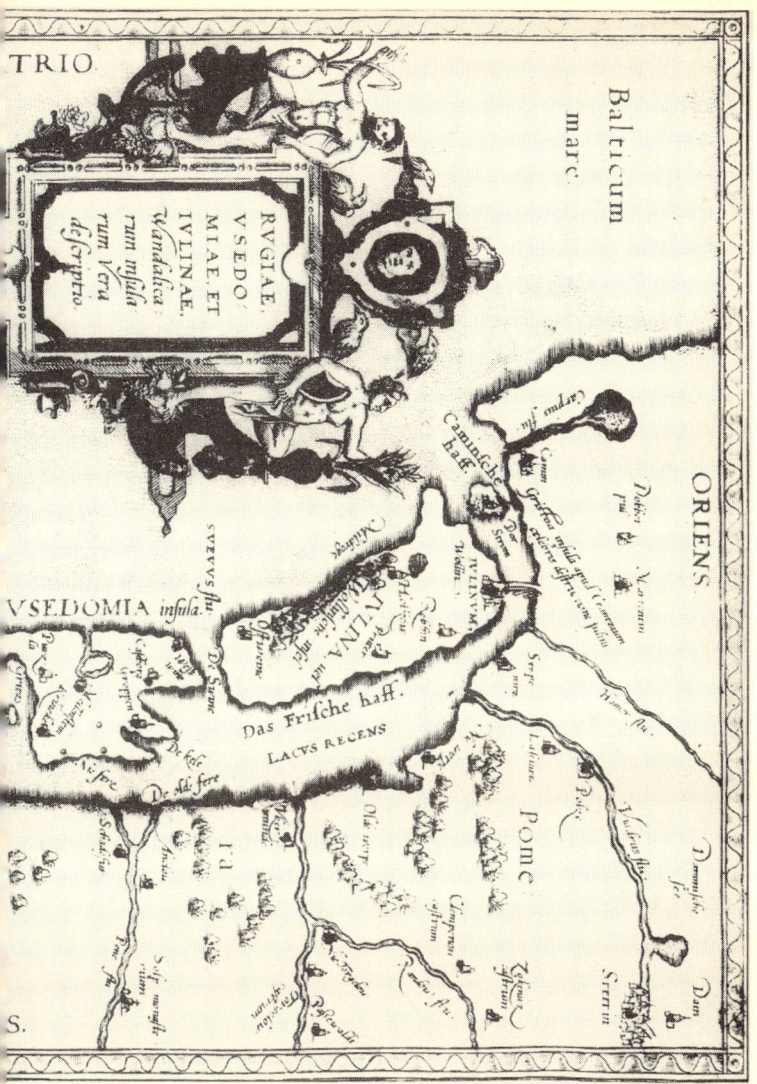

Abb. 2: Die Ostseeküste von Barth bis Cammin mit Vineta vor Damerow auf Usedom, Karte von Abraham Ortelius, 1584.

4. DIE BURG

»Mag die Burg auf einem Berge oder in einer
Ebene stehen, sie ist nicht zum angenehmen
Aufenthalt, sondern zum Schutz erbaut, mit
Wall und Graben umgeben.«
Ulrich v. Hutten: *An W. Pirckheimer*

Die Burg gehörte im Mittelalter sozusagen zum Standard jeder Stadt oder stadtähnlichen Siedlung. Meist entstand sie erst in unmittelbarer Nähe von schon vorhandenen Burgen. Die Bürgerschaft brauchte Schutz vor Überfällen, die in jenen unruhigen Zeiten nichts Außergewöhnliches waren.

Das Leben in einer Burg war alles andere als angenehm. Das gilt besonders für die Wehrbauten des 10. bis etwa 13. Jahrhunderts. In heißen Sommern spendeten die Burgräume zwar angenehme Kühle, dafür glichen sie im Winter Eisschränken. Da gab es noch keine Kamine mit den angrenzenden Kemenaten, den Kaminzimmern. Man konnte hier oder dort wohl ein offenes Feuerchen entfachen, nur half das nicht viel, zumal man dazu die Fensterluken öffnen mußte. Welcher Burgbewohner wollte da im Winter die Kleider ablegen, um sich zu waschen?

Angeregt von der seinerzeit üppig sprießenden Literatur über Vineta, gab ein W. Doenniges im Jahre 1837 ein Buch mit dem Titel *Wineta oder die Seekrieger der Jomsburg* heraus. Das »Heldenepos« war das Erstlingswerk des damals dreiundzwanzigjährigen Franz Alexander Friedrich Wilhelm Doenniges, der sich später einen Namen als Historiker und Staatsrechtslehrer machte und 1860 in den Ritterstand erhoben wurde. Bekannt geworden ist sein Name allerdings vor allem durch den öffentlichen Skandal um den Tod des Sozialistenführers Ferdinand Lassalle (1864).

Von den Zuständen in der Jómsburg[1] war in Doenniges Gedicht freilich weniger die Rede als von dem mehr oder weniger

»lustigen« Leben und Treiben der Wikinger. Denn die, so hieß es, waren die Herren über die Jómsburg und Vineta.

Vineta, so viel sei schon verraten, hatte mehrere Burgen. Wir sprechen von »richtigen« Burgen, also soliden Bauwerken, wohl teilweise sogar mit steinernem Unterbau, mit Turm und Wehranlagen. Allerdings ist uns aus der Überlieferung so nur eine Anlage bekannt: die sogenannte Jómsburg in einem »Gau Jóm« des Wendenlandes. Die gemeinhin übliche Konstruktion von Wehrbauten war bis in das hohe Mittelalter bei den Ostseevölkern noch die traditionelle Holz-Erde-Bauweise, was wir aber keineswegs als »primitiv« bewerten sollten.

Von der Jómsburg künden einige der zwischen etwa 1230 und 1400 verfaßten nordischen *Sagas*, die sich auf isländische, dänische und norwegische Quellen stützen. Erwähnt wird sie unter anderem in der *Jómsvikinga Saga* (Mitte des 13. Jahrhunderts), in der *Heimskringla* (Weltkreis), deren ältere Bezeichnung *Geschichte der norwegischen Könige* lautet (um 1230), in der *Knytlinga Saga* oder *Geschichte der Nachkommen des Dänenkönigs Knut* (um 1260) sowie in der *Fagrskinna* (Das schöne Pergament, entstanden um 1230). Diese *Sagas* stellen eine Art poetisch überhöhter Chronik dar.

Aus keiner *Saga* geht indes hervor, in welcher Gegend des Wendenlandes die Burg gestanden haben soll. Das Wendenland an der Ostseeküste erstreckte sich von Holstein im Westen bis zur Weichselmündung im Osten. Hinzu kommt, daß die *Sagas* auch Polen als Wendenland betrachteten.

Da dieser Burg in fast allen wissenschaftlichen Abhandlungen zur Vineta-Frage eine bedeutende Rolle beigemessen, sie oft sogar mit Vineta identifiziert wird, wollen wir die Darstellungen der *Sagas* dazu etwas ausführlicher zitieren.

So heißt es in der *Fagrskinna*: »König Harald, der Sohn Gorms, heerte im Wendenland und ließ eine große Festung erbauen, dort wo es Jómi heißt, und diese Festung wurde später Jómsburg genannt.«[2]

Etwas mehr erfahren wir aus der *Knytlinga Saga*: »Harald Gormssohn wurde nach dem Tode seines Vaters in Dänemark zum König genommen. Er war ein mächtiger König und ein großer Kriegsmann. Er erwarb das Holstenland im Sachsenland;

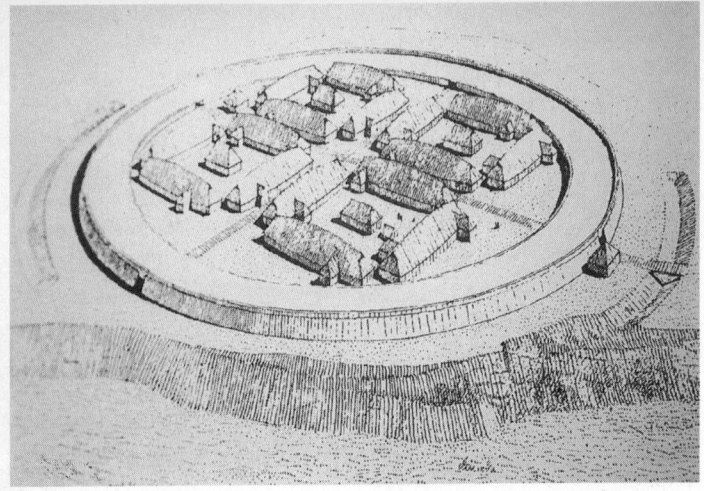

Abb. 3: Rekonstruktionszeichnung einer Wikingerfeste. Aus: K. Randsborg, *The Viking Age in Denmark*, London 1980, S. 98.

auch hatte er ein großes Jarlsreich im Wendenlande. Er ließ dort die Jomsburg anlegen und legte eine große Besatzung dorthin. Er gab ihnen Sold und Gesetze, und sie unterwarfen ihm das Land. Im Sommer lagen sie auf Heerfahrt, aber im Winter saßen sie daheim. Sie wurden Jomswikinger genannt.«[3]

Der erwähnte König Harald Gormsso(h)n, genannt Blauzahn, regierte Dänemark von etwa 940 bis 986. Er muß ein rechter Haudegen gewesen sein, wenn er sich noch als Achtzigjähriger an die Spitze eines Heeres stellte, um seinen Sohn Sven(d) zur Räson zu bringen. Warum ihm der seltsame Beiname Blauzahn verliehen wurde, wissen wir nicht. Jedenfalls soll er wegen der gewaltsamen Einführung des Christentums bei seinem Volk nicht allzu beliebt gewesen sein.

Die *Knytlinga Saga* schildert, wie der alte König Harald starb: »Svend, der Sohn des Königs Harald Gormssohn, forderte von seinem Vater, König Harald, einen Teil des Reiches, aber König Harald liebte ihn wenig, denn er war der Sohn einer Beischläferin, und er wollte ihm kein Reich zur Herrschaft überlassen. Aber als Svend zum Manne herangewachsen war, da verschaffte

DIE BURG

er sich Schiffe und Mannschaft und heerte weit umher sowohl im Ausland wie im Inland. Da ward König Harald zornig auf ihn und sammelte Mannschaft gegen ihn. Da war Svend sein Ziehvater Palnatoki zu Hilfe gekommen, wie in der Geschichte von den Jomswikingern erzählt wird, und sie steuerten nun nach Seeland und in den Isefjord hinein; da trafen sie auf König Harald mit seinen Schiffen. Svend ging sofort zum Kampf gegen ihn über. Eine große Schlacht fand dort statt – da stieß Volk zu König Harald, so daß Svend überwältigt wurde und floh.

In diesem Kampfe erhielt König Harald die Todeswunde – er wurde durch einen Pfeil zu Tode verwundet, und er wurde als erster von den Dänenkönigen in geweihter Erde begraben...«[4]

Diese Geschichte erzählt im Jahre 1076 auch Adam von Bremen. Bei ihm allerdings wird »Haralds Partei geschlagen«, und der todwunde König entkommt »in die Slawenstadt Jumne«, wo er seinen Verletzungen erliegt.[5] Gleiches lesen wir bei Helmold von Bosau, der ein Jahrhundert später berichtet: »Harald selbst aber floh schwer verletzt aus dem Gefecht, bestieg ein Schiff und entkam nach der weltberühmten Slawenstadt Vineta«, wo er menschenfreundlich aufgenommen wurde, aber nach einigen Tagen seiner Verwundung erlag.[6]

Auffällig ist, daß sich die *Knytlinga Saga* betreffs Palnatoki auf die *Jómsvikinga Saga* beruft und so eine gewisse Distanz zu dieser Aussage herstellt. Denn dort hat die Dichtung allzu deutlich den Vorrang vor der Historie, die über lange Strecken geradezu verfälscht wird.

Die *Jómsvikinga Saga* schildert Einzelheiten von der Jómsburg, von den Taten der dortigen Wikinger und erzählt auch von dem Haudegen Palnatoki, dem sie die Errichtung der Jómsburg zuschreibt.

»Zu jener Zeit herrschte über das Wendenland ein König, der Burislaf hieß. Er hörte von Palnatoki und war besorgt wegen dessen Heerfahrt; denn jener behielt fast immer den Sieg und war vor allen Männern berühmt. Diesen Entschluß faßte der König, daß er Boten zu Palnatoki schickte und ihn zu sich einlud; und er ließ ihm sagen, er wolle Freundschaft mit ihm schließen. Auch ließ der König diesem Angebot hinzufügen, er wolle ihm von seinem Lande einen Gau geben, der Jom hieß, damit er ihm sein

Land und Reich verteidige und sich dort niederlasse. Das nahm Palnatoki an und ließ sich dort nieder mit allen seinen Mannen.

Und bald ließ er dort eine große und stark befestigte Burg bauen. Ein Teil der Burg stand nach der See hinaus. [Wir verlassen uns hier auf die überlieferte Übersetzung und müssen offen lassen, ob es sich um *die* See, also die Ostsee, oder um *den* See, einen Binnensee, gehandelt haben soll.] Und darin ließ er einen Hafen bauen, so groß, daß dreihundert Langschiffe darin liegen konnten, so daß alle in der Burg eingeschlossen waren. Mit großer Kunst war das angerichtet, so daß dort Tore daran waren und ein großer steinerner Bogen oben darüber. Vor den Toren aber waren eiserne Torflügel, die innen vom Hafen her geschlossen wurden.[7] Auf dem Steinbogen aber war ein großer Turm gebaut, und darin waren Kriegsschleudern. Diese Burg wird die Jomsburg genannt.

Hiernach gab Palnatoki in der Jomsburg Gesetze mit dem Rat kluger Männer, damit ihr Ruhm weithin dränge und ihre Macht aufs höchste stiege ...

In solcher Weise saßen sie nun in der Burg und hielten ihre Gesetze wohl. Sie fuhren jeden Sommer auf Heerfahrt aus in mancherlei Länder und erwarben sich Ruhm. Sie galten als die größten Krieger und fast keine andern ihnen gleich in jener Zeit. Und sie wurden Jomswikinger genannt.«[8]

Aus der *Knytlinga Saga* haben wir jedoch erfahren, daß Dänenkönig Harald Blauzahn der Auftraggeber für den Bau der Burg gewesen war. Jedenfalls wird allgemein angenommen, daß mit »Burislaf«, der als König über das Wendenland geherrscht haben soll, der Herzog und spätere König von Polen Bolesław I., genannt Chrobry, der Tapfere (992–1025), gemeint war. Zweifel bleiben jedoch; denn mit »Burislaf« konnte auch Bogislaw gemeint gewesen sein. Dieser Name war unter den Pommernherzögen verbreitet, und es gibt keinerlei Anhalt dafür, daß sich die Polen schon vor 1121 das Pommernland gänzlich unterworfen hatten.

Wir haben aus den *Sagas* nur einige Namen ausgewählt. Wichtig für uns sind lediglich Harald Blauzahn, sein Stiefsohn und Thronfolger Sven(d), genannt Gabelbart (988–1014), und jener »Burislaf« oder Bogislaw. Der legendäre Palnatoki ist nur eine Randfigur, von der wir uns bald verabschieden können.

DIE BURG

Ansonsten stimmt uns heute das Heldenepos über die Jómswikinger nachdenklich. Im Winter ruhte man aus, »blieb daheim«, wie es heißt, vielleicht gar nicht mal in der eiskalten
Burg, und verbrachte die Zeit mit geräuschvollen Gelagen. Die
Bienen wie auch die Brauer müssen sehr fleißig gewesen sein zu
jener Zeit, um den Durst der Wikinger mit dem aus vergorenem
Honig gewonnenen Met oder mit Bier zu stillen. Jedenfalls waren sie für ihre Trinkgelage bekannt. Im Sommer heerte man,
schlug sich mit Gegnern, die man sich nach der Größe der Beute
ausgesucht hatte, und tötete und brandschatzte munter drauflos.

Wie lange (wenn überhaupt) die Jómswikinger den »Gau
Jóm« beherrschten, erfahren wir aus der *Saga* nicht. Das Heldenepos bricht ab, bevor die Burg vernichtet wurde. Die Slawen
müssen schon um das Jahr 1000 die dänischen Wikinger ent-
machtet und die Oberherrschaft über die Festung errungen haben. So jedenfalls können wir es der *Heimskringla* entnehmen:

»König Magnus fuhr mit seinem Heer in den Norden von Norwegen und weilte dort den Winter über. Im Frühjahr aber fuhr
König Magnus mit seinem Heer aus und steuerte mit ihm süd-
wärts nach Dänemark. Als er aber dorthin kam, hörte er aus dem
Wendenland die Neuigkeit, daß die Wenden ihm in Jomsburg
den Gehorsam aufgesagt hatten. Dort hatten dänische Seekönige
ein großes Jarlsreich errichtet. Sie hatten dort zuerst die Jomsburg angelegt, und dieses war eine sehr starke Festung geworden. Als König Magnus diese Nachricht erhalten hatte, da bot er
aus Dänemark eine gewaltige Flotte auf, und er fuhr im Sommer
mit seinem ganzen Heer nach Wendenland... Als König Magnus
aber nach Wendenland kam, da legte er sich vor Jomsburg und
nahm die Feste ein. Er erschlug da viel Volks und brannte die
Burg nieder sowie alles weithin im Lande. Er verübte so die
größten Kriegstaten ... Viel Volks im Wendenlande unterwarf
sich dem König Magnus, und noch größer war die Zahl derer, die
flohen.«[9]

Magnus (genannt der Gute) regierte Dänemark und Norwegen von 1042 bis 1047. Die Eroberung und Zerstörung der Burg
soll 1043 oder 1044 stattgefunden haben. Nur: Ist der Vorfall auch
außerhalb der *Sagas* belegt?

In Scholion (Zusatz) 56 zu Adams von Bremen *Bischofs-*

geschichte der Hamburger Kirche finden sich die Worte: »König Magnus lagerte mit einer großen Dänenflotte vor der sehr reichen Slawenstadt Jumne. Die Niederlage war die gleiche. Magnus schreckte alle Slawen; er war ein frommer junger Mann und lebte untadelig; deshalb verlieh ihm Gott in allem den Sieg.«[10]

»Die Niederlage war die gleiche« (lat. »clades par fuit«) hatte der Übersetzer von Adams Werk als »Die Verluste waren auf beiden Seiten gleich« gedeutet. Doch bezieht sich der Zusatz auf den vorher geschilderten Sieg der Dänen über die Wenden bei Haithabu im gleichen Jahr.

Während im Zusatz zu Adams Werk von einem Angriff der Dänen auf Jumne die Rede ist, wird in der *Saga* von einer Vernichtung der Jómsburg gesprochen. Überhaupt geht es in den *Sagas* nur um die Jómsburg, die Stadt Jumne wird nirgends erwähnt. Adam und Helmold wiederum kennen keine Jómsburg. Wir werden dieser seltsam anmutenden Konstellation noch mehrmals begegnen.

Halten wir es *zunächst* mit der Version, die Wenden hätten nach der Zerstörung Burg und Stadt wiederaufgebaut. Adams von Bremen Schilderung der blühenden Handelsstadt stammt ja aus dem Jahre 1076! Nach Saxo Grammaticus, der die Schlacht von 1043 gar nicht erwähnt, sollen zwei Abenteurer namens Alli und Herri um 1100 die Jómswikinger zur Seeräuberei aufgestachelt haben. Dänische Truppen belagerten daraufhin die Jómsburg und nahmen sie ein.[11] So hat man es aus der Chronik des Saxo Grammaticus herausgelesen, aber Saxo schreibt nicht von der Jómsburg, sondern von »Iulinum, dem sichersten Zufluchtsort der Dänen«. Eine Jómsburg kennt er gar nicht. Wieder ein schier unlösbares Rätsel. Der *Knytlinga Saga* zufolge wurden die Slawen bei diesem Angriff der Dänen in der Ebene niedergemetzelt.[12]

Das sollen, nach der bisherigen Geschichtsschreibung zu urteilen, die Stunden gewesen sein, in denen die Jómsburg und/oder Jumne/Vineta für immer von der Bildfläche verschwanden. War das wirklich so? Helmold von Bosau schreibt 1171 lediglich: »Ein König der Dänen soll diesen höchst wohlhabenden Platz mit einer sehr großen Flotte angegriffen und völlig zerstört haben. Die Überreste sind noch jetzt vorhanden.«[13] Man hat vermutet, Helmold habe hier von Adam abgeschrieben und den Angriff von 1043/44 gemeint, aber aus der uns überlieferten Kopie von Adams Werk erfahren wir lediglich, daß Magnus Jumne belagert und den Slawen eine Niederlage bereitet habe.

Hier paßt einiges überhaupt nicht zusammen. Wir notieren:

1. Vineta kann nicht schon 1043/44 endgültig zerstört worden sein, wenn es Adam von Bremen 1076 noch als blühende Handelsstadt schildert.

2. Bezieht sich die Darstellung bei Saxo Grammaticus (»Iulinum«) tatsächlich auf Julin, das spätere Wollin, kann es sich nicht um Vineta und/oder die Jómsburg handeln? Saxos Chronik kennt weder Jumne noch Vineta oder eine Jómsburg.

3. Ganz sicher hat Helmold von Bosau Näheres über den Untergang Vinetas gewußt, doch liefert er keinerlei Hinweis, wann die Zerstörung stattfand.

Helmold von Bosau war übrigens der einzige Chronist, der für die Stadt Jumne den Namen Vineta (»Vinneta«, »Winneta«) gebraucht hat! Über diesen Namen ist seit Jahrhunderten spekuliert worden. Darauf sowie auf das weitere Schicksal Jumnes/Vinetas sei in den Kapiteln 11 bis 13 näher eingegangen.

WIE KÖNIG HARALD STARB,
UND WER DIE JÓMSBURG
ANLEGTE

»Du hast mir das mit dem Harald Blauzahn rübergefaxt. Ich meine schon, er ist eine Art Schlüsselfigur, wenn auch ganz eigener Art. Bei diesem Typ scheinen sich die Geister zu scheiden«, sagte Klaus in einem Telefonat Anfang Dezember 1995. Günter war da zur Kur in Neu-Fahrland bei Potsdam. Klaus versprach, am Wochenende einen Besuch abzustatten.

Die »Tagung« fand in einer hübschen Gaststätte namens »Kuriosum« am Rande Neu-Fahrlands statt. Der Name bezog sich wohl auf das urige Interieur und die deftige altdeutsche Küche.

»Mit der Story um den Dänenkönig meinte ich eher die unterschiedliche Darstellung der Geschichte der Jómsburg in den *Sagas*«, begann Günter das »Fachgespräch«. Nach ausführlichem Kartenstudium meinte er, entdeckt zu haben, wo die Jómsburg gelegen haben könnte: »An der ganzen Ostseeküste bietet sich nur eine Stelle an. Sieh mal hier, südlich von Stralsund, der Deviner See. Die Stelle paßt auch genau zu der Zeichnung, die Schuchhardt 1926 nach der *Jómsvikinga Saga* angefertigt hat.«

»Da gehe ich nicht mit. Die Küste hat sich in den letzten tausend Jahren verändert.«

»Und Devin? Wie wäre es denn mit Devineta?«

»Das ist ein interessanter Gedanke. Aber die Jómsburg hat da nicht gelegen.«

»Und wo?«

»Weiter östlich, vielleicht auf Usedom, vielleicht am oder im Greifswalder Bodden. Viele Plätze bieten sich dort an. Hast du schon mal daran gedacht, daß Vineta und die Jómsburg gar nicht benachbart gewesen sein müssen?«

Der Abend im »Kuriosum« brachte uns tatsächlich ein Stück weiter; wir konnten »Ballast« abwerfen.

Die *Jómsvikinga Saga* schildert die Schlacht von 986, in der der schon achtzig Jahre alte König Harald Blauzahn umkam, abweichend von den sonstigen Darstellungen. Hier heißt es nämlich: »Der König ließ jetzt fünfzig Schiffe ausrüsten und fuhr selbst mit. Sie suchten nach Svend... Denselben Abend kam Palnatoki dort zu Lande. Er hatte vierundzwanzig Schiffe. Er legte sich auf der anderen Seite unter dem Vorgebirge vor Anker und schlug dort die Zelte auf. Darauf ging Palnatoki ganz allein an Land. Er hatte seinen Bogen und Köcher bei sich.

Denselben Abend ging der König ins Land hinauf mit zwölf Mann. Sie gingen in einen Wald und machten sich ein Backfeuer an. Da war es finstre Nacht. Der König zog sich aus und wärmte sich. Palnatoki sieht das Feuer im Walde, schleicht heimlich heran und erkennt die Männer. Da legt er einen Pfeil auf die Sehne und schießt den König Harald durch und durch. Der fällt sofort tot nieder...«[14]

Bei einem Gedenkmahl zu Ehren des toten Harald soll sich Palnatoki vor dem neuen König Sven zu seiner Tat bekannt haben und mit Mühe der Rache des Königs, also Svens, entkommen sein. Darauf habe er sich für drei Jahre auf Heerfahrt in Schottland und Irland begeben.

Mit seiner von der *Saga* dichterisch überhöhten Tat wurde Palnatoki zu einer Art Hagen des Nordens. Aus Treue zu seinem Pflegesohn, der dem Nachtlager König Haralds mit einer seiner Mägde entsprungen ist, soll Palnatoki den König getötet, aber schnöden Lohn geerntet haben, nachdem er sich zu seiner Tat bekannt habe.

Nun dürfte die ganze Mär um den Tod des zum Christentum bekehrten Königs Harald unwahr sein. Zwar schreibt auch Saxo Grammaticus, Harald sei aus dem Hinterhalt angeschossen worden, als er »einem Naturbedürfnis folgte«, nennt den Schützen »Toko«, womit er offenbar Palnatoki meint, aber dies dürfte eine böse Erfindung der *Saga* wie auch Saxos sein. Der christliche König wird von dem schurkigen Heiden Palnatoki hinterrücks angefallen. Einen (noch dazu achtzigjährigen) Mann aus dem Hinterhalt zu töten, wäre bei den Wikingern einer unverzeihlichen Schandtat gleichgekommen. Zudem wissen wir aus Adams und Helmolds Schilderung, daß König Harald verwundet der Schlacht entronnen und in die Wendenstadt Jumne (Vineta) entkommen war. Bei Saxo wird er in die Stadt »Iulinum oppidum« gebracht.

Auch in bezug auf die Gründung der Jómsburg paßt die *Jómsvikinga Saga*, wie bereits gezeigt, nicht recht mit den anderen zusammen. Halten wir wiederum fest:

Die *Sagas* künden von zwei verschiedenen Gegenden im »Wendenland«: von einer, die den Dänenkönigen unterstand und von Harald Blauzahn erobert worden sein soll *(Heimskringla, Knytlinga)*, und von einer anderen, die in den Herrschaftsbereich der Polenherzöge fiel *(Jómsvikinga Saga)*. Was ist hier wahr bzw. läßt sich als wahrscheinlicher annehmen?

Wir hatten uns viel mit der altgermanischen Sagenwelt befaßt. Der Sage von den Nibelungen, wie auch der von Kudrun, von Wieland dem Schmied usw., liegen wohl historische Ereignisse zugrunde, nur sind sie ebensowenig reine Geschichtswerke wie die nordischen *Sagas*.

So kamen wir zu dem Schluß, uns von der *Jómsvikinga Saga* zu verabschieden. Festhalten wollten wir lediglich an der dort wiedergegebenen Schilderung der Seesperre der Jómsburg, denn die konnte nicht schlechthin erfunden sein. Die anderen *Sagas* meinten wir als Geschichtsquellen ansehen zu können, wenn wir sie von dem patriotischen Heldengesang um die *Gesta Danorum*, die Taten der Dänen, befreiten.

5. WAS CHRONISTEN VON VINETA WUSSTEN

>Alles Gescheite ist schon gedacht worden, man muß nur versuchen, es noch einmal zu denken.«
Johann Wolfgang von Goethe: *Wilhelm Meisters Wanderjahre*

Wenden wir uns nun den Darstellungen zeitgenössischer Chronisten zu, wobei wir die vorliegenden Übersetzungen aus dem Lateinischen kritisch unter die Lupe nehmen wollen. Gerade die jüngeren Übersetzungen der Chroniken Adams von Bremen und Helmolds von Bosau gingen eindeutig von der Annahme aus, Jumne/Vineta sei in Wollin wiedergefunden. Demgemäß wurden ihre Aussagen an manchen Stellen mehr gedeutet als übersetzt.

Der Mann nannte sich Ibrahim ibn Jaqub al Israili at Turtuschi (Ibrahim, Sohn des Juden Jakob von Tortosa). Von seinem Leben haben wir keinerlei Daten, wissen nur, daß er als Kaufmann und »Botschafter« des Kalifen Hakam II. von Córdoba (961–976) Mitteleuropa bereist hat.

Der maurische Gesandte hinterließ eine Beschreibung seiner Reise, die ihn auch nach Böhmen, Sachsen und Pommern führte. Leider sind uns Ibrahims Schriften nur zu einem kleinen Teil überliefert. Dem Vernichtungsfeldzug der Spanier gegen alles Maurische – und besonders Jüdische – im 15. Jahrhundert fiel auch die Bibliothek von Córdoba zum Opfer. Sie soll etwa vierhunderttausend Manuskripte enthalten haben. Erhalten blieben uns jedoch Abschriften des von Abu Obaid Abdallah al-Bekrí um das Jahr 1080 verfaßten *Buchs der Wege und Länder*, die erst im 19. und 20. Jahrhundert wiedergefunden wurden und aus Ibrahims Reisebeschreibung zitieren.

Ibrahim war zu Gast bei Kaiser Otto I. (936–973), den er »Huto, König von Rom« nennt (Otto war römischer Kaiser). Das kann 966, wahrscheinlicher aber im Frühjahr 973 gewesen sein. Wir wissen, daß Otto kurz vor seinem Tod um Pfingsten 973 noch eine Gesandtschaft der Sarazenen in Merseburg empfangen hat, und Ibrahim erwähnt diese Stadt, nennt sie »Mazinburg«. In den Auszügen aus Ibrahims Bericht in al-Bekrís *Buch der Wege und Länder* heißt es:

»Im Westen von dieser Stadt [der sagenhaften Stadt der Amazonen] lebt ein slawischer Stamm, der das Volk Ubaba genannt wird. Er wohnt in sumpfigen Gegenden vom Lande des Mescheqqo nach Nordwesten. Sie haben eine große Stadt am Weltmeer, die zwölf Tore und einen Hafen hat, und sie verwenden für ihn Reihen Klobenholz. Sie bekriegen den Mescheqqo, und ihre Streitkraft ist gewaltig. Sie haben keinen König und lassen sich von keinem Einzelnen regieren, sondern die Machthaber unter ihnen sind ihre Ältesten.«[1]

Interessant für unsere große Hafenstadt am Weltmeer ist auch folgende Passage: »Die Slawen bewohnen von den Ländern die ergiebigsten an Fruchtbarkeit und reichsten an Lebensmitteln. Sie befleißigen sich des Ackerbaus und des Unterhaltserwerbes und sind darin allen Völkern des Nordens überlegen. Ihre Waaren gehen auf dem Lande und dem Meere zu den Rus und nach Konstantinopel.«[2]

Über den Namen »Ubaba« schreibt Ibrahims Übersetzer Georg Jacob, auch die Lesung »Unana« oder »Awbaba« sei möglich. Das Dilemma mit der Übersetzung altarabischer Texte ergibt sich aus den Eigenheiten der Schrift, die schon der große orientalische Gelehrte Al-Biruni (973 bis um 1050) beklagte: »Die arabische Schrift hat einen großen Mangel, nämlich die ähnliche Gestalt der paarweise vorhandenen Buchstaben und die Notwendigkeit der Unterscheidung durch diakritische Punkte und Vokalzeichen. Wenn man sie wegläßt, wird der Sinn verdunkelt, und wenn dann noch das Vergleichen und Korrigieren nach der Vorlage vernachlässigt oder ganz unterlassen wird, und das ist bei unseren Zeitgenossen weit verbreitet, so läuft es auf eines hinaus, ob das Buch noch vorhanden ist oder nicht und ob man noch weiß, was darin steht oder nicht.«[3]

»Unana« wird immer wieder gern mit der bei Widukind (gest. 1007) verwendeten Bezeichnung »Vuloini« (wir kommen darauf noch zurück) in Verbindung gebracht, und zugleich wird letztere als Beweis für die Identität von Wollin und Vineta herangezogen. Der Verkehrshistoriker Richard Hennig machte 1936 darauf aufmerksam, daß »Unana« mehr an Jumne als an Julin oder Wollin anklinge.[4] Auch nennt Ibrahim doch sein »Ubaba«, »Unana« oder »Awbaba« bereits für 966 oder 973. Erst 1140 soll Julin zu Wollin geworden sein. In der betreffenden päpstlichen Urkunde hierzu vom 14. Oktober 1140 ist von »in civitate Wulinensi« die Rede.[5]

Dennoch sei die Version, Widukinds »Vuloini« könnten mit Ibrahims »Unana« und auch mit den Bewohnern von Julin/Wollin identisch sein, zunächst einmal hypothetisch angenommen.

Mit »Mescheqqo« ist der polnische Herzog Mieszko I. (um 960 bis 992) gemeint, der sich vergeblich um die Erweiterung seines Herrschaftsgebiets nach Westen bemühte.

Gern hätte man gewußt, wie er ausgesehen hat. War er groß oder eher klein? Was sagte sein Gesicht aus? Sicher ist nur, daß sein Haar zur Tonsur geschoren war und er die Mönchskutte trug. Konterfeis wurden zu damaliger Zeit kaum angefertigt, auch von Herrschern und anderen bekannten Persönlichkeiten nicht. Die bildlichen Darstellungen von Menschen aus jener Zeit sind alles andere als wirklichkeitsnah. Die europäische Malerei kam erst drei Jahrhunderte nach Adam von Bremen zur Blüte, in der Renaissance, der Ära der Wiedergeburt dessen, was die Antike geleistet hatte.

Wie hat Adam von Bremen gelebt? Als Domlehrer durfte er nicht verheiratet sein. Wer waren seine Freunde? Wie sah seine Umgebung aus? Gelehrsamkeit, Wahrhaftigkeit, Selbstdisziplin und Bescheidenheit scheinen seine hervorragenden Eigenschaften gewesen zu sein. Das Vorwort seines Werkes unterschreibt er mit »A. minimus sanctae Bremensis ecclesiae canonicus« (A., der Geringste unter den Geistlichen der heiligen Bremer Kirche). Daß dieser »A.« der Domlehrer Adam von Bremen war, gibt erst ein Jahrhundert später Helmold von Bosau preis.

Von Adams Leben wissen wir lediglich, daß er aus dem Oberdeutschen stammte und 1066 von Erzbischof Adalbert von Bremen (1046–1072) zum Magister der dortigen Domschule berufen wurde. Der (wie aus Adams Darstellungen hervorgeht) überaus strenge und anspruchsvolle Adalbert muß ihn seinerzeit mit der Erarbeitung der Hamburger Kirchengeschichte beauftragt haben, denn schon 1067 oder 1068 sucht er König Sven Estridsen von Dänemark auf, »der die gesamte Überlieferung der Barbaren kannte, als wäre sie schriftlich festgelegt«[6], um Stoff für seine Materialsammlung über die skandinavischen Länder und die südliche Ostseeküste zu sammeln. Die Widmung seines Werkes an Erzbischof Liemar ist 1076 geschrieben, doch soll Adam noch bis 1080 Material zusammengetragen haben, das von Kopisten in seine Hamburger Kirchengeschichte aufgenommen wurde. Die wiederum fügten Adams Manuskript ihre eigenen Erkenntnisse in zahlreichen Scholien (Zusätzen) an, von denen manche den wissenschaftlichen Wert des Werkes eher schmälern als erhöhen. Anhand von Vergleichen mit den frühesten Kopien (das Original ist verschollen) wurde in neuerer Zeit versucht nachzuweisen, welche Scholien von Adam stammen und was später hinzugefügt wurde.

»Manches in meiner Niederschrift habe ich aus zerstreuten Blättern zusammengetragen, vieles ist aus Geschichtswerken und römischen Urkunden entlehnt, doch bei weitem das meiste erfuhr ich aus sachkundiger mündlicher Überlieferung unserer Alten; die Wirklichkeit bezeugt, daß mein eigenes Hirn nichts erdacht, nichts grundlos behauptet hat. Alle meine Angaben will ich durch zuverlässige Belege erhärten, damit man wenigstens deren Ansehen vertrauen kann, wenn man mir keinen Glauben schenkt. Alle sollen wissen, daß ich weder für mein Werk und Wagnis Lob als Geschichtsschreiber begehre, noch Furcht davor habe, als Lügner hingestellt zu werden.«[7]

So rechtfertigt Adam von Bremen seine *Bischofsgeschichte der Hamburger Kirche* in der Widmung an den Erzbischof von Hamburg Liemar (1072–1101). Wer Adams Chronik aufmerksam liest, findet dieses Credo von Anfang bis Ende bestätigt. Das war es auch, was uns bewegte, die hinsichtlich der geographischen Angaben immer wieder angezweifelten Darstellungen des Bremer Domlehrers ernsthaft zu prüfen.

Adam von Bremen, der als der erste deutsche Geograph gilt, hat uns eine Beschreibung der Geschichte weiter Gebiete Norddeutschlands, der Völker Skandinaviens, Islands, Grönlands und Englands hinterlassen. Sein Buch lieferte die erste Nachricht von der großen Handelsstadt an der Ostseeküste. (Ibrahims ein Jahrhundert zuvor entstandenen Reisebericht kannte ja seinerzeit noch niemand.) Selbst aufgesucht hat Adam die Stadt nicht. Seine Schilderungen beruhen auf dem, was ihm Sven Estridsen berichtet hat. Wir dürfen jedoch annehmen, daß er für seine Darstellungen eine Karte benutzt hat.

In der als besonders verläßlich erachteten Abschrift von Adams Werk in der Wiener Nationalbibliothek, ohne Scholien, um 1200 entstanden, befand sich ursprünglich eine »Mappa terre Saxonie«, also eine Karte des Landes Sachsen. Sie ist abhanden gekommen. Ihr Verlust wurde erst zu Beginn des vorigen Jahrhunderts entdeckt. Mit dieser Karte wäre der Streit über die geographische Lage von Jumne/Vineta wahrscheinlich gar nicht entstanden, wenngleich die meisten Landkarten bis in das 17. Jahrhundert hinein extrem ungenau waren.

Adam schildert die große Handelsstadt an der Ostsee so:

»Hinter den Liutizen, die auch Wilzen heißen, trifft man auf die Oder, den reichsten [»ditissimus« – besser: prächtigsten oder wasserreichsten, vgl. dazu die Übersetzung von Helmolds Werk] Strom des Slawenlandes. Wo sie an ihrer Mündung ins Skythenmeer fließt [wörtlich: »in cuius ostio, qua Scyticas alluit paludes«: In jener Mündung, wo sie die Skythischen Sümpfe bespült], da bietet die sehr berühmte Stadt Jumne für Barbaren und Griechen in weitem Umkreise einen vielbesuchten Treffpunkt. Weil man sich zum Preise dieser Stadt allerlei Ungewöhnliches und kaum Glaubhaftes erzählt, halte ich es für wünschenswert, einige bemerkenswerte Nachrichten einzuschalten. Es ist wirklich die größte von allen Städten, die Europa birgt; in ihr wohnen Slawen und andere Stämme [wörtlich: »Sclavis cum aliis gentibus«, also: Slawen *mit* anderen Stämmen], Griechen und Barbaren. Auch die Fremden aus Sachsen haben gleiches Niederlassungsrecht erhalten, wenn sie auch während ihres Aufenthaltes ihr Christentum nicht öffentlich bekennen dürfen. Denn noch sind alle in heidnischem Irrglauben befangen; abgesehen davon wird man allerdings kaum ein Volk finden können, das in Lebensart und Gastfreiheit ehrenhafter und freundlicher ist. Die Stadt ist angefüllt mit Waren aller Völker des Nordens, nichts Begehrenswertes oder Seltenes fehlt. Hier steht ein ›Vulkanstopf‹, die Einwohner sprechen von ›griechischem Feuer‹, auch Solinus gedenkt seiner. Hier zeigt sich Neptun in dreifacher Art, denn die Insel wird von drei Meeren umspült [wörtlich »bespült«, für »umspült« hätte »circumluitur« statt »alluitur« stehen müssen], eins davon soll von tiefgrünem Aussehen sein, das zweite weißlich; das dritte wogt ununterbrochen wildbewegt von Stürmen. Von dieser Stadt aus setzt man in kurzer Ruderfahrt nach der Stadt Demmin in der Peenemündung über, wo die

Ranen wohnen. Von dort kommt man nach Samland, das sich im Besitz der Pruzzen befindet. Die Reiseroute ist so beschaffen, daß man von Hamburg und der Elbe aus über Land in sieben Tagen die Stadt Jumne erreichen kann; für die Seereise muß man in Schleswig oder Oldenburg zu Schiff gehen, um nach Jumne zu gelangen. Von dieser Stadt aus kommt man in vierzehn Tagen Segelfahrt nach Nowgorod in Rußland.«[8]

An anderer Stelle präzisiert Adam:

»Der eine Strom, die Oder, wendet sich nach Norden und fließt mitten durch die Wendenstämme, bevor er Jumne erreicht, wo er Pommern und Wilzen scheidet.«[9] Und später heißt es: »Rügen bei der Stadt Jumne« [in der lateinischen Vorlage: »Reune insula est Runorum, vicina Iumne civitati« (Rügen ist die Insel der Ranen, der Stadt Jumne benachbart)].[10]

Halten wir also fest: Jumne ist eine Stadt an der Odermündung und Rügen benachbart.

Zu Adams Bericht über die »sehr berühmte Stadt« seien noch ein paar Erklärungen für den in der Geschichte Nord- und Mitteldeutschlands weniger Kundigen gegeben. Die Liutizen (Lutizen), auch Wilzen genannt, waren ein wendischer Stammesverband, der in der Mark Brandenburg und Mecklenburg siedelte.

Selbst nannten sich die Lutizen bzw. Wilzen »Weleti«. In frühen deutschen Handschriften des Mittelalters, die oft in Lateinisch verfaßt waren, finden sich die Versionen »Wilzi«, »Wulzi« sowie die latinisierten Formen »Wlotabi«, »Weletabi« und »Welatabi«. Der Terminus »Wenden« (bei Adam und Helmold »Winuler« genannt) ist eine nichtslawische Form, deren Herkunft sich nicht eindeutig bestimmen läßt.

Mit »Barbaren« bezeichnet Adam alle nichtchristlichen Völkerschaften schlechthin, darunter auch die Slawen, während mit »Griechen« Leute griechisch-orthodoxer, also nicht römisch-katholischer Glaubensrichtung, darunter auch Russen, gemeint sind, die tatsächlich Kaufleute nach Jumne entsandt haben dürften. Schon Ibrahim ibn Jaqub berichtet, daß die Slawen ihre Waren bis nach Konstantinopel und in die Rus (Kiewer Reich) lieferten.[11]

Mit »Solinus« ist der römische Schriftsteller Gaius Iulius Solinus (3. Jahrhundert) gemeint. Und der »Vulkanstopf«, das »griechische Feuer«? Sollte es sich um ein Leuchtfeuer gehandelt haben?

Die Ranen waren ein Stamm, der auf Rügen siedelte. Adam sagt dies auch, erwähnt aber dann, daß sie auch bei Demmin ansässig gewesen seien. Ein Irrtum Adams? Wir kommen darauf zurück.

Schließlich noch das »Skythenmeer«. Im Altertum war es üblich, die nördlich Griechenlands und des Schwarzen Meeres gelegenen Lande schlechthin als »Skythien« zu bezeichnen. Adams Kopisten bemerkten die etwas doppeldeutige Benennung und erklärten: »Ostsee, Barbarenmeer, Skythenmeer und Baltisches Meer sind Bezeichnungen des gleichen Meeres, das Marcianus und die alten Römer Skythen- oder Mäotische Gewässer, Getenwüste oder Skythenwüste nennen. Dieses Meer beginnt beim Ozean im Westen zwischen Dänemark und Norwegen und erstreckt sich in unbekannter Länge ostwärts.«[12] Viel gewichtiger ist indes eine spätere Fehlübersetzung von Adam ins Deutsche. Er schreibt nämlich nicht von einem Skythenmeer (»Scythicum pelagus«), in das sich die Oder ergieße, sondern von den Skythischen Sümpfen (»Scythicas paludes«). Was meinte Adam mit den Sümpfen?

Für das größte Kopfzerbrechen sorgte jedoch Adams Feststellung: »Von dieser Stadt aus setzt man in kurzer Ruderfahrt nach der Stadt Demmin in der Peenemündung über...« Demmin in der Peenemündung? Und in kurzer Ruderfahrt von Jumne nach Demmin? Ja, wie denn, woher denn? Ein Irrtum Adams? Nein, die Feststellung wird in Scholion 70 wiederholt: »An der Peenemündung liegt die sehr große Burg Demmin. Dort endet der Hamburger Sprengel.« Sollte Adam die Grenzen seines Sprengels nicht gekannt haben? Das ist ausgeschlossen. An anderer Stelle schreibt er nochmals vom Hamburger Sprengel: »Er wird begrenzt im Westen vom Britenmeer, im Süden von der Elbe, im Osten von der Peene, die ins Barbarenmeer mündet, im Norden aber von der Eider, die Dänen und Sachsen scheidet.«[13] Was er hier nicht sagt, ihm aber unterstellt wird, ist, daß Demmin an der Mündung des heutigen Peene*stroms* in das »Barbarenmeer« liegen soll, womit man den Greifswalder Bodden meint. Das hieße, Adam jede Kenntnis von seinem Kirchensprengel abzusprechen.

Dann nämlich hätte auch das heutige Vorpommern in diesem Sprengel liegen müssen, was Gelehrte wie Richard Hennig annahmen, aber völlig danebengreift.

Zu Adams von Bremen Zeiten war der Greifswalder Bodden noch nicht Teil der Ostsee. Folglich mußte Adam eine andere Peenemündung gemeint haben als die in den Greifswalder Bodden.

Demmin war damals schon eine bekannte »Großstadt«, Adam nennt sie »civitas maxima«, auch »urbs«. Das deutsche Stadtrecht erhielt Demmin erst um 1236.

Richard Hennig urteilte 1935: »Adams Text, wie er dort steht, ist unstreitig geographischer Unsinn. ›Demmin an der Mündung der Peene‹ hat es nie gegeben; die beiden Begriffe schließen sich gegenseitig aus!«[14] Hennig zitiert Hermann Krabbo, der 1909 in den *Hansischen Geschichtsblättern* über »Nordeuropa in der Vorstellung Adams von Bremen« schrieb: »Indem Adam von den Seefahrern, die ihm vieles erzählten, erfuhr, daß sie nach Oldenburg, nach Demmin mit ihren Schiffen führen, kam er zu dem verzeihlichen Irrtum, es handle sich hier und dort um Küstenstädte.«[15] Sollte es wirklich ein »verzeihlicher Irrtum« des in seinen Beschreibungen zumindest für die deutschen Lande so verläßlichen Adam gewesen sein?

Ohne vorzugreifen, seien zu Oldenburg (wendisch »Starigard«), das im 10. und 11. Jahrhundert ein Hauptort des slawischen Stammes der Wagrier war, doch ein paar Worte zum Nachdenken gesagt. An anderer Stelle spricht Adam nämlich ebenfalls von einem »Seehafen Oldenburg«. Geographisch interessierte Kopisten ergänzten noch: »Oldenburg ist der große Vorort der slawischen Wagrier; es liegt am Baltischen oder Barbarenmeere.«[16]

Oldenburg, am Ostufer eines verlandeten Ostseearms gelegen, hat schon lange keinen Hafen mehr und liegt von Norden her etwa sieben, vom Süden, der Mecklenburger Bucht, her etwa fünfzehn Kilometer von der Ostseeküste entfernt. Dieser Ostseearm ist bereits in der jüngeren Steinzeit verlandet. Dennoch hat es nach den Schriftquellen bis in das Mittelalter dort einen Hafen gegeben: Oldenburg lag an einem Binnensee, einem Stausee, der bis an die Ostsee reichte und durch Dämme und Deiche geschützt war. Offenbar hatte der See Schleusen zum Meer. Die Dämme des Stausees wurden von den Dänen, die um das Jahr 1171 das slawische Oldenburg eroberten, zerstört. Helmold von Bosau berichtet darüber in seiner *Slawenchronik*[17]: »Er [der dänische Königssohn Christoph] kam, wie es heißt, mit tausend Geharnischten nach Oldenburg, das dänisch Brandenhuse heißt, und sie durchstachen die Küsten« [»et percusserunt maritima«]. In Unkenntnis der Zusammenhänge hatte der Übersetzer Helmolds dessen Worte mit »und plünderten dort an der Küste« wiedergegeben. Von nun an war Oldenburg in der Tat keine Hafenstadt mehr, aber das geschah hundert Jahre nachdem Adam von der Hafenstadt Oldenburg geschrieben hatte.[18]

Wenden wir uns nun dem nächsten Chronisten zu, der über Jumne/Vineta berichtet.

Auch über das Leben Helmolds von Bosau wissen wir kaum etwas. Geboren wurde er um 1120, wahrscheinlich im Harzgebiet.
Gegen 1156 wird er zum Pfarrer der Gemeinde Bosau am Plöner
See berufen. Dort wirkt er als »unwürdiger Diener der Kirche zu
Bosau«, wie er in der Vorrede zu seiner *Chronica Sclavorum* (die
Bezeichnung »sclavi« für Slawen findet sich in allen mittelalterlichen Chroniken, das *c* wurde erst seit dem 18. Jahrhundert
in den Übersetzungen und Umschriften der Originale ausgelas-
sen) schreibt, die zwischen 1163 und 1171 entstanden sein muß.
Nächst Adam gilt Helmold als Meister der historischen Darstellung. Gestorben ist er um das Jahr 1177.

In Helmolds *Slawenchronik* finden wir die in deutschen Quellen letzte Nachricht von Jumne. Doch seltsamerweise überschreibt Helmold das betreffende Kapitel »De civitate Vinneta«
(also: Über die Stadt Vinneta). Der heutigen Ausgabe von Helmolds *Slawenchronik* liegen Abschriften zugrunde, die zwischen 1297 und 1659 entstanden. Mitunter haben die Kopisten
den gewissenhaften Helmold hier und dort »verschlimmbes-
sert«, doch hat der Geschichtsforscher Johann Martin Lappen-
berg Mitte des vorigen Jahrhunderts anhand von textkritischen
Vergleichen Adams *Bischofsgeschichte der Hamburger Kirche*
ebenso einer Revision unterzogen wie Helmolds *Slawenchronik*.
Er entdeckte auch, daß Helmold den Namen »Vinneta« ein zweites Mal gebrauchte, als er über die »Stadt der Winneter« (civitas
Winnetorum) schrieb, die König Harald aufgenommen habe.
Auffallend ist, daß Helmold ansonsten nicht von Jumne, sondern von »Jumneta« schreibt. In den Abschriften finden sich
weitere Lesarten wie »Jumta«, »Niniueta«, »Immuueta«, »Jum-
neca«. Jacob Langebek kam 1772 in seinem Buch *Scriptores
rerum Danicarum* (Autoren der Geschichte der Dänen) zum erstenmal auf den Gedanken, Vineta könne aus der Vertauschung
von *iu* und *ui* (die Buchstaben *u* und *v* waren bis weit nach

dem Mittelalter austauschbar, und für *j* stand *i*) herrühren, so daß aus »Iumneta« schließlich Vineta wurde. So sagt auch Friedrich Christoph Dahlmann in seiner 1840−1844 erschienenen *Geschichte von Dännemark*: »Die besten Handschriften Adams und Helmolds nennen das Jomsburg der Skandinavier Jumne, Jumneta, auch Uimne, daraus ist die fehlerhafte Lesart Winneta entstanden.«[19]

Etwas weit hergeholt, möchte man meinen. Doch weiß man es bis heute nicht besser. Halten wir also fest, daß der Name »Vinneta« oder »Winneta« einer besseren Erklärung bedarf.

Hier nun der Bericht des Helmold von Bosau über die Stadt »Vinneta«:

»Wo nun Polen endet, gelangt man zu den sehr ausgedehnten Landen der einst Wandalen, jetzt aber Wenden oder Winuler genannten Slawen. Als erste kommen die Pommern, deren Gebiet sich bis zur Oder erstreckt. Dieser wasserreichste Strom des Slawenlandes entspringt im tiefsten Bergwalde der Mährer, die östlich von Böhmen wohnen, wo auch die Elbe ihren Lauf beginnt. Anfangs fließen sie nicht weit voneinander entfernt, doch dann nehmen sie verschiedene Richtung. Die Elbe strömt nach Westen und bespült mit dem Oberlauf (das Gebiet) der Böhmen und Sorben, trennt durch den Mittellauf die Slawen von den Sachsen und durch das Ende ihrer Bahn den Hamburger Kirchensprengel vom Bremer, bis sie ihr Ziel erreicht und in den britannischen Ozean mündet. Der andere Fluß, die Oder, verläuft nordwärts mitten durch die Stämme der Wenden, indem er die Pommern von den Wilzen scheidet. An seiner Mündung in das Baltische Meer lag einst die sehr angesehene Stadt Vineta [in der lateinischen Vorlage ›Iumneta‹], welche den rings wohnenden Barbaren und Griechen einen weitberühmten Stützpunkt bot. Weil zum Preise dieser Stadt viele, oft kaum glaubliche Geschichten umgehen, sei es erlaubt, an einiges Erwähnenswerte zu erinnern. Unter allen Städten, die Europa umfaßt, war sie gewiß die größte, von Slawen vermischt mit anderen Griechen- und Barbarenvölkern [wörtlich: ›quam incolunt Slavi cum aliis gentibus permixtis, Grecis et barbaris‹ (von Slawen, vermischt mit anderen Stämmen, Griechen und Barbaren)] bewohnte. Ja, auch zureisende Sachsen erhielten die gleiche Erlaubnis zum

Aufenthalt, wenn sie nur, solange sie blieben, nicht öffentlich als Christen auftraten. Bis zum Untergange dieser Stadt waren nämlich alle (Bewohner) von heidnischen Bräuchen irregeleitet, sonst aber konnte man an Sitten und Gastlichkeit keine anständigeren und mildherzigeren Leute finden. Reich an Waren aller Länder, besaß jene Stadt alle Annehmlichkeiten und Vorzüge. Ein König der Dänen soll diesen höchst wohlhabenden Platz mit einer sehr großen Flotte angegriffen und völlig zerstört haben. Die Überreste sind noch jetzt vorhanden. Das Meer sieht man dort in dreifacher Gestalt: Drei Sunde [wörtlich wie bei Adam: ›fretis‹, also: Meere] bespülen nämlich jene Insel, deren einer ganz grünes, der zweite weißliches Aussehen haben soll, während der dritte in fürchterlicher Bewegung durch dauernde Stürme wütet.«[20]

Vieles hat Helmold einfach von Adam übernommen, meist sogar wörtlich. Doch als einziger von den mehr oder weniger zeitgenössischen Chronisten nennt er die Stadt »Vinneta« bzw. »Winneta« (civitas Winnetorum), und, wie bereits erwähnt, nur an zwei Stellen, nämlich in der Überschrift zu dem betreffenden Kapitel und bei der Beschreibung des Todes von Dänenkönig Harald Blauzahn (in der von uns verwendeten Ausgabe von Helmolds Werk steht allerdings an dieser Stelle »Iumneta«). Zudem schreibt er nun von einer völlig zerstörten Stadt. Historiker machten darauf aufmerksam, daß Helmold auch hier von Adam »gestohlen« habe, weil es ja in dem bewußten Zusatz (Scholion 56) heißt, Dänemarks König Magnus habe die Stadt (um 1043/44) belagert und besiegt. Aber da irrten sie; denn König Sven Estridsen hatte Adam ja erst 1067 oder 1068 von der Wunderstadt erzählt. Da war sie also noch heil. Und Helmold bezieht sich, wo er von der Zerstörung Vinetas schreibt, mit keinem Wort auf den Zusatz bei Adam.

In ein paar Punkten weicht Helmold von Adams Schilderung ab. So »verbesserte« er Adam darin, daß er die Oder nicht durch die »Skythischen Sümpfe«, sondern in das »Baltische Meer« (»Balthicum pelagus«) münden ließ.[21] Hatte es seit Adams Darstellungen bei Vineta landschaftliche Veränderungen gegeben? Auch schreibt Helmold aus den bereits erwähnten Gründen nicht mehr von dem Seehafen Oldenburg.

Der dänische Historiker und Geheimschreiber des Erzbischofs Absalon von Roskilde vollendete seine aus sechzehn Büchern bestehende Chronik *Gesta Danorum* (Geschichte [eigentlich: Taten] der Dänen) um das Jahr 1200. Er war kein direkter Zeitzeuge der Existenz und des Untergangs von Vineta, wenn wir Helmold glauben, der für 1171 von noch zu sehenden Ruinen schreibt. Gelebt hat der von einem seeländischen Rittergeschlecht abstammende Saxo (man nannte ihn den »langen Seeländer«) zwischen etwa 1150 und 1204. Friedrich Christian Schlosser (1776–1861) hat in seiner *Weltgeschichte* höchstes Lob für den Dänen: »Saxo Grammaticus wollte die alten nordischen Sagen in ein ganz klassisches römisches Gewand kleiden und hat deshalb nicht blos, wie man gewöhnlich sagt, seinen Styl nach Martianus Capella und nach Valerius Maximus gebildet, sondern es ist ihm auch mehrentheils gelungen, ein so reines Latein zu schreiben, als es nur irgend jemand in unserer Zeit schreiben kann.«[22]

Saxo verdanken wir ausführliche Nachrichten zum Sieg König Waldemars I. von Dänemark über die Ranen (»Rugiani«) und zur Zerstörung ihrer Tempelburg an der Steilküste von Arkona auf Rügen im Jahre 1168. Nicht erwähnt hingegen ist in Saxos Chronik die (angebliche) Zerstörung Vinetas durch König Magnus im Jahre 1043 oder 1044.

Die Originalhandschrift Saxos ist verschollen. Auch von den daraus angefertigten Kopien sind nur ein paar Seiten erhalten geblieben. Die erste gedruckte Ausgabe seines Werkes ist uns mit der »Editio princeps« des Jodocus Badius Ascensius aus dem Jahre 1514 überliefert. Sowohl der ehemalige Direktor des Berliner Museums für Vor- und Frühgeschichte und Vineta-Forscher Carl Schuchhardt wie auch der Düsseldorfer Verkehrshistoriker Richard Hennig haben 1926 bzw. 1935 darauf aufmerksam gemacht, daß Saxos Angaben über Jumne von seinen Kopisten in Julin verfälscht worden sein müssen. Denn weder bei Adam noch bei Helmold ist der Name Julin (»Iulinum«) auch nur ein einziges Mal erwähnt.

An einer Stelle nur erscheint bei Saxo in der Ausgabe von 1514 eine »Iumensi prouincia«, und zwar noch für das 10. Jahrhundert, wo es heißt, »Toko« (der sagenumwobene Palnatoki) stamme von dort.[23] Es ist anzunehmen, daß er bei der Abfassung seiner *Gesta Danorum* auf Adams *Bischofsgeschichte* zurückgegriffen hat. Sollte er, der Adams Jumne nicht mehr vorfand, die Stadt mit Julin (Wollin) identifiziert haben? Aber bei ihm ist ja an der erwähnten Stelle nicht von einer Stadt, sondern von einer »Provinz Jumne« die Rede. Sollten seine Kopisten Jumne in Julin korrigiert haben, nachdem die Stadt Bischofssitz geworden war und den Namen »Wulin« (woraus später Wollin gemacht wurde) erhielt? Doch dann hätte bei ihm auch von einer Provinz Julin die Rede sein müssen. Der dänische Geschichtsforscher Peter Erasmus Müller korrigierte Mitte des vorigen Jahrhunderts die Stelle, die Ascensius in der ersten gedruckten Ausgabe der *Gesta Danorum* wohl »übersehen« haben mußte, in »Iulinensi provincia«. Nun war die »Provinz Julin« geboren; nur wird die in den weiteren Annalen nirgends erwähnt.

Das Werk Adams von Bremen war 1595 von seinem Bremer Herausgeber Erpold Lindenbrog ebenfalls »berichtigt« worden, der dort durchweg Jumne zu »Julinum« machte. Es war halt eine Frage der »Interpretation«, und da die (den Kopien von Saxos Werk folgende) Version, nur Julin/Wollin könne das echte Jumne bzw. Vineta sein, bereits im ausgehenden Mittelalter die Oberhand gewonnen hatte, sahen sich die Herausgeber der Chronisten genötigt, die Originaltexte der vorherrschenden Meinung anzupassen. Gott sei Dank ist Adams *Bischofsgeschichte* in den weiteren Ausgaben wieder »rückkorrigiert« worden, doch in Saxos Werk ist es bei »Iulinensi prouincia« geblieben.

Wir wollen es mit diesen, den Leser zweifellos ermüdenden Erwägungen zu den Chroniken erst einmal bewenden lassen. Sie lieferten jedoch für unsere »Spurensuche« unverzichtbare Indizien. Hinzugefügt sei nur noch eines: Auch die »berichtigte« Version von Saxos Buch liefert den Beweis, daß der »lange Seeländer« Julin/Wollin nicht gemeint haben kann.

Wir erinnern uns an das tragische Schicksal des Dänenkönigs

Harald Blauzahn im Jahre 986. Bei Adam von Bremen heißt es dazu: »Er selbst aber entrann verwundet aus der Schlacht, ging an Bord eines Schiffes und entkam in die Slawenstadt Jumne. Wider Erwarten wurde er von den Heiden dort freundlich aufgenommen, starb aber wenige Tage später an seinen Wunden und ging im Bekenntnis zu Christus hinüber.«[24] Helmold schreibt: »Harald selbst aber floh schwer verletzt aus dem Gefecht, bestieg ein Schiff und entkam nach der weltberühmten Slawenstadt namens Vineta.«[25] Die Schlacht hat der *Heimskringla* und der *Knytlinga Saga* zufolge im Isefjord der Insel Seeland stattgefunden. Nach der uns von Saxo Grammaticus' Werk überlieferten Kopie soll sie sich an der Küste von Helgenaes (»apud Helgenes littus«) abgespielt haben; da sei Harald von »Toko« angeschossen worden, nach Julin geflohen und dort gestorben.

Die Halbinsel Helgenaes liegt in Ostjütland gegenüber von Aarhus. Wie weit ist es von dort bis Julin/Wollin? Die Fahrt hätte wenigstens eine Woche beansprucht. Sollte man für den so schwer verwundeten alten König keine bessere Lösung haben finden können? Haithabu beispielsweise, die Handelsniederlassung der Wikinger an der Schlei, existierte ja noch, auch Oldenburg und Alt-Lübeck hätten näher gelegen. Und wenn man ohnehin nicht wußte, wie die Slawen auf die Ankunft Haralds reagieren würden (»wider Erwarten wurde er ... freundlich aufgenommen«), dann hätte das Schiff auch den erstbesten Wendenhafen an der südlichen Ostseeküste anlaufen können und müssen, was offenbar auch geschah.

Jumne/Vineta muß folglich dem Isefjord bzw. der Halbinsel Helgenaes viel näher gelegen haben als Julin/Wollin. Näher sogar als Lübeck, Oldenburg oder Haithabu?

6. WOLLIN, USEDOM, GREIFSWALDER BODDEN

»Jeder Lokalität, jedem Volke wird mit fester
Hand ihr Platz auf der Ländertafel angewiesen,
nirgend erscheint eine Spur von Leichtfertigkeit
oder Zerfahrenheit, wohl aber ein ausgebildetes
geographisches System.«
Ludwig Giesebrecht: *Zur Beurteilung Adams*
von Bremen

Im Herbst des Jahres 1170 rüstet der neununddreißigjährige
Dänenkönig Waldemar zu einem Überfall auf Wollin und Cam-
min. Er will das Hauptnest der Pommern, das sich inzwischen
die Polen tributpflichtig gemacht haben, in dänische Gewalt
bringen. Daß es zwischen dem dänischen und dem polnischen
Herrscherhaus Familienbande gibt, interessiert Waldemar nicht.
Schließlich sind Liaisons zwischen Herrscherhäusern bis in die
Neuzeit nie ein Hindernis für blutige Kriege gewesen.

In Waldemars Begleitung befindet sich – wie immer auf Feld-
zügen – der zwei Jahre jüngere Absalon, Bischof von Roskilde.
Waldemar schätzt den drahtigen Bischof weniger wegen dessen
Frömmigkeit, sondern wegen des Feldherrngeschicks. Einen
Missionar braucht er in seinem Gefolge ohnehin nicht; denn
das Pommernland gilt seit 1128 als christianisiert.

Absalon ist es schließlich auch, der den großangelegten Feldzug leitet. Die Flotte nähert sich über das Oderhaff der Insel Wollin und fährt in eine breite Wasserstraße, die Dievenow, ein. Dort
bleibt sie stecken, das Wasser ist zu flach. Zum erstenmal begeh-
ren Waldemars Krieger gegen den Bischof auf. Er habe sie in einen Sack geführt, und aus dem würde keiner wieder herauskom-
men. Auf dem Land habe sich das Heer des Feindes versammelt.
Ein Schiffsführer sagt es dem rechthaberischen Absalon ganz
eindeutig: »Es ist aber nicht eher dahin gekommen, als zu erwarten war, wo du an nichts andres denkst, als nur mit aller Gewalt

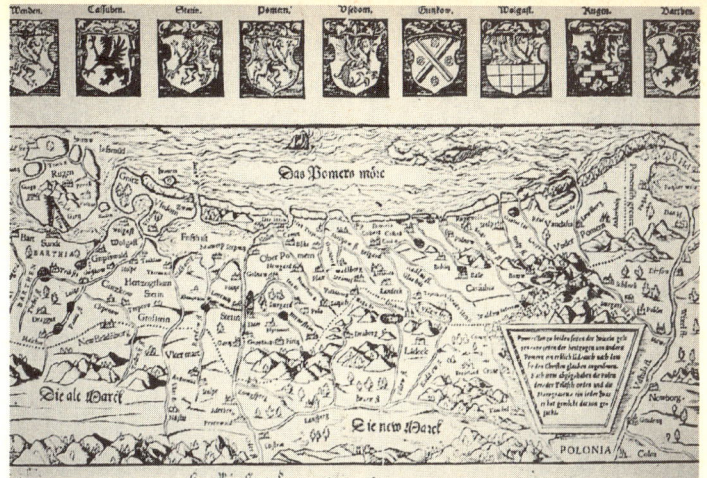

Abb. 4: Sebastian Münsters Pommernkarte von 1544.

Ruhm zu gewinnen, und immer glaubst, es müsse sich dir alles fügen.«

Zornesfalten zeigen sich auf der Stirn des Bischofs, aber er beherrscht sich und sagt in ruhigem, fast salbungsvollem Ton: »Wenn ich euch in eine schlimme Lage gebracht habe, so werde ich euch auch aus der Klemme befreien.«[1]

Das gelingt dann auch. Ihr Ziel, Wollin (in den *Sagas* ist von »Jómsburg«, in den Darstellungen Saxos von »Julin« die Rede, obgleich die Stadt doch schon seit dreißig Jahren Wollin hätte heißen müssen) und Cammin zu erobern, müssen die Dänen jedoch aufgeben. Den Rückweg zur Ostsee nimmt die Flotte über die Swine, wo sie wiederum in Flachwasser gerät. Nach einem Geplänkel mit neun Schiffen der Pommern kommt die Flotte eine Woche später im dänischen Heimathafen an.

Es ist der klägliche Ausgang eines großangelegten Wendenfeldzugs, des ersten Angriffs gegen Cammin und Julin/Wollin, für den nur eine Frage bleibt: Sollten sich die Dänen nicht vorher über die Schiffbarkeit der Dievenow und der Swine informiert haben?

RÜGEN

Thiessow

Greifswalder Oie

GREIFSWALDER BODDEN

Ruden

Lubmin

Peenemünde

Greifswald

Wolgast

Zinnowitz

Koserow

Peenestrom

Achterwasser

Ahlbeck

USEDOM

Swinemünde

Swine

Peene

Usedom

Anklam

ODERHAF

Überkermünde

Eggesin

Randow

Ücker

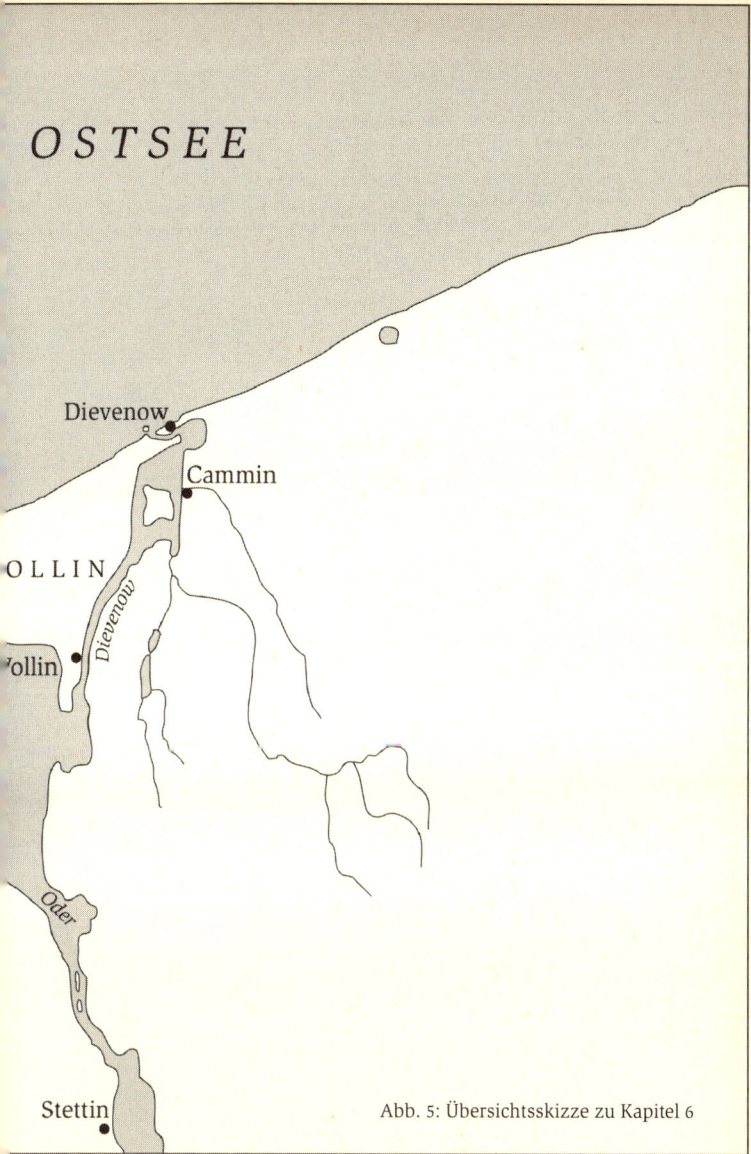

OSTSEE

Dievenow

Cammin

OLLIN

Wollin

Dievenow

Oder

Stettin

Abb. 5: Übersichtsskizze zu Kapitel 6

Interessant hierzu ist eine Volkssage, die Mitte des 16. Jahrhunderts aufgezeichnet wurde und sich auf Bischof Otto von Bamberg bezieht, der 1124 und 1128 unter anderem in Julin missioniert haben soll.

»Da die Juliner fürchteten, die Dänen möchten, durch ihre eignen Ungerechtigkeiten gereizt, eine Zerstörung der Stadt als Strafe in Aussicht nehmen, schlugen sie dem seligen Otto, als er sie oft an ihr Seelenheil zu denken mahnte, als Bedingung vor, sie wollten den christlichen Glauben annehmen, aber er müsse bewirken, dass sich der Fluss, der den Dänen zu leichten Zugang gewähre, durch Auffüllung der Mündung verenge. Vom Gebet des seligen Otto angerufen, wurde dies bald durch Christi Liebe verwirklicht, sodass dort, wo einst ein Schiffahrtsweg war, selbst Fussgänger auf festem Boden gehen konnten.«[2]

Das bezog sich jedoch schon auf die Zeit von 1124 bis 1128. Es ist kaum anzunehmen, daß der Dänenkönig fast ein halbes Jahrhundert später von einer Absperrung der Dievenow-Mündung in die Ostsee noch nichts gewußt haben soll.

Sollte es sich um zwei »linke Schuhe« handeln? Natürlich ist den Sagen nicht uneingeschränkt zu glauben, indes enthalten sie – im Unterschied zu Märchen – fast immer einen rationalen Kern. Das Scheitern von Waldemars erstem Angriff auf Julin/Wollin mußte mit einem anderen Geschehnis zusammenhängen. Wir standen vor einem weiteren Rätsel, es sollte das letzte nicht bleiben. Wir waren uns jedoch sicher, daß schließlich die Summe dieser Rätsel den richtigen Weg zeigen würde.

Dänische Truppen haben später, seit 1172, mehrere Feldzüge gegen Julin/Wollin unternommen, direkt in Mitleidenschaft gezogen wurde die Stadt 1174, zehn Jahre später machten die Dänen aus ihr ein Ruinenfeld.

Der große Parkplatz am Grenzpunkt Ahlbeck-Swinemünde ist schon in den frühen Vormittagsstunden fast voll. Der dortige Markt ist nur spärlich besucht. Wir reihen uns in die Grenzgänger ein; denn überfahren darf man den Grenzpunkt nur mit Sondergenehmigung.

Jenseits der Grenze, in Swinemünde, ist der große Markt, das Wallfahrtsziel der meisten Deutschen. Hier ist alles viel billiger, und da locken die Marktfrauen und -herren mit wundervoll zartem Schinken, polnischen Würsten, Wodka, Honigwein, Teppichen, Pelzen, Glas- und Kristallwaren, kunstgewerblichen Arbeiten, auch mehr oder weniger geschmackvollen Souvenirs und vor allem mit billigen Zigaretten. Aber bei denen und den alkoholischen Getränken hat der deutsche Zoll die Hand vor. Man darf, jedoch nur in den erlaubten Mengen.

Uns interessierte das Markttreiben an diesem sonnigen Augusttag weniger. Wir hielten Ausschau nach einem Taxi, das uns nach Wollin bringen sollte. Suchen mußten wir nicht. In langer Reihe warteten die »Kutscher« auf Fahrgäste. Mit einem älteren Herrn kamen wir ins Geschäft: »Nach Wollin, dort zwei Stunden Aufenthalt und zurück. Was verlangen Sie?«

»Fünfzig Mark, einverstanden?«

Das Auto war ein Lada, nicht mehr ganz jugendfrisch, aber gepflegt. Sein Chauffeur hatte Deutsch als Fremdarbeiter irgendwo im Hessischen gelernt. »Aber das laange her, war da ein junger Mann. Sind Sie in Wollin geboren?«

»Nein, wir wollen nach Vineta.«

»Gutt, sprechen wir von Vineta.«

So allzuviel wußte unser Fahrer, er stellte sich mit Alfons vor, nicht über die Stadt, meinte aber, sie könnte in Wollin gelegen haben: »Wenn Sie nicht anders meinen, ich weiß nicht besser, habe nur gelesen.«

Wir fuhren bis zum Hafengelände von Wollin, das eigentlich

den Namen gar nicht verdient, jedenfalls nicht nach heutigen Maßstäben. Alfons legte eine Decke auf den Rasen und packte seinen Proviant aus. Seinem Angebot zu einem kleinen Picknick konnten wir uns schlecht entziehen.

Dann machten wir uns auf, die vermeintlich größte Stadt Europas im Mittelalter zu erkunden. Klaus war schon mehrmals hiergewesen und überzeugt, daß Wollin nie Vineta gewesen sein konnte. Wir durchstreiften das Städtchen. Am Marktplatz trafen wir eine Gruppe von »Ureinwohnern«, Deutschen, in Pommern gebürtig. Einer davon hatte die Kindheit noch in Wollin erlebt. Er schilderte, wie damals gerade hier, auf dem Markt, acht Meter tief gebuddelt wurde, um die »Hinternachlassenschaften« Vinetas zu finden. Acht Meter schienen uns denn doch etwas übertrieben zu sein. Aber der Mann bestand auch darauf, daß Vineta nirgends anders gelegen haben könne als hier, in Wollin.

»Ein bißchen lütt für die größte Stadt Europas«, wagten wir einzuwenden.

»Gab's denn eine größere?«

»Na, sagen wir mal Rom oder auch Köln.«

Alfons schlief noch auf seiner Wolldecke, es tat uns fast leid, ihn wecken zu müssen. Nach Swinemünde zurückgekehrt, legten wir dem vereinbarten Fahrpreis noch etwas zu und verabschiedeten uns herzlich von unserem polnischen Freund.

WIESO WOLLIN?

Jumne bzw. Vineta lag an einer Odermündung, schreiben Adam und Helmold, nur an welcher? Es gibt ja drei davon. Die Hauptmündung liegt heute bei Peenemünde, wo die mit der Peene vereinte Oder in breitem Strom in den Greifswalder Bodden übergeht. Dann gibt es noch die Mündungen über die Swine bei Swinemünde und über die Dievenow bei dem gleichnamigen Ort.

Von Wollin gibt es archäologische Befunde, die auf eine mittelalterliche Handelsstadt hinweisen. Die Sage hingegen weiß, Vineta habe vor der Küste Usedoms gelegen und sei dort versunken. Ein dritter Hinweis führt zum Greifswalder Bodden. Sehen wir uns die drei Versionen näher an.

Östlich der Insel Usedom, zwischen der Swine und der Dievenow, liegt die 265 Quadratkilometer große Insel Wollin. Ihre Südgrenze bildet das Oderhaff. Vor dem Zweiten Weltkrieg gehörte Wollin zu Deutschland, heute ist es polnisch. An der Südostspitze der Insel Wollin liegt ein beschauliches Städtchen gleichen Namens: Wollin mit heute etwa dreitausendsiebenhundert Einwohnern. Im Krieg hat die Stadt arg gelitten. Inzwischen ist sie weitgehend wiederaufgebaut. Bald werden auch die Glocken der im Krieg fast völlig zerstörten Nikolaikirche wieder zum Gottesdienst rufen. Sie steht ganz in der Nähe des Hafens, der im Mittelalter eine so große Rolle im Leben Wollins gespielt haben soll. Die kalt wirkenden Neubauten befremden den Besucher zwar, doch der Stadtkern mit seinen im historischen Gewand restaurierten Gebäuden, gepflegten Grünanlagen und den vielen Holzskulpturen, die den Polenherzog Mieszko und slawische Gottheiten darstellen, wirkt anheimelnd. Hier trifft der Besucher auch auf ein Museum, dessen Ruf weit über die Grenzen von Insel und Stadt hinausreicht, und hier steht ein Hotel namens »Wineta«. Denn Wollin, so die landläufige Meinung, war die gesuchte Stadt.

Seit 1952 wirkt in Wollin ein überaus sympathischer Mann als Konservator all dessen, was Archäologen in vielen Jahrzehnten an Hinterlassenschaften der einstigen Handelsstadt zutage gebracht haben: Professor Władysław Filipowiak. Er ist absolut überzeugt, daß nur Wollin mit Vineta identisch gewesen sein kann. Ergraut in den vielen Jahren Sucharbeit, gönnt er sich keine Ruhe. Noch immer beaufsichtigt Filipowiak Bergungs- und Konservierungsarbeiten in der Stadt und ihrer Umgebung, und noch immer werden Zeugnisse der Vergangenheit an das Tageslicht gebracht.

Wir hatten uns ganz zu Beginn unserer Forschungen vorgenommen, mit dem Professor ins Gespräch zu kommen, ihm unsere Zweifel an der Identität von Wollin und Vineta zu unterbreiten. Klaus kannte Filipowiak persönlich, schätzte ihn sehr, meinte dann aber: »Solange wir keinen überzeugenden Gegenbeweis antreten können, hat das keinen Sinn. Weshalb auch sollten wir lange diskutieren über Brötchen, die noch nicht gebakken sind.«

Na gut, so schlechte Gegenargumente hatten wir schon damals nicht. Und die bestanden in folgendem:

Vieles in den Darstellungen Ibrahim ibn Jaqubs, Adams von Bremen und Helmolds von Bosau hält der Gleichsetzung Jumnes mit Julin/Wollin nicht stand.

Ibrahim ibn Jaqub: »Sie haben eine große Stadt am Weltmeer, die 12 Tore und einen Hafen hat.«

Wieso liegt Wollin am »Weltmeer«? Bis zur Ostseeküste sind es von da fast dreißig Kilometer. Mit gleichem Recht ließe sich Wolgast oder auch die Stadt Usedom als Ostseestadt bezeichnen. Und wo standen in Wollin zwölf Tore? Saxo Grammaticus findet dort lediglich eine »marode Brücke« als Verbindung zum Festland.[3]

Adam: »Der eine Strom, die Oder, wendet sich nach Norden und fließt mitten durch die Wendenstämme, bevor er Jumne erreicht, wo er Pommern und Wilzen scheidet.«[4]

Diese Passage sowie Adams (und Helmolds) Worte, Jumne bzw. Vineta lägen an der Odermündung, verweisen auf eine Stadt, die – von den Lutizen aus gesehen – jenseits der Oder lag. Aber welche Odermündung war gemeint? Und wo lag die Grenze zwischen den Wilzen (Lutizen) und den Pommern? Das sollte sich schließlich als die Hauptfrage unserer Untersuchungen erweisen.

Nach Adams Darstellungen wohnten die Wilzen (Lutizen) links und die Pommern rechts der Oder. Folglich müßten die Wolliner Wilzen gewesen sein, weil die Stadt ja links der Dievenow liegt. Nun gilt Wollin gerade als die Stadt, in welcher der schon erwähnte Bischof Otto von Bamberg, der »Pommernapostel«, 1124 und 1128 die *Pommern* zum Christentum bekehrt haben soll. Und der Landtag, auf dem die Pommernfürsten die Annahme des Christentums verkündeten, fand 1128 in der Stadt Usedom (»civitas Uznoim«) statt.

Und sollten Adam und Helmold ausgerechnet diesen Fluß, der ja erst nördlich des Oderhaffs beginnt, als Oder erkannt haben? Warum nicht eher die Swine oder den Peenestrom, der ja der Hauptabfluß der Oder in die Ostsee ist? Die Frage, ob er es zu Adams von Bremen Zeiten schon war, stellten wir uns später. Daß es die Dievenow nicht gewesen sein konnte, hatte schon Richard Hennig recht eindeutig nachgewiesen.

»Hier zeigt sich Neptun in dreifacher Art, denn die Insel wird von drei Meeren bespült, eins davon soll von tiefgrünem Aussehen sein, das zweite weißlich; das dritte wogt ununterbrochen wildbewegt von Stürmen«, schreibt Adam. Wo um alles in der Welt bietet Wollin dieses Bild? Zugegeben, Wollin ist eine Insel, aber die Ortschaft liegt nicht am Weltmeer. Wir wollen an dieser Stelle nicht einmal darüber disputieren, ob die Dievenow seinerzeit für Handelsschiffe passierbar gewesen ist. Von manchen wurde behauptet, mit den drei Meeren, die die Insel »umspülten«, seien die Ostsee, das Oderhaff und der Camminer Bodden gemeint gewesen. Filipowiak hat aus dem Passus in Adams Werk, Jumne sei eine Insel und von drei Meeren »umspült«, flugs abgeleitet: »Daraus geht hervor, daß die Insel ein Dreieck bildet, was der dreieckigen Form der Insel Wolin entspricht.«[5] Doch hätte eben das lateinische »alluitur« mit »bespült« übersetzt werden müssen, wie es der Übersetzer von Helmold in der betreffenden Passage auch tat.

Adam: »Rügen bei der Stadt Jumne ist die Insel der Ranen« (im Original: »vicina Iumne civitati«, also: der Stadt Jumne *benachbart*). Wollin und Rügen sind fast siebzig Kilometer (Luftlinie!) voneinander entfernt. Bei einer solchen Entfernung konnte Adam nicht von Nachbarschaft sprechen.

Adam: »Von dieser Stadt aus setzt man in kurzer Ruderfahrt nach der Stadt Demmin an der Peenemündung über.«

Man versuche einmal, von Wollin »in kurzer Ruderfahrt« nach Demmin zu gelangen. Das sind schon in der Luftlinie über hundert Kilometer. Die Begleiter Ottos von Bamberg brauchten im Jahre 1128 drei Tage, um mit Schiffen von Demmin zu der Stadt Usedom zu kommen, und die liegt viel weiter westlich als Julin/Wollin.

Ganz und gar nicht zu der Version, daß Julin/Wollin mit Jumne/Vineta identisch gewesen sein soll, paßt Helmolds vor 1171 niedergeschriebene Feststellung: »Die Überreste sind noch jetzt vorhanden.« Julin ist, wie schon geschildert, zum erstenmal im Herbst 1170 von den Dänen angegriffen worden, allerdings wurde der Angriff abgewehrt, die Stadt erlitt keinen Schaden. Helmolds Werk bricht mit dem Jahr 1171 ab, da waren von Vineta nur noch Ruinen zu sehen.

Bei dem Nachweis, daß nur Wollin die berühmte Stadt gewesen sein könne, beriefen sich fast alle Historiker auf die *Jómsvikinga Saga*, qualifizierten sie aber fast im gleichen Atemzug als unhistorisch. Bei Wollin ist nie die Spur einer Burg gefunden worden, die mit der in dieser *Saga* geschilderten Jómsburg identisch gewesen sein könnte.

Und wie steht es mit Adams Worten, die Reiseroute sei so beschaffen, »daß man von Hamburg und der Elbe aus über Land in sieben Tagen die Stadt Jumne erreichen kann«? Das trifft, bezogen auf das damals übliche Maß einer Tagereise – zwischen vierzig und fünfzig Kilometer –, tatsächlich auf Julin/Wollin zu. Allerdings war diese Stadt von Hamburg aus gar nicht »über Land« erreichbar. Hier ist mit hoher Wahrscheinlichkeit in den Kopien von Adams Werk nachkorrigiert worden; denn die Entfernung zwischen Hamburg und der »Stadt«, die Adam und Helmold meinten, betrug, wie wir am Schluß unserer Untersuchungen feststellen konnten, nur vier Tagereisen, und dies »über Land«. Man war seinerzeit nicht gerade pingelig beim Abschreiben von Manuskripten. Was den Abschreibern als dubios erschien, ihrem Wissen nicht entsprach, wurde kurzerhand geändert. Diese Praxis ist bis in unsere Zeit nachweisbar. Sie ist ja auch berechtigt, sofern man dabei von gesichertem Wissen ausgeht. Nur wird »gesichert« oft mit dem Glauben an die Unfehlbarkeit von Aussagen dieser oder jener Autorität verwechselt.

Ein Puzzle läßt sich auch zusammensetzen, indem man sich die nicht passenden Stücke mit der Schere zurechtschneidet. Nicht viel anders ist es mit einem Kreuzworträtsel, wenn man sich auf einen falschen Begriff versteift, um dann zu behaupten, der Autor des Rätsels habe sich geirrt.

EIN »MATHEMATISCHER BEWEIS«

Adolf Hofmeister (1883–1956), Professor in Berlin und Greifswald, gilt bis heute als unanfechtbare Koryphäe in Sachen Vineta. Kaum jemand, ausgenommen der schon zitierte Richard Hennig, wagte es, an seinen Dogmen Zweifel zu hegen. Wir selbst haben erfahren müssen, wie sogar Wissenschaftler von

Rang es ablehnten, über das Thema Vineta überhaupt noch zu diskutieren. Was Hofmeister so zwingend logisch formuliert hatte, gilt noch immer als absolute Wahrheit: Wollin war Vineta.

Wie schon erwähnt, soll der ursprüngliche Name von Wollin Julin gewesen sein. Wann und weshalb Stadt und Insel den neuen Namen erhielten, sparen wir uns für ein späteres Kapitel auf. Vorerst wollen wir es bei der päpstlichen Urkunde von 1140 belassen.

In einer Anmerkung zu seinem Vortrag »Der Kampf um die Ostsee vom 9. bis 12. Jahrhundert«, den er am 7. Juli 1930 hielt und dessen Thesen er bis zu seinem Tod im Jahre 1956 vertrat, stellte Adolf Hofmeister kategorisch fest: »Eins sei zum Schluß noch einmal unterstrichen: Die Gleichung Wollin = Julin = Jomsburg = Jumne = Vineta ist keine ›Vineta-Theorie‹, sondern einer der seltenen Fälle, wo in einer Frage der geschichtlichen Überlieferung ein sozusagen mathematischer Beweis geführt werden kann. Die Gleichung ist unzweifelhaft und mit keinen Mitteln keines Faches zu erschüttern. Dieser ›archimedische‹ Punkt ist der notwendige und sichere Ausgangspunkt für alle weitere Forschung. Sie ist keine ›Hypothese‹ oder ›Theorie‹, die durch Grabungen, sie mögen ausfallen, wie sie wollen, oder sonst archäologisch oder anders erst mehr oder weniger zur Sicherheit erhoben werden müßte oder könnte, geschweige denn in Frage gestellt werden könnte. Was die Archäologie kann und soll, ist hier nur, uns zu zeigen, wie dieses an sich gesicherte Wollin = ›Vineta‹, und wie es in ihm im einzelnen, ausgesehen hat.«

Punktum, die Würfel sind gefallen, und nichts geht mehr. Mit »mathematischer« Treffsicherheit stellt Hofmeister fest, daß Adams »Beschreibung einer klaren geographischen Anschauung entbehrt und auf Wollin ebenso gut oder ebenso schlecht wie auf einen andern Punkt im Odermündungsgebiet paßt«. Und Helmold kommt bei ihm schon ganz schlecht weg. Der habe ja nur von Adam abgeschrieben und keine Ahnung gehabt, wo Jumne/Jumneta lag, »da eine Stadt dieses Namens zu seiner Zeit nirgends aufzufinden war«. Doch gerade diese Bemerkung war ein entscheidender Fehler in der scheinbar so gelungenen »mathematischen« Konstruktion des Greifswalder Gelehrten.

Den Namen Jumne hat Adam nach Hofmeisters Ansicht von

»seinen dänischen Gewährsmännern«. Mit einer kleinen, aber wesentlichen Einschränkung, auf die wir noch zurückkommen, hatte er damit recht. Daß der Ort slawisch war, entging dem renommierten Gelehrten ebenfalls nicht. Aber ohne Sprachexperten zu konsultieren, konstatiert er frohen Mutes, Adam »nennt diesen Ort, von dessen genauer Lage er ebensowenig Anschauung hat wie überhaupt von der Odergegend, mit einem Namen, der nichts als der nordische Name für Wollin ist … Jumne ist nichts als eine von Adam oder schon seinem Gewährsmann versuchte, nicht gerade gelungene Wiederlatinisierung des nordischen Jomsborg.«[6] Wie um alles in der Welt kann Jumne« ein lateinisches Wort und zugleich der nordische Name für Wollin sein?

Ganz diplomatisch zieht sich ein anderer Verfechter der Wollin-Version, Hermann Bollnow, aus der Affäre: »Der gleiche Platz ist eben das eine Mal mit den Augen des Kriegers, das andere Mal mit den Augen des Händlers und Missionars betrachtet worden.«[7] Also eine Jómsburg, »eine starke Seeburg im Slawenlande«, ohne Burg? Und weil die diesbezüglichen Aussagen der *Jómsvikinga Saga* dazu nicht passen, werden sie als unglaubhaft abgelegt.[8] Dem ließe sich zwar beipflichten, doch kennzeichnend für das fast gewaltsame Einpressen von Julin/Wollin in Adams und Helmolds Jumne (»Jumneta«) ist folgende Probe wissenschaftlichen Fabulierens:

»Adam preist Jumne als *die größte Stadt Europas*. Auch diese Behauptung ist nicht so phantastisch, wie sie zunächst erscheinen mag … Das stadtartig dicht besiedelte Gelände dehnte sich dort auf einer Strecke von nahezu vier Kilometer vom ›Galgenberg‹ südlich der heutigen Stadt bis zum ›Silberberg‹ und ›Mühlenberg‹ im Norden aus … Der Eindruck für jemanden, der zu Schiff vom Haff in die Dievenow einfuhr, muß aber noch gewaltiger gewesen sein, da sich die Hütten auf dem Süd- und Südosthang des Galgenberges von unten her bis zu dem 15–20 m hohen Buckel hinaufzogen. Vom Wasser her konnte man aber schwerlich ahnen, daß oben dieser tatsächlich nur 100–150 m breite Siedlungsstreifen abbrach und der nördliche Galgenberg nicht mehr besiedelt war …«[9]

Ergo müßte Adams »größte Stadt Europas« ein Trugbild, ein Potjomkinsches Dorf, gewesen sein.

»Hol mal Stöcker her. Wir bauen jetzt 'ne Brücke.« Der kleinste der drei Burschen, dessen Vorderzähne verraten, daß er noch in diesem Jahr den Schulranzen aufsetzen wird, trabt los. Die beiden anderen mögen zwei oder drei Jahre älter sein. Eine richtige kleine Stadt haben sie in den weißen Sand gezaubert, mit Häusern aus Holzstöckchen und Kleckersand, mit Straßen, auf denen Matchboxautos hin- und hergeschoben werden, und einem Hafen mit Plasteschiffen. Das Wasser für den Hafen am Rand der Stadt kommt aus einem Kanal, den die Jungen zur See hin gegraben haben. Vor dem Eintritt des Wassers in ihren Stadthafen haben sie eine Sperre eingebaut, so daß der Wasserspiegel dort vor dem Auf und Ab des anrollenden Seewassers geschützt ist.

Die See ist ruhig an diesem Tag, und auch die Sonne meint es nicht gar so schlecht wie an den Vortagen.

»Was wird das denn, was ihr da baut«, fragen wir den Kleinen, der mit einem ganzen Armvoll Stöckchen zurückkommt.

»Na des werd Finedoa«, lautet die unverkennbar sächsische Antwort.

Wir hätten den kleinen Bauleuten stundenlang zusehen können. Die »Baustelle« befand sich am Strand von Koserow, in der Nähe des Streckelsbergs, wohin sich der Urlauber verzieht, wenn ihm das Gedränge an der eigentlichen Badestelle zu viel wird.

Als wir am Abend noch einmal zu der »Baustelle« zurückkamen, fanden wir noch eine große Pfütze. Der Seegang war inzwischen etwas stärker geworden. Am nächsten Morgen war nur eine schwache Delle im Sand zu erkennen. Aber die drei Freunde waren wieder am Werken.

»Wer hat eure Stadt denn so kaputtgemacht?«

»Det war'n zwee große Köter, die sich gejagt ham, die ham allet zatrampelt, un denn kam die jroße Flut. Jetz bau'n wa Vineta wieder uff.«

Also der Knabe stammte aus Berlin oder Umgebung.

Viel später erst, als wir den Standort von Vineta gefunden hatten, erinnerten wir uns an die Bauwut der drei Kinder und versicherten uns nun gegenseitig, schon da irgendwelche Ahnungen gehabt zu haben. Reine Augenwischerei, wir ahnten überhaupt nichts.

USEDOMS VINETA

Deutschlands östlichste Ostseeinsel mit zweiundvierzig Kilometern Strand an der offenen See wird im Westen vom Oder-Peene-Strom sowie dem Achterwasser und im Süden vom Kleinen Oderhaff begrenzt. Usedom erstreckt sich über 445 Quadratkilometer, von denen 354 Quadratkilometer zu Deutschland gehören. Seine Nordspitze weist sozusagen auf die unsichtbare Grenze des Greifswalder Boddens hin. Hier, bei Peenemünde, befanden sich einst die Raketenversuchsanlagen für Hitlers sogenannte Vergeltungswaffe V 1.

Usedom hat zwölf Badeorte an der offenen See und eine gleichnamige »Hauptstadt« mit schönen gotischen Backsteinbauten und stolzen zweitausendeinhundert Einwohnern. Der östlichste Badeort, Ahlbeck, einst die »Badewanne der Berliner«, ist heute zugleich Grenzort zu Polen. Von hier kommt man nur zu Fuß in das polnische Swinemünde.

Von der Geschichtsträchtigkeit der Insel Usedom künden nicht nur slawische Ortsnamen. Westlich von Ahlbeck liegen die Ortschaft Gothen und der Gothensee. Dahinter befindet sich das Thurbruch (nach dem germanischen Donnergott Thor benannt). Wie lange siedelten die Goten, ein aus mehreren Teilstämmen bestehendes germanisches Volk, das einst aus Südschweden kam, hier noch?

Noch etwas anderes hat die Insel Usedom geschichtsträchtig gemacht. Nirgends an der ganzen Ostseeküste finden sich so viele Straßen, Plätze, Hotels und Gaststätten mit dem Namen »Vineta«. War das nur der Sage mit dem schafehütenden Knäblein geschuldet, das vor sich plötzlich die alte Stadt aus dem Wasser aufsteigen sah?

Wir sind beide mehrmals auf Usedom gewesen und schienen irgendwie von dem Vineta-Zauber befangen zu sein. Wir unterhielten uns mit »Eingeborenen« in den urigen Fischerkneipen und waren immer wieder gefesselt von dem Garn, das man uns auftischte: »Tjo, dat wör man nu so, dat da 'ne grote Kerk un ein grotes Roathus wor un veele schöne Husen, un Märkten un oll dat. De Hinnerk Slaten, de het noch so'n Bibel het, wo sin Urururopa wat reingeschrieben het von de grote Stadt Vineta. Dat is wohrhaftigen Gotts die Wohrheit. We dat nich glöwen tut, de is nich to helpen.«

Jeder Widerspruch war ausgeschlossen. Vineta ist ein Stück »Nationalbewußtsein« der Pommern auf Usedom.

Wir waren ja dem Gedanken, Vineta habe vor Usedom gelegen, nicht einmal so abhold. Nur auf welcher Seite der Insel?

»Welcher Hirt läßt denn seine Schafe auf Sand weiden?« sinnierte Klaus, als wir im Herbst 1994 Usedom zum erstenmal gemeinsam besuchten. »Der Ostseestrand ist doch überall wenigstens hundert Meter breit. Wenn die Sage mit dem Knäblein einen Sinn hätte, dann käme nur das Achterwasser in Frage.«

An der schmalsten Stelle Usedoms, wo eine Bucht, das oder der Rieck, im Achterwasser in den Seedamm hineinragt, ist die Insel heute kaum mehr als dreihundert Meter breit. (Dort, bei Lütten-Ort, liegt übrigens auch das Museum des berühmten Malers Otto Niemeyer-Holstein, 1896–1984.) Seit Jahrtausenden nagt die See an der Nordostküste, die einst um etliches breiter gewesen sein muß. Das besagt auch der Name der kleinen Bucht; denn Rieck leitet sich unzweifelhaft vom slawischen Wort »reka« (pomoranisch und polnisch »reka« bzw. »rzeka«) für Fluß her. Immer wieder haben an dieser Stelle Sturmfluten ungeheure Wassermassen von der See her in das Achterwasser gedrückt und dort verheerende Überschwemmungen bewirkt. Auf diese Weise haben die Fluten auch an den Küsten des Achterwassers genagt. Bei einer Sturmflut im Januar 1954 beispielsweise war dort der Pegel auf 1,70 Meter über Normal gestiegen, und der Schloßplatz von Wolgast mußte »landunter« melden. So gesehen ist es nicht ausgeschlossen, daß im Achterwasser Ortschaften, vielleicht auch eine Burg, im Wasser, aber eben nicht

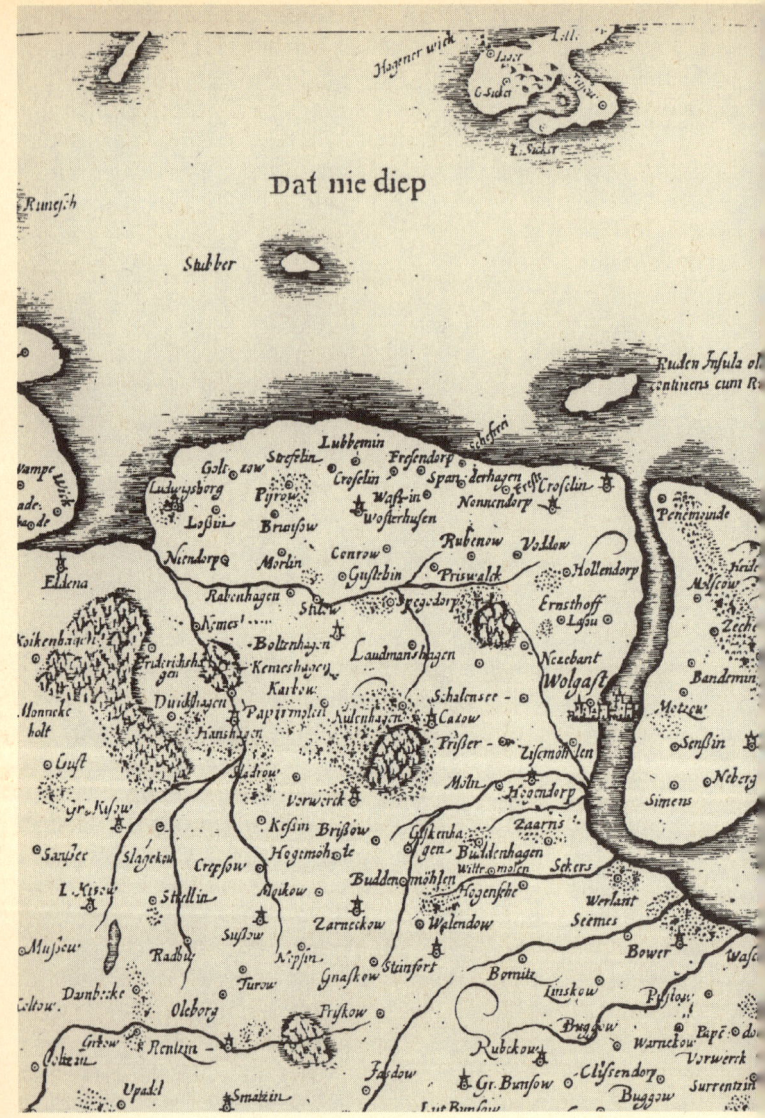

Dat nie diep

Abb. 6: Ausschnitt aus der Karte von Eilhard Lubin, um 1618. Die Ruinen Vinetas sind vor der Küste Usedoms eingezeichnet.

in der Ostsee, versanken und damit die Sage vom untergegangenen Vineta weitere Nahrung erhielt.

Indes hält die Tradition unter den Inselbewohnern hartnäckig an der Version fest, Vineta habe auf dem Vineta-Riff vor Koserow gelegen. Sie interessieren sich nicht für wissenschaftliche Erklärungen, für sie gilt nur die Überlieferung, die Sage, und der zufolge lag Vineta eben vor der Seeküste von Usedom, auf dem Vineta-Riff. Noch heute finden in Zinnowitz auf Usedom zur Urlaubszeit Vineta-Festspiele statt.

Auf einer Karte von Eilhard Lubin, um 1618 entstanden, finden wir auf der Höhe von Damerow und Koserow, gegenüber der Ostküste der Insel Usedom, die Eintragung: »Wineta urbs hic quondam destructa á Conrado Rege Daniae«, also: Die Stadt Wineta hier einst durch Conrad, König von Dänemark, zerstört.

Halten wir uns nicht lange mit dieser Angabe auf. Gemeint war offenbar Knut VI., der von 1182 bis 1202 regierte und sich nach der Unterwerfung der Pommern »König der Wenden« nannte. Doch wurde Vineta erst nach 1182 zerstört? In Helmolds von Bosau 1171 fertiggestellter Chronik war Jumne/Vineta bereits eine Ruinenstadt.

Der 1542 verstorbene Wolgaster »Geheimschreiber in der Fürstlich-Pomerschen Kanzley zu Wolgast« Thomas Kantzow griff in seiner vierzehnbändigen *Pomerania* die Darstellungen Adams und Helmolds auf und ließ seine Zeitgenossen wissen, er habe das vom Meer verschlungene Vineta endlich entdeckt:

»Dan wan ein von Wolgast uber die Pene, in das land zu Usedohm ziehen will, und gegen ein Dorff, Damerow geheißen, khumpt, welches bey zwu Meilen von Wollgast ist, so siehet man noch ungefehrlich ein groß viertelweges in der Sehe große Steine und Fundament; dan das Meer hats so weit eingewaschen ... Die anderen steine aber liegen feine noch in der Ordnung, und zeigen sichtlich an, wie die Gassen in die lenge und quere seint gegangen; und die Fischer des Ortes sagten uns, das noch gantze Steinpflaster der Gassen da weren, und weren ubermoset, auch mit Sande bedecket, das man sie nicht sehen khönte ... Aber was wyr sahen, deuchte uns, das es wol so groß war, als Lübeck.«[10] Johannes Lubecchius, Bürgermeister von Treptow an der Rega und Neffe des Reformators Johannes Bugenhagen

(1485–1558), bestätigte im Jahre 1564 Kantzows Angaben. Solchen Autoritäten mußte man einfach Glauben schenken. Fortan geisterte das romantische Bild von der versunkenen Stadt mit ihren Gassen, Kirchen, Rathäusern und Giebelhäusern durch Sage und Dichtung, losgerissen von den authentischen Chroniken und mehr und mehr zur bloßen Legende geratend.

Wissenschaftler haben Anfang unseres Jahrhunderts die vermeintlichen Ruinen Vinetas bei Koserow zunächst als Deck- und Umfassungssteine von Hünengräbern auf einer im Meer versunkenen Halbinsel und erst später als Reste eiszeitlicher Moränen identifiziert. Seit 1730 wurden viele von den dort liegenden Steinen »gezangt« und für die Schutzmauer am Streckelsberg bei Koserow sowie später für den Bau der Hafenmolen von Swinemünde verwendet. Zudem bestand Vineta – wie damals jede Ortschaft im nördlichen Mitteleuropa – nicht aus soliden Steingebäuden, sondern überwiegend aus Holzbauten und Fachwerkhäusern.

An der Seeseite vor Koserow, am neuralgischen Punkt der Insel Usedom, einen Hafen und eine Burg zu bauen, wäre einem Schildbürgerstreich gleichgekommen.

Der englische Schriftsteller Lawrence Norfolk hat in seinem 1996 erschienenen Buch *The Pope's Rhinoceros* die Sage aufgegriffen und Vineta auf eine Landzunge vor Koserow verlegt. Als Heinrich der Löwe gekommen sei, um die Stadt zu vernichten, sei sie bereits vom Meer verschlungen gewesen. Ein Kloster sei dann auf dem Rest der Landzunge gebaut worden, das ebenso unterging. Mönche hätten dies in den *Gesta Monachorum Usedomi* niedergeschrieben. Allerdings war der Sachsenherzog Heinrich der Löwe (1142–1180) wohl kaum nach Usedom gekommen, und ein Kloster vor Koserow läßt sich in keinerlei Annalen nachweisen.

DER GREIFSWALDER
BODDEN

Greifswald hat heute etwa siebenunddreißigtausend Einwohner. Es gehört zu den am besten erhaltenen alten Städten an der Ostseeküste. Ein Wehrmachtoberst rettete 1945 die »Festung« vor dem Artilleriebeschuß durch die angreifenden Russen. Imposant unter den mittelalterlichen Bauwerken ist besonders die Marienkirche, die »Dicke Marie«, eine dreischiffige Hallenkirche, zwischen 1260 und 1280 erbaut. Lübisches Stadtrecht erhielt Greifswald 1250, nachdem die Region 1193 für ihre Salzgewinnung erwähnt wurde. Seit 1278 gehörte die Stadt der Hanse an.

Uns interessiert jedoch weniger die schöne alte Stadt, sondern der nach ihr benannte Bodden. Von Greifswald selbst aus läßt sich schon ein Eindruck von dem Gewässer zwischen Rügen und dem Festland gewinnen, und man kommt ins Grübeln, wie die jetzt unter dem Wasser der Ostsee liegende Fläche vor einem Jahrtausend ausgesehen haben mag. Dem mittelniederdeutschen Wort »Bodden« liegt Boden, also Land, zugrunde.

Sieht man sich eine Detailkarte vom Greifswalder Bodden an, so fallen da allerhand seltsame Benennungen auf: Schuhmachergrund, Gänsegrund, Böttchergrund … Sollten das einmal Stadtstellen von Vineta gewesen sein?

Richard Hennig suchte Jumne/Vineta an der Nordostspitze der Insel Usedom, wo die Ortschaft auf einer kleinen Insel im Greifswalder Bodden versunken sein soll.[11] Wir haben die Küste des Boddens zweimal besucht und geben gern zu, von dieser Theorie fasziniert gewesen zu sein. Wir hegten gar den Plan, bei einigermaßen klaren und ruhigen Witterungsverhältnissen Luftbildaufnahmen vom Greifswalder Bodden zu machen. Kurz bevor er ausgeführt werden sollte, kam der Pilot ums Leben.

Vor dem 14. Jahrhundert war Usedom bis auf eine enge Durchfahrt zwischen seiner Nordspitze und der Insel Ruden durch eine dammartige Nehrung mit der Insel Rügen verbunden. Ihre Reste bilden im Bodden noch heute eine Bank von zwei bis drei Metern Tiefe. Weggerissen wurde sie bei der großen Sturmflut am 1. November 1304. Die Stralsunder sollen sich damals gefreut haben über die neue Passage. In einer Stralsunder Chronik heißt es dazu: »Item anno 1300 unnd 4 iß dat Nyedep vor dem Sunde uth middell eines stormes gekamenn.

Item jm jare 1304 umme alle gades hilligenn, weyede so einn groth Stormwindtt, nicht gehortt bi minschenn tiden, bome uth der erdenn, dorpe, molen umme, unnd makede so groth water umme ditt landt, dat datt Nyedep uthbrak; unnd dar de van Cikere plegenn eren weitenn tho seyen up denn Rudenn unnd thogande van dem einenn lande up datt ander, dat was water.«[12]

Wir haben keine Karte, die uns das Aussehen des Greifswalder Boddens vor der Sturmflut am Allerheiligentag von 1304 näherbringt. Was uns letztlich von dem Gedanken abbrachte, Vineta hier zu suchen, war nur eines: In Adams und Helmolds Beschreibung geht es nicht um eine beliebige Ortschaft, sondern um eine sehr große, ja Europas größte Stadt, die nicht auf einer kleinen Insel gelegen haben kann. An der Mündung des Peenestroms in den Greifswalder Bodden oder vor der Nordostküste von Usedom ist nie die geringste Spur von einer untergegangenen Ortschaft gefunden worden.

7. DIE VIERTE VERSION

> »Unwissende werfen Fragen auf, welche
> von Wissenden vor tausend Jahren schon
> beantwortet sind.«
> Johann Wolfgang von Goethe: *Maximen*
> *und Reflexionen*

Wie sollte es nun weitergehen? Nachdem wir auch Usedom und den Greifswalder Bodden als unzutreffend abhaken mußten, blieb nur noch Vorpommern, also das Gebiet westlich des Oder-Peene-Stroms, wenngleich auch Usedom heute zu Vorpommern gerechnet wird.

Zu der Zeit, Anfang 1996, wußten wir noch nichts von den eingangs erwähnten Bodenfunden des Schülers Reiner Tunn in jener Region Vorpommerns, auf die wir später geradezu gedrängt wurden. Oder besser: Wir wußten, daß dort etliches gefunden worden war, aber da gab es keine Odermündung, ergo auch kein Vineta.

Wieder einmal saßen wir »beim Vietnamesen« in der Charlottenburger Suarezstraße zusammen. »Nummer vier, bitteßön, und noch ein Bier?« Wir klönten über unser Manuskript, waren an einem Punkt angelangt, wo es einfach nicht weitergehen wollte.

Klaus: »Alles, was wir bisher erarbeitet haben, ist Stückwerk, bleibt links liegen. Wir haben Adam und Helmold mehrmals gelesen, studiert. Wir sind zu dem Schluß gekommen, daß Adam wie Helmold in fast allen Bezügen ungeheuer sorgfältig gearbeitet haben. Ergo gibt es einen Punkt, der uns bisher entgangen ist.«

»Das wissen wir schon lange, was meinst du jetzt konkret?«

»Wart's ab. Ich bin neulich auf eine polnische Quelle aus dem 15. Jahrhundert hingewiesen worden. Wegen der Odermündung. Ich kriege die Unterlagen morgen oder übermorgen. Vielleicht kommen wir jetzt unserem Rätsel ein bißchen näher.«

Bei allen Versuchen, dem Geheimnis von Vineta auf die Spur zu kommen, blieb stets die Frage, wie die vor rund achthundertfünfzig Jahren größte Stadt Europas so einfach in einem namenlosen Nichts verschwinden konnte. (Wenn wir diesen Zeitraum ansetzten, bezogen wir uns auf Helmolds Angabe von 1171, nach der die Ruinen der Stadt noch zu sehen gewesen sein sollten.) Zudem wollte es partout nicht gelingen, eine etymologische Erklärung für das Wort »Jumne« zu finden. Bis dahin sollte noch über ein halbes Jahr vergehen.

Der ganze Raum zwischen der (heutigen) Halbinsel Fischland-Darß-Zingst und dem Oderhaff war bei den zeitgenössischen deutschen Chronisten wie Widukind von Corvey, Lampert von Hersfeld, Thietmar von Merseburg bis hin zu Adam von Bremen und Helmold von Bosau eine Terra incognita. Er gehörte damals nicht – wie von einigen unserer Vorgänger in der Vineta-Forschung irrtümlich angenommen – zum Bistum Hamburg, sondern war ein von den Dänen beanspruchtes Gebiet. Adam hatte seine Kenntnisse über Jumne/Vineta ja vom Dänenkönig Sven Estridsen; hätte Vorpommern zum Bistum Hamburg gehört, dann wären die Informationen des Dänenkönigs nicht nötig gewesen. Jedenfalls waren wir zu der Überzeugung gelangt, die untergegangene Stadt westlich des (heutigen) Peenestroms suchen zu müssen. Aber wo und wie sollte sie da im Meer versunken sein, wie es die Sage will. Das ging auch deshalb nicht, weil Helmold von Ruinen schreibt, die zu seiner Zeit (also bis spätestens 1171) noch zu sehen gewesen seien. Trotzdem waren wir überzeugt, daß die Sage wahre Kerne haben mußte, die von späteren Berichten und Wahrnehmungen überlagert wurden.

Wir suchten nach weiteren Quellen, um irgendwelche Hinweise auf die Lage der Stadt zu entdecken. Von den aufgelisteten Fragen hatten wir nach über zwei Jahren kaum eine überzeugend beantworten können. Dafür waren neue hinzugekommen, und wir hatten unsere noch zu lesende »Pflichtliteratur« um einige Werke ergänzt. Wir notierten:

– Wo lag im 11./12. Jahrhundert die Grenze zwischen Pommern und dem Lutizenland?

– Was hat es mit Adams Bemerkung, bei Demmin siedelten auch Ranen, auf sich?

– Gab es eine Jómsburg, und wo wäre sie anzusetzen?

– Wie viele Odermündungen gab es? (Wie lange wurden späteiszeitliche Flußbetten noch von Wasserläufen wie der Oder genutzt?)

– Wo lag der Ort, von dem man in »kurzer Ruderfahrt« nach Demmin kommen konnte? Was war für Adam eine »kurze Ruderfahrt«?

– Käme Jumne als Vorläufer von Stralsund in Frage?

– Ist es denkbar, daß Adam mit Jumne zwei große Handelsstädte meinte und sie zusammenwarf?

– König Alfreds Orosius-Übersetzung nachlesen

– Weitere zeitgenössische oder antike Quellen: Ptolemäus, Idrisi?

– *Codex Oldenburgensis*!?

– Gab es zu Adams Zeiten noch eine weitere Odermündung?

– War die südliche Ostseeküste vor tausend Jahren nur von Wenden besiedelt oder auch von Nachkommen germanischer Stämme?

Insgesamt standen auf unserer Liste sechsundvierzig Fragen – ein Riesenpuzzle. Ganz allmählich wurden wir fündig. Zunächst waren da die Randstücke des Puzzles.

»DJUNA«, »DJARTA«, »ARTA«

Im Januar des Jahres 1154 überreicht der arabische Gelehrte Abu Abdallah Muhammad ibn Abdallah ibn Idrisi dem Normannen-könig Roger II. von Sizilien (1131–1154) sein fertiggestelltes Auf-tragswerk: eine große silberne Erdkarte mit detaillierter Be-schreibung der seinerzeit im Orient bekannten Gegenden der Erde. Der jetzt dreiundfünfzigjährige Idrisi, Sohn eines arabi-schen Fürsten aus Ceuta, hat fünfzehn Jahre für die Anfertigung der Karte und des dazugehörigen Textes, des *Rogerbuchs*, ge-braucht. Von der auf einer Silberplatte dargestellten Erdkarte sind nur noch Nachzeichnungen überliefert. Erhalten geblieben hingegen ist das *Rogerbuch*. Ebenso wie die Erdkarte gründet es sich auf das Wissen früherer Geographen und Kaufleute sowie auf die Beobachtungen, die Idrisi selbst während seiner Reisen gemacht hat. Seine Erdkarte bildete die Grundlage aller Karten-werke bis zur Entdeckung Amerikas.

Idrisi teilt die Erde nach den von Claudius Ptolemäus (Klau-dios Ptolemaios: um 90 bis um 160 n. Chr.) bestimmten sieben Klimaten ein. In Abteilung 3 des 7. Klimas gibt er Nachricht über die Ostseeländer.

In der Übersetzung von Idrisis Werk durch den französischen Orientalisten Pierre Amédée Jaubert (Paris 1840) findet sich hier der Ort »Djuna«, wobei der Franzose auch die Lesart »Djarta« zu-läßt (»Djarta, die volkreiche Stadt mit florierenden Märkten«), dann aber wiederum von »Djerta« oder »Djezta, am Meer ge-legen«, schreibt. Wir standen vor dem gleichen Dilemma wie bei der Übersetzung des Volksstamms, den Ibrahim ibn Jaqub gemeint hatte (»Ubaba«, »Unana«, »Awbaba«). »Djarta«, »Djezta« und »Djerta« waren jedoch zweifellos Synonyme. Beruhte auch »Djuna« lediglich auf einer Verschreibung? »Djarta« oder »Djuna« sollte hundert Meilen vom »Ende der Insel« Dänemark und eben-soweit von der Stadt »Zouada« liegen.

Idrisi war sich in den Ortsnamen nicht ganz sicher, hatte

seine Kenntnisse wohl auch aus älteren Reiseberichten. Und so verlegt er eine Stadt »Zouada« (zum Unterschied von dem Land »bilad zouada«: Schweden) auf das südliche Festland und sagt, sie liege hundert Meilen von »Djuna« oder »Djarta«, also der »volkreichen Stadt mit florierenden Märkten«, entfernt. Eine altrömische Meile, das zu Idrisis Zeiten noch alleingültige Wegemaß, hatte 1479 Meter. Der Stuttgarter Gymnasialprofessor Konrad Miller hatte sich in den zwanziger Jahren eingehend mit dem *Rogerbuch* befaßt und war zu dem Schluß gekommen, daß Idrisi nur eine Gegend in der Nähe von Stralsund gemeint haben konnte. Denn Idrisi hatte die Stadt »Zouada« etwa in der Höhe von Stargard, östlich von Stettin, eingezeichnet.

Aber wieso Stralsund? Die Stadt gab es im Jahre 1154, als Idrisi sein Kartenwerk fertiggestellt hatte, noch gar nicht. Stand an ihrer Stelle »Djuna« bzw. »Djarta«?[1] War »Djuna« mit Jumne identisch? Kannte der orientalische Gelehrte Adams Buch?

Konrad Miller suchte nicht nach Jumne/Vineta, seine Erkenntnis war folglich ganz vorbehaltlos gewonnen. Ob es diese »volkreiche Stadt mit florierenden Märkten« 1154 noch gab, war eine andere Frage.

Wir suchten nach weiteren Hinweisen auf die so rätselhafte Stadt. Aus welchen Quellen konnte Idrisi geschöpft haben? Ptolemäus' *Geographia* war immer wieder von orientalischen Geographen bearbeitet und ergänzt worden. Besonders zahlreich waren die Geographien *(Buch der Wege und Länder)* aus der Zeit zwischen dem 9. und 12. Jahrhundert, und eben die interessierte uns ja. So zeigte sich, daß Ibrahim ibn Jaqub nicht der erste war, der von der großen Stadt am Weltmeer gekündet hatte. Denn bereits in der ersten Hälfte des 9. Jahrhunderts schrieb Ibn Saíd al-Maghribi von einer »Stadt mit zwölf Toren«, die einen Hafen am »bahr al-muhít« habe, wo viele Schiffe zusammenkommen. Ähnliche Angaben machten die orientalischen Geographen Al-Hwarizmi, Abul-Fida und Abu Obaid al-Bekrí im 9. und 10. Jahrhundert. Von al-Bekrí wissen wir allerdings, daß er sich auf Ibrahim ibn Jaqub gestützt hat.[2]

Wir hatten es schon aufgegeben, die Wiedergabe von Ortsnamen im Arabischen und Griechischen deuten zu wollen. Viel wichtiger war es, einen Anhalt für die Umrechnung der ptolemäischen in heutige Gradangaben zu bekommen. Aber da stießen wir auf eine weitere Quelle, den orientalischen Geographen al-Istahrí, der um 950 wirkte. Er schreibt von den »drei Stämmen der Rus«: die »Kujaba« (Kiew), die »Slawana« (Nowgorod) und die »Artanija«, deren König in »Arta« sitze. Ersetzen wir »Stamm« durch »Stadt«, so ergibt sich, daß »Arta« eine seinerzeit so bekannte Stadt war, daß sie sich mit Kiew und Nowgorod messen konnte. Der tschechische Orientalist Ivan Hrbek vertritt die Auffassung, daß es sich bei »Arta« um eine bedeutende slawische Handelsstadt an der Ostseeküste gehandelt haben müsse, schon weil die Funde arabischer Münzen dort besonders häufig sind. Er schlägt Arkona auf Rügen für »Arta« vor, wenngleich Istahrí den Namen dreimal mit *t* schreibt, statt mit *k*.[3]

Die Sache wurde immer geheimnisvoller. Im Orient schien die große Stadt vom 9. bis zum 12. Jahrhundert bei Kaufleuten und Geographen ein fester Begriff gewesen zu sein. Und in Europa? Es wäre ein merkwürdiger Gedanke, sich vorzustellen, daß sie dort unbekannt gewesen sei. Aber weshalb erscheint sie dann dort nicht noch klarer in den schriftlichen Quellen als im Orient? Wir sind auf diese Frage bereits kurz eingegangen. War sie vielleicht wirklich identisch mit Adams Jumne bzw. Helmolds Vineta? Denn Adam sagt ja: »Weil man sich zum Preise dieser Stadt allerlei Ungewöhnliches und kaum Glaubhaftes erzählt ...« Vineta war immer im Gespräch, auch bei den benachbarten Völkern, eine erstaunliche, bewunderungswürdige Stadt, von der man Legenden spann. Die Legenden flossen später, als niemand mehr wußte, wo denn die Stadt gelegen hatte, in die Sagenwelt ein. Die Sage nährte sich wohl mehr noch von mündlichen Überlieferungen als von den Darstellungen Adams oder Helmolds, wie es letztlich auch bei den nordischen *Sagas* der Fall war. Jedenfalls waren wir nach und nach zu der Überzeugung gelangt, daß Jumne bzw. Vineta mit »Djuna«, »Djarta« oder »Arta« identisch und eine in der damaligen Welt bekannte Handelsmetropole gewesen sein mußte.

Die »Heimat« des Handels und der Kaufleute waren von alters her der Vordere Orient und die Mittelmeerregion schlechthin. Dieser Handel geht schon auf die Sumerer vor über viertausend Jahren zurück. Von denen über die Phöniker, das

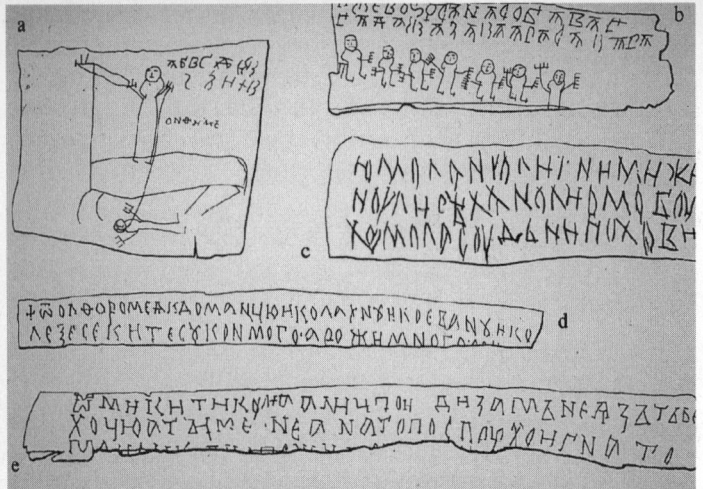

Abb. 7: Birkenrindenschrift aus Nowgorod, 11. Jahrhundert. Aus: J. Herrmann (Hg.), *Wikinger und Slawen*, Neumünster 1982, S. 259.

antike Griechenland und Rom bis zu den mediterranen Kaufleuten des Mittelalters führt ein direkter Weg. Auch in orientalischen Märchen und Sagen ist der Kaufmann eine Zentralfigur, denken wir nur an Sindbad den Seefahrer, einen fiktiven Zeitgenossen von Vineta. Seine Abenteuer waren letztlich der Suche nach neuen gewinnträchtigen Märkten und Waren geschuldet. So wußten auch die stets nach neuen Handelsverbindungen suchenden Kaufleute des Orients in Mittel- und Nordeuropa besser Bescheid als die einheimischen Germanen bzw. Deutschen. Die waren ja bis zum ausgehenden Mittelalter nie ein Volk von Händlern.

Von den Ostseeslawen sind bisher keine Schriftzeugnisse für die Zeit bis Mitte des 12. Jahrhunderts überliefert, wenn wir von den Niederschriften auf Birkenrinde (Nowgorod) absehen. Aber bedeutete das, daß die Menschen dort schriftlos waren?

Keinesfalls! Bei der Gemeinde Menzlin an der mittleren Peene, wo schon im 9. Jahrhundert ein Handelsplatz von Slawen und Nordgermanen lag, wurde in jüngster Zeit ein Schreibgriffel gefunden, mit dem offenbar auf Wachstafeln geschrieben wurde. Diese Griffel sind in dem archäologischen Fundmaterial für jene Zeit keinesfalls als selten zu bezeichnen.

Doch zurück zu Vineta. Wichtig für uns war letztlich die ungefähre Lokalisierung »Djunas« und »Djartas« bei Idrisi, und die dürfte er, unter welchem Namen auch immer, Reiseberichten von Kaufleuten entnommen haben.

DER *CODEX*
OLDENBURGENSIS

»Der Staub von Jahrhunderten«, sagt der Bibliothekar im Lesesaal der Berliner Universitätsbibliothek, nachdem er vier voluminöse Bände aus dem Schrank geholt und gleich den Staublappen mitgeliefert hat. Solch Schatz läßt das Herz des Historikers höher schlagen. Es handelt sich um die *Monumenta inedita rerum Germanicarum praecipue Cimbricarum, et Megapolensium* ..., herausgegeben von Ernst Joachim von Westphalen zwischen 1739 und 1745. Der adlige Historiensammler hatte darin eine riesige Kollektion bis dato unveröffentlichter Dokumente von den ältesten Zeiten bis zur Neuzeit zusammengetragen.

Bis dahin schien Helmold der einzige zu sein, der von Vin(n)eta schrieb. Natürlich gab es kaum Hoffnung, auf irgendwelche »Handelsunterlagen« zu treffen; die wurden in so früher Zeit schwerlich aufbewahrt. Aber vielleicht konnten wir in den Annalen von Lübeck fündig werden. Im dritten Band der *Monumenta inedita* stießen wir auf die »Justitia Lubicensis ab Henrico Leone duce Saxoniae et Nordalbingiae civitati Lubecae anno 1158«, also: das Lübische Rechtswesen seit Heinrich dem Löwen, Herzog von Sachsen, und der nordelbischen Stadt Lübeck anno 1158 (Gründungsjahr der Stadt Lübeck). Hier fanden wir auch den *Codex Oldenburgensis* oder *Hertogen Hinrichs ordninge.*

»Her Hinrich van Godes Genaden Hertoghe to Beyeren unde to Brunswiek, unde to Sassen, kundeget allen dhen, dhe dese Scrift anseen unde lesen, dat se ewig sooll syn ...« Wer in den Rat von Lübeck gewählt wird, soll dieses Amt zwei Jahre innehaben. Er muß von freier Geburt sein, darf niemandem gehören, nicht von Geistlichen abstammen, muß innerhalb der Stadtmauern wohnen und seinen Lebensunterhalt nicht durch Handwerk verdienen. Des weiteren verkündet der *Codex*, der Herzog, also Heinrich der Löwe, habe im Jahre 1158 zwei Bürgermeister und zwei Stellvertreter (»Bisittere«) bestätigt, nämlich: »Hinrick van

Artelonborg [Altenburg] *ut det Land tho Sassen*:. Garwin van Scodthorpe *van Julin*: Barwin Oelde de veteri Lubeca [aus Alt-Lübeck]: Johan van dem Castele *van Caren in Lande to Rügen* [Garz auf Rügen]... Diese 4. hevt up Hartog Hinricks Befehlig 20. Lüden to sick gekeset [gewählt] alse dat en vulle rade darup worden, unde syn ere Namen düsse: Cord Strale van Wineta *in Luebek gekamen* [der von Wineta nach Lübeck gekommen ist]. Volckwin van Soest. Udalricus van Dhume *van Ratzenburg* ..., Arcecumus Scholdonto *van Jülin* ...«

Die Liste nennt für 1158 also Cord Strale aus »Wineta« sowie zwei Männer aus Julin. In den weiteren Annalen des Lübecker Rates tauchen noch zwei Männer aus »Wolin« auf: Antonius Adelwasser (1165) und Henrich Hobrandt (1172), während der für 1176 erwähnte Giselbertus Delentodt seltsamerweise »van Julin« gekommen sein sollte. Die Jahreszahlen weisen allerdings nicht aus, wann die Herren nach Lübeck kamen. Zweifellos mußten sie schon gestandene Bürger Alt- und später Neu-Lübecks gewesen sein, um in den Rat gewählt zu werden. Wenn aber 1176 noch ein aus Julin stammender Mann in den Rat kommt, gerät man ins Grübeln. Wieso kommt Giselbertus Delentodt noch 1176 »van Julin«? Woher überhaupt dieser Dualismus? Die Lübecker hätten doch längst wissen müssen, daß die Stadt Wollin hieß. Natürlich ist es vorstellbar, daß eine Stadt nach ihrer Umbenennung auch den alten Namen noch führte. Aber war sie denn überhaupt umbenannt worden? Sollte es sich vielleicht um zwei verschiedene Städte handeln? Irgend etwas stimmte da nicht. Des Rätsels Lösung fanden wir erst am Schluß unserer Untersuchung (vgl. 13. Kapitel).

Man hat später Zweifel an der Echtheit dieser wohl Anfang des 15. Jahrhunderts niedergeschriebenen Urkunde angemeldet.[4] Wir halten das darin Festgehaltene für echt, schon weil die Namen in dem hier zitierten *Codex* nachweislich keine Erfindung sind. Eine Lübecker Publikation aus dem Jahre 1925 nennt für die Zeit von 1170 bis 1923 insgesamt 1041 Namen von Ratsmitgliedern. Für 1170 bis 1175 werden »Hinrich von Erteneborg«, »Gerwin van Suttorp«, »Borwin de Olde«, »Johann von dem Castell«, »Konrad Strale«, »Volkwin von Soest«, »Alwin vom Huse« als Ratsherren genannt. Wir kennen diese Namen aus dem *Codex* als »Artelonborg«, »Scodthorpe«, »Barwin Oelde«, »Johan van dem Castele«, »Cord Strale«, »Volckwin van Soest«.[5]

Die Erwähnung von »Wineta« und der Name »Cord Strale« erschienen uns tatsächlich bemerkenswert. »Strale« war ein Ortsname, der, wie damals üblich, zum Familiennamen geworden war. Und wenn der in Verbindung mit »Wineta« genannt wurde, sollte das schon nachdenklich stimmen.

WAR STRALSUND VINETA?

Nein, wird man sofort sagen; denn wo ist da eine Odermündung? Wo sind Adams »drei Meere«? Wie kommt man in »kurzer Ruderfahrt« nach Demmin? Und welchen Bezug hat Stralsund zu den Ortsnamen Jumne und Vineta?

»Nobilissima civitas« nennt Adam Jumne, eine sehr berühmte Stadt. Und: »Es ist wirklich die größte von allen Städten, die Europa birgt.« Wie aber konnte eine so große und berühmte Stadt völlig von der Erdoberfläche getilgt werden, ohne daß sich auch nur die geringsten Spuren erhalten haben?

Orte wie Rostock (»Rozstoc«), Hamburg (»Hammaburg«), Lübeck (»Lubeke«), Wolgast (»Woligost«) oder auch Demmin (»Dimmin«, »Dymine«) sind bei Helmold von Bosau schon als Stadt, »civitas«, erwähnt, obgleich sie ihren Status als Stadt »rechtmäßig« erst im 12./13. Jahrhundert erhielten. Hamburg und Demmin nennt Adam von Bremen bereits sogar »Großstädte«. Unter all diesen später der Hanse zugehörigen Städten fehlt indes bis zum Jahre 1234 bzw. 1240 ein Name: Stralsund.

»In ein undurchdringliches Dunkel sind die Anfänge der Stadt Stralsund gehüllt. Noch nicht einmal der Zeitpunkt der Entstehung des neuen Gemeinwesens läßt sich mit Genauigkeit feststellen«, schreibt Konrad Fritze in seiner Publikation *Die Hansestadt Stralsund*.[6] Wie konnte es sein, daß ein Handelsort mit derart günstiger Lage zur See einfach nicht erwähnt wurde und so völlig unvermittelt im Jahre 1234 von Fürst Wizlaw I. unter der Bezeichnung »Stralowe« das Stadtrecht erhielt?

»Durch die Stadtrechtsverleihung im Jahre 1234 verläßt die neue Ansiedlung am Sunde das sagenumwobene Dunkel und tritt in das helle Licht der Geschichte ... Wir werden deshalb zweifellos annehmen müssen, daß bereits vor der Gründung Stralsunds an dieser Stelle eine wendische Ansiedlung bestanden hat, über die uns aber leider keine genaueren Nachrichten vorliegen«, vermerkt derselbe Konrad Fritze.[7] Das ist zweifellos stark untertrieben; denn die Stadtrechtsverleihung setzte ein schon gefestigtes Gemeinwesen voraus, das eben nicht aus irgendeiner wendischen Ansiedlung heraus plötzlich zur Stadt erhoben werden konnte.

Wir haben im Frühjahr 1996 drei Tage darauf verwendet, im Stralsunder Stadtarchiv nach Hinweisen auf Vineta oder Jumne zu suchen. Vergeblich. Auch die Exponate in dem so reich bestückten Kulturhistorischen Museum boten nichts direkt Verwertbares. Erst später fanden wir heraus, daß es ebenso wie die Stralsunder Forschungsstelle für Ur- und Frühgeschichte Bodenfunde aus Vineta besitzt.

Wenig in Adams und Helmolds Darstellungen scheint darauf hinzudeuten, daß Stralsund mit der »nobilissima civitas« gemeint sein könnte. Oder doch? Wie steht es mit der »kurzen Ruderfahrt« nach Demmin? War mit Demmin vielleicht eine andere Stadt gemeint, und Adams und Helmolds Kopisten hatten den Namen kurzerhand geändert? Und wie um alles in der Welt sollte die Peenemündung bei Demmin liegen?

8. DIE VERGESSENE ODERMÜNDUNG

>»Es gibt mehr Ding' im Himmel und auf
Erden, als eure Schulweisheit sich träumen
läßt.«
William Shakespeare: *Hamlet*

Die unbezähmbare Oder hat den Tschechen, Deutschen und
nach dem letzten Krieg auch den Polen immer wieder viel Kum-
mer und Verluste beschert. Der vorerst letzte Ansturm ihrer
Naturgewalt ereignete sich im Sommer 1997. Die Deutschen
konnten das Schlimmste, die Überflutung des Oderbruchs, zwar
noch in letzter Minute abwenden, doch weite Landflächen des
Odereinzugsgebiets gerieten unter Wasser. Aus manchen Chroniken wissen wir von ähnlichen Katastrophen in früheren Jahrhunderten.

Und wie sah es mit diesem Fluß zu den Zeiten Adams und
Helmolds aus? Gehen wir erst einmal etwas weiter in die Geschichte der norddeutschen Gewässerlandschaft zurück.

Nach der letzten Eiszeit (dem Pommerschen Stadium der
Weichseleiszeit, bis vor zirka zehntausend Jahren) bildete das
abtauende Inlandeis zahlreiche Seebecken. Zu den größten gehörte der sogenannte Haffstausee im heutigen, allerdings stark
verkleinerten Oderhaff. Ihren Hauptabfluß fanden die Wassermassen immer in west- und nordwestlicher Richtung. Natürlich
dürfen wir diesen Zustand nicht einfach auf die Zeit von vor
etwa tausend Jahren übertragen. Dennoch hielten wir es für
nachdenkenswert, wie lange die späteiszeitlichen Abflußrinnen
noch als Flußläufe dienten.

Wir hatten schon erwähnt, wie sich die »Wollin-Schule« und
die »Usedom-Schule« um die Mündungen der Oder in die Ostsee
stritten, um sie als Beleg für ihre Versionen zu verwenden. Dabei
war immer nur von drei Mündungen die Rede: bei der Ortschaft
Dievenow über das Camminer Haff, bei Swinemünde und bei

Abb. 8: Prinzipskizze des nordwestlichen Oderabflusses (fett eingezeichnet) bis zur Mitte des 12. Jahrhunderts.

Peenemünde. Auch Saxo Grammaticus nennt diese drei Mündungen für das Jahr 1174.[1] Für Historiker wie Richard Hennig war dies der Beleg, daß es vorher auch so gewesen sein mußte.

DIE ODERMÜNDUNGEN
DES JAN DŁUGOSZ

Der polnische Historiker Jan Długosz, latinisiert Johannes Longinus (1415–1480), schreibt in seiner *Historia Polonicae*: »Die *Oder* ist gleichsam *räuberisch*, reißt sie doch in ihrem raschen Lauf Beute von Feldern und Wäldern mit sich. *Lateinische* Schriftsteller haben sie auch Guttalus genannt. Ihre Quelle befindet sich bei einer Stadt namens *Odra*. Sie mündet über vier Arme aus einem großen Sumpfland [›in magnam paludem‹]; der erste bei dem Dorf *Swinia*, was in der *polnischen* Umgangssprache *Schwein* heißt, der zweite bei dem Dorf *Dziwno*, was auf Polnisch *seltsam* heißt, der dritte bei dem Dorf *Piiana*, was auf Polnisch *Schaum* heißt, der vierte bei dem Städtchen *Wollgosch*. Sich schließlich über einen schmalen Korridor bei der Stadt *Strzalsunth* aus einem See ergießend, mündet sie in den *Ozean* oder das *Sarmatische Meer*.«[2]

Mit der Behauptung, lateinische Schriftsteller hätten die Oder »Guttalus« genannt, liegt Długosz allerdings falsch. Der Gutalus war der Pregel, und bei der Stadt »Odra« handelt es sich um Olmütz.

Wir meinten, die ganze Darstellung des polnischen Historikers müßte zu seiner Zeit schon seit eineinhalb Jahrhunderten völlig überholt gewesen sein, weil die Oder nach der Sturmflut von 1304 ihren Austritt östlich des Greifswalder Boddens und nicht mehr über »den schmalen Korridor« bei Stralsund fand. Doch war das ein allzu schnelles Urteil.

Długosz' Worte: »Sich schließlich über einen schmalen Korridor bei der Stadt Strzalsunth aus *einem* See [›de lacu‹, einem Süßwassersee mithin] ergießend ...«, mußte sich auf den Oderabfluß bei Wolgast beziehen, der über die Ziese die Dänische Wieck bei Greifswald erreichte und von da durch den Strelasund zum Gellen südlich von Hiddensee zog. Heute ist die Ziese nur noch ein Bach, jedoch mit einem bis zu drei Kilometer breiten Flußtal. Für das Jahr 1281 wird die Ziese als Grenz*fluß* (»in flumine Tsise«)

zwischen dem Kloster Eldena und dem Land Wusterhusen erwähnt. Offenbar galt sie noch zur Mitte des 15. Jahrhunderts, also zu Długosz' Zeiten, als *ein* Oderabfluß. Wahrscheinlich war dieser Abfluß, die Ziese, als »Alte Oder« damals schon weitgehend verlandet. Insofern war Długosz' Darstellung tatsächlich veraltet. Der Hauptstrom der Oder floß bei Peenemünde in den Greifswalder Bodden und dort über das 1304 geöffnete Neue Tief in die Ostsee.

Nach allem, was wir bis dahin untersucht hatten, kam tatsächlich nur die weitere Umgebung von Stralsund, ein Gebiet südlich der Insel Rügen, als Ort der untergegangenen Stadt Jumne/Vineta in Frage. Nur lag die von Długosz geschilderte Odermündung nicht direkt bei dem heutigen Stralsund, sondern etwa zwanzig Kilometer nordwestlich davon. Jedoch auch von hier wäre es ganz unmöglich gewesen, Demmin in kurzer Ruderfahrt zu erreichen.

Wenden wir uns aber zunächst noch einem anderen von Adam und Helmold gestellten Rätsel zu, das spätere Gelehrte wie Richard Hennig als »geographischen Unsinn« bezeichneten.

DAS RÄTSEL DER
PEENEMÜNDUNG

Der Demminer Ortschronist Wilhelm Stolle erklärte 1772 den Namen der Stadt aus dem Vorhandensein der vielen Dämme und schloß daraus, daß der Ort schon vor der Besiedlung durch die Wenden dagewesen sein müsse.[3] Vielleicht hatte er damit nicht einmal so unrecht. Das Wort aus »dym«, dem slawischen Wort für Rauch, herzuleiten, schien uns doch zu primitiv zu sein. Etliche Ortsnamen hatten die Slawen von den germanischen Vor- und Mitbewohnern übernommen, und das Wort »faurdemman« findet sich schon im Gotischen für den Deichbau.

Und Adams Peenemündung bei Demmin? Der Oberlauf der Peene mündet in den Kummerower See, der Überbleibsel eines noch im hohen Mittelalter viel größeren Gewässers ist. Der etwa zwölf Kilometer westlich davon gelegene Teterower See, der heute nur ein Zehntel seiner Größe zu den Zeiten der wendischen Besiedlung des Gebiets hat[4], war mit dem Kummerower See und dem südwestlich gelegenen Malchiner See verbunden. Auf Hieronymus Münzers Karte von Mitteleuropa aus dem Jahre 1493 ist die große Seen- und Moorfläche in Mecklenburg und Vorpommern ebenso noch angedeutet wie auf Bernhard Wapowskys Kupferstich nach dem verschollenen Original von Nikolaus von Kues aus dem Jahre 1507. Auf beiden (nicht maßstabsgetreuen und damals nicht mehr zeitgerechten) Karten läßt sich die Nordgrenze des Gewässers etwa dreißig Kilometer südlich von Stralsund vermuten. In diesen großen, später von ausgedehnten Brüchen durchsetzten See mündete im 13. Jahrhundert auch die Peene mit ihrem Oberlauf. Dieser See erstreckte sich in den Tälern, die zuvor der »wasserreichste« Oderarm durchzog, »bis an den Fluß Panis, der in den Urkunden unserer Kirche Peene heißt«[5].

Mithin reichte die Hamburger Diözese zu Adams und Helmolds Zeiten nicht bis zum Peene*strom*, sondern nur bis zum Oberlauf des Flusses. Zudem haben weder Adam noch Helmold die Odermündung an irgendeiner Stelle mit der Mündung des Peene*stroms* gleichgestellt, so richtig es aus moderner geographischer Sicht auch gewesen wäre, haben doch Oder und Peene heute eine gemeinsame Mündung in den Greifswalder Bodden. Mit der Peenemündung meinte Adam die Mündung des Oberlaufs dieses Flusses in einen nordwestwärts ziehenden Strom etwa zwischen Neubrandenburg im Süden, Grimmen im Norden und Bad Sülze im Westen. Zahlreiche Ortsnamen wie Demmin, Dambeck, Damm, Dahmen, Damerow, Dammhusen, Dammwiese oder Damshöhe im Mecklenburg-Vorpommerschen lassen sich auf Deichanlagen zurückführen, die wohl teils schon in vorgeschichtlicher Zeit, teils von den Wenden angelegt wurden. Die Landschaft Der Werder (mittelhochdeutsch: Insel), nördlich von Neubrandenburg, die heute nichts mehr mit einer Insel gemein hat, erinnert an die damalige Gewässerlandschaft ebenso wie der dort noch erhaltene slawische Ortsname Podewall (Unter dem Wall). Das Wasser war für unsere Vorfahren nicht nur im Mecklenburg-Vorpommerschen vor rund einem Jahrtausend der wichtigste Verkehrsweg, und viele Wasserläufe bildeten die natürlichen Grenzen zwischen den einzelnen Stämmen.

Soweit also die Lösung des Rätsels der Peenemündung bei Demmin. Wir haben gesehen, daß Adam wie Helmold zwischen Peenemündung und Odermündung strikt unterschieden. Wo lag nun die von beiden beschriebene Odermündung?

EINE FLUSSMÜNDUNG
NAMENS CHALUSOS

Claudius Ptolemäus hinterließ mit seiner achtbändigen *Geographia* ein Werk, das bis in das ausgehende 16. Jahrhundert bestimmend war für die Anfertigung von Erdkarten. Eine Erdkarte selbst enthielt sein Werk nicht, dafür aber eine Anleitung zur Konstruktion von Gradnetzen für den seinerzeit bekannten Erdkreis sowie die von astronomischen Gesichtspunkten ausgehende Lagebestimmung von etwa achttausendeinhundert Ortschaften und Gegenden. Für die heutige Geschichtsforschung besonders wertvoll ist seine Lokalisierung von neunundsechzig germanischen Stämmen im späteren Deutschland sowie von Flußläufen und sogar »Städten« jener Frühzeit. Dabei folgte er überwiegend den Itineraren (Reisehandbüchern) griechischer und römischer Kaufleute. Umgerechnet auf unser heutiges Koordinatensystem waren seine Angaben erstaunlich genau. Gröbere Fehler entstanden vermutlich erst durch Kopisten seines Werkes.

Für die Ostseeküste nennt Ptolemäus vier große Flußmündungen:

1. Chalusos,
2. Swebos (Swibos, Swikos),
3. Viadra,
4. Wicsula.

Die erstgenannte Flußmündung ist bis heute umstritten. In moderneren Arbeiten zu Ptolemäus' Werk ist zu lesen, es müsse sich bei dieser Flußmündung um die Trave handeln. Indes entspräche der von Ptolemäus angegebene Längengrad 37 ziemlich genau unseren heutigen 12,5 Grad östlicher Länge, während die Travemündung etwa auf 10,9 Grad käme. Der Althistoriker Theodor Steche, der sich Ende der dreißiger Jahre intensiv mit dem erdkundlichen Werk des Ptolemäus beschäftigt hat, schreibt über den Grad 12,5 östlicher Länge: »Auf diesem liegt keine Flußmündung; am nächsten heran käme die der Warnow bei Rostock.«[6]

Nun hatten sich schon in früheren Jahrhunderten mehrere

Leute mit dem von Ptolemäus aufgegebenen Rätsel befaßt. Man war ja bereit, dem antiken Geographen, der die nördlichen Lande Europas selbst nie zu Gesicht bekommen hatte, Zugeständnisse zu machen. Aber wenn der Grieche den Swebos als einen Oderarm in die Ostsee münden ließ, was war dann der Chalusos? Der Name mußte auf das gotische »halsa«, etwa Meerenge, zurückgehen. Doch ließen sich die wenig wasserreichen Flüßchen Trave, Warnow oder Recknitz beim besten Willen nicht mit einer Meerenge vergleichen. Meinte Ptolemäus vielleicht die Odermündung nordwestlich von Stralsund, also am Gellen?

Bis Ende Juli 1996 haben wir immer wieder zusammengesessen. Das Resultat Stralsund wollte letztlich nicht befriedigen. Das betraf auch oder ganz besonders die Bootsfahrt nach Demmin. Sie hätte zu viele Umwege verlangt, um sie als kurz zu bezeichnen.

Als wir vor dem Urlaubsantritt im August 1996 noch einmal miteinander telefonierten, kamen wir überein, daß wir einen entscheidenden Punkt außer acht gelassen hatten. Adams Jumne bzw. Helmolds Vineta sollte da gelegen haben, wo die Oder die Wilzen (Lutizen) von den Pommern schied. Damit aber konnte niemals das spätere Stralsund gemeint gewesen sein. Dort schied der Strelasund Rügen vom Festland. Mit Pommern hatte Adam jedoch nicht Rügen gemeint, obgleich die dortigen Ranen ein Pommernstamm waren. Für ihn wie auch für Helmold lebten auf Rügen Menschen, die so gar nichts mit den gastfreundlichen Vinetern gemein hatten.

Wenn der Ochse nicht zur Krippe kommen wollte, mußten wir die Krippe zum Ochsen bringen. So entschlossen wir uns, erst einmal alle uns bekannten Odermündungen wegzulassen und Adams Angaben mittels einer Zeichnung zu rekonstruieren. Klaus fügte noch hinzu: »Vor längerer Zeit habe ich dir mal einen Aufsatz von mir gegeben, ›Fragen zur Landeskunde nach Quellen des Mittelalters‹. Dort findest du eine Zeichnung, auf der ich damals, in ganz anderen Zusammenhängen, die Grenze zwischen Schwedisch-Vorpommern und Preußen im 17. Jahrhundert rekonstruiert habe. Ich grübele seit Wochen darüber nach.« Die Zeichnung sollte sich als der erste Schlüssel zu unserem Vineta-Rätsel erweisen.

9. DER PUNKT
AUF DEM i

>Je älter man wird, desto mehr überzeugt
man sich davon, daß Seine geheiligte
Majestät der Zufall drei Viertel aller
Geschäfte dieses armseligen Universums
besorgt.«
Friedrich II., der Große: *Brief an Voltaire*

Als wir aus unserem Kurzurlaub Ende August zurück waren, rief Klaus an: »Du kommst zwar gerade von der Ostsee, aber wir müssen noch mal hin. Nur einen Tag, paßt es dir kommenden Sonnabend oder Sonntag?«

Klaus hatte das von Günter aufgesetzte Manuskript über die gemeinsamen Forschungen im Urlaub gelesen und es mitgenommen, als beide an diesem ersten Sonnabend im September nach Norden fuhren.

»Ich habe es fünfmal gelesen. Mein Gott, wir waren so nah dran. Mehr will ich jetzt dazu nicht sagen!« meinte Klaus.

»Was führt mein Sherlock Holmes im Schilde?«

»Wart's ab, bis wir da sind.«

Wie schon so oft, verließen wir die Autobahn bei Rostock und fuhren auf der B 105 nach Nordosten. Diesmal aber bogen wir bei Rövershagen nach Norden ab. Hinter Graal-Müritz, auf halbem Weg nach Dierhagen, war Endstation. Fischland. Wir holten die Detailkarte hervor. Die Landstraße führte mitten durch ein von Gräben durchzogenes Moorgebiet. Nach Osten hin, also zum Saaler Bodden, waren die tiefen Einschnitte der Torfgewinnung zu sehen. In einem dieser Kanäle dümpelte ein nicht mehr ganz fabrikneues Küstenboot.

Klaus strahlte: »Na, dämmert's? Wie kommt ein so großes Moorgebiet hierher? Moor entsteht nicht auf trockengefallenem Salzgewässer. Ergo?«

»Die Odermündung.«

1 Seite aus dem Werk Adams von
Bremen (IV, 17-19) mit Zusätzen am Rand.
Um 1180. (Leiden, Bibliothek der
Rijksuniversiteit)

2 Bischof Wilhelm
im Disput mit König
Sven Estridsen.
Lithographie von
Louis M. Moe, 1893:
»Danmarks Historie
i Billeder XIX«.
(Slg. Klaus Goldmann)

3 (Oben) Der Dom von Roskilde - nach Adam von Bremen die Grablege von König Harald Gormsson, genannt Blauzahn. Gemälde von Jacob Kornerup, 1857. (Foto: Henrik Wichmann / Tilhører Nationalmuseet)

4 (Rechts) Die sogenannte Königssäule im Dom von Roskilde zeigt die Größe dänischer Könige und einiger ihrer Staatsgäste. (Foto: Klaus Goldmann)

5 (Links) Das Wikinger-schiff »Skuldelev 1« im Wikinger-Schiff-Museum (Vikingeskibshallen) von Roskilde. (Foto: Klaus Goldmann)

6 (Unten) Nachbau eines Handelsschiffs der Wikingerzeit im Wikinger-Schiff-Museum (Vikingeskibshallen) von Roskilde. (Foto: Klaus Goldmann)

7 »Nova illustrissimi Ducatus Pomeraniae Tabula...« von Eilhardo Lubino (Lubinus), Amsterdam, um 1633. »Wineta« ist vor Usedom eingetragen. (Berlin, Staatsbibliothek zu Berlin, Bildarchiv Preußischer Kulturbesitz)

NOVA ILLVSTRISSIMI DVCATVS
POMERANIÆ
TABVLA
antea a Viro Cl. D.D Eilhardo Lubino edita,
nunc denuo corecta per Frid. Palbitzke
Pomer. L.I. Stodissium.

Notarum explicatio
Urbes
Urbes cum arcibus
Ducalibus
Pagi.

8 Die Unterstadt von Kiew
im 11.-13. Jahrhundert. Modell. (Aus: Bohuslav
Chropovský, *Die Slawen*, Prag 1988, S. 183.)

ꙊЄВЄ(ΤΟ҂ΥⅬ

АНЗꙀⰍꙊ ВЪ ⰄⰀⰀⰁ
ПⰆⰀⰂ ⱊ ЄⰚ҂҂Р҂ВЧⰂ

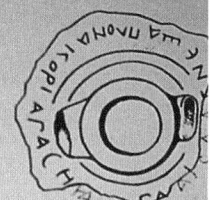

МꙊⰌⰆⰄⰅⰍЄⰌ Ⰽ҂Р
КⰄ Ⰴ Вⱁ҂НⰢⰞⰈⰀ
МНⱃ ⰄⰀⰀⰋⰅ ⰀⰀⰂⰋⰌ
СВАГⱁ НꙀⰜ Ⰽ҂ВⱁⰀ
҂Ⰽ ⰌⰌⱃ ЗⰁⰋⰒ҂ⰆⰆⰁ

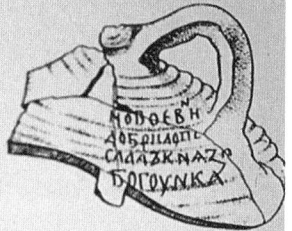

ГРАМОТА Ꙍ ГꙀⰞⰈ ЗⰚ ОМНРⰐ КⰚ ⰍⰉⰋꙀ ОⰟⰌЄ
ꙀⰊⰟⰌⰌⰁⰁⰂⰅ(НⰆⰁⰁⰒⰟ ⰄⰁⰁⰟ(ОВЄ ⰀⰌ ⰄⰋⰌЄⰍⰁ
ВⰚ ТⰊⰍⰀⰁⰀⰟ(ⰟⰌⰀⰍⰉⰌⰌⰁ Ⰴ ⰌⰚⰊⰌⰅ(ⰀⰄⰟ҂Ⱏ
ЖⰉⰌⰈ ⰒⰊⰍⰀⰒ҂РⰊⰟⰟⰌⰀ ⰀⰌⰚⰊⰌЄⰄ҂ПⰊ(Ⱊ
ⰀⰋⰄⰚ ТⰊⰍⰊⰟ҂ ⰍⰈ҂ ЖⰅⰁⰉ ГРАМⰊⰟ ⰊⰟ ЄⰀⰉ
ⰊⰟ Ⰼ Є҂ⰊРⰚⰁⰀ Ⰴ (Ⰵ҂ⰌⰒⰚ Ⰼ ⰟⰈ КОⰌЄⰟ(ОⰟⰒⰉ
ВⰚ ⰌⰁ҂ⰌⰀ ЖⰚⰍ҂Ⱏ ЖⰚВⰚ(ⰀⰄⰉⰌⰁⰚ ТⰀⰌⰀ(Ⰱ
ВⰊⰁⰚⰀⰟⰁⰉ ⰀⰟⰟⰅЄ(ⰌⰌЄ ВⰚ Ⱊ ⰌⰚ ⰁⰈⰉ ОⰟⰌⰚ
ТⰅⰜⰚ ⰀⰌⰅⰍ҂ⰀⰉⰌ ⰌⰈ ЧⰚ ТⰊ ⰞЄ ОⰟ ⰌⰅⰆⰊ

9 Altrussische Inschriften,
11.-14. Jahrhundert: Kiew, Nowgorod, Rjasan.
(Aus: Bohuslav Chropovský, *Die Slawen*,
Prag 1988, S. 192.)

10 Mecklenburg-Vorpommern aus 800
Kilometer Höhe, aufgenommen vom
Satelliten Landsat 5TM. (Foto: ESA 1999,
M-SAT, D-66121 Saarbrücken)

11 (Oben) Staudamm für das
Wasserreservoir einer bronzezeitlichen,
befestigten Stadt bei Meißen/Sachsen.
Um 1000 v. Chr. (Foto: Klaus Goldmann)

12 (Unten) Geologische Karte von
Mecklenburg-Vorpommern, Maßstab
1:500 000. Schwerin 1994. Ausschnitt:
Entlang der alten Abflußrinnen befinden
sich tiefgründige Niedermoore.

13 (Oben) Miniatur eines »Panzer-
reiters«. Anfang 11. Jahrhundert. Silber.
Hacksilberfund von der Leissower
Mühle (Neumark, heute West-Polen).
(Foto: Berlin, Museum für Vor-
und Frühgeschichte SMPK / K. Ugen)

14 (Unten) »So trugen die Männer
lange pelzbesetzte Mäntel ... Die Frauen
gingen kostbar in Samt und Seide
gekleidet ...« 9./10. Jahrhundert.
(Foto: Stockholm, Historiska Museet)

15 (Rechts) Eiserne
Äxte der Wikingerzeit
aus Anklam.
9./10. Jahrhundert.
(Foto: Archäologisches
Landesmuseum Meck-
lenburg-Vorpommern,
Schloß Wiligrad,
Lübstorf)

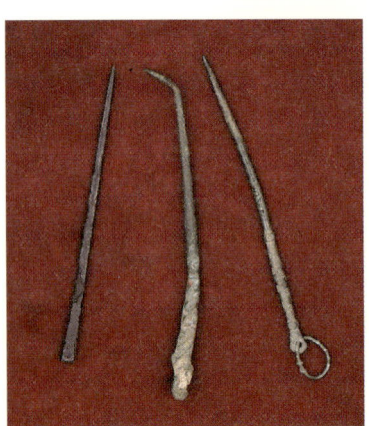

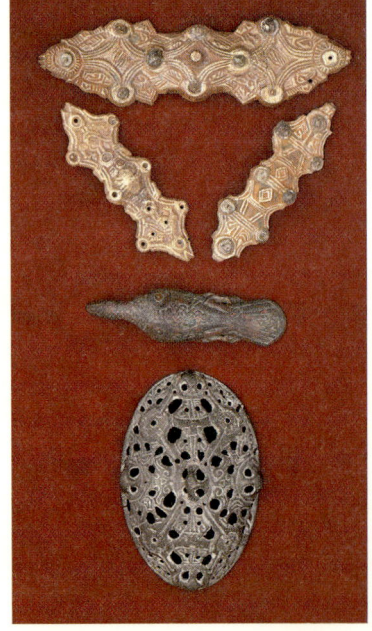

16 (Oben) Schreibgriffel aus
Usedom, Menzlin und Neubrandenburg.
(Foto: Hubert Metzger, Bolz)

17 (Rechts) Ovale Schalenfibel
und gleicharmige Fibeln der Wikinger.
Menzlin, 9./10. Jahrhundert.
Nordgermanisch.
(Foto: Hubert Metzger, Bolz)

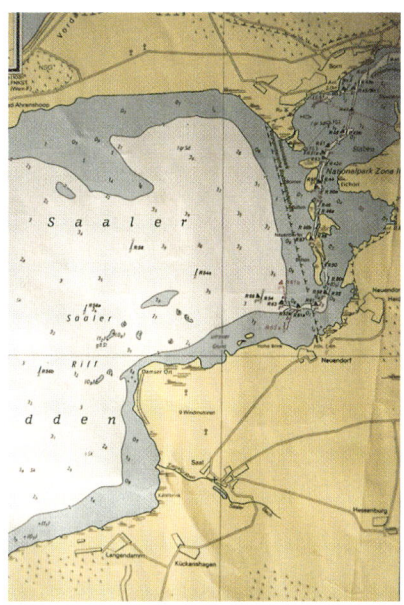

18 (Links) Seekarte Ostsee, Nr. 1623: Boddengewässer Barhöft bis Ribnitz-Damgarten. Ausschnitt: Saaler Bodden und Neuendorfer/ Borner Bülten. Die Schiffahrtsrinne führt mitten durch die Bülten.

19 (Rechts oben) Die Burg von Klempenow an der Mündung der Tollense in den Großen Landgraben - ein alter Oderarm - entstand auf einer früheren slawischen Wehranlage. (Foto: Klaus Goldmann)

20 (Unten) Reste eines Steinwegs, der die Peeneniederung beim wikinger- zeitlichen Handelsplatz Menzlin quert. 9. Jahrhundert. (Foto: Klaus Goldmann)

21 (Oben) Der Mord an Knut Laward, Herzog von Schleswig,
Anfang Januar 1131. Lithographie von Louis M. Moe, 1893: »Danmarks
Historie i Billeder XXI«. (Slg. Klaus Goldmann)

22 (Unten) Barth mit dem Barther Bodden. (Foto: Klaus Goldmann)

»Genau. So steht's ja auch im Manuskript. Ich wußte gar nicht, wie intensiv du dich mit dem Ptolemäus beschäftigt hast.«

»Das habe ich erst vor ein paar Wochen getan. Mir hat der Chalusos keine Ruhe gelassen. Du warst ja kaum erreichbar. Ich wollte dir Kopien von den Seiten aus Steches Buch schicken, meinte dann aber, du solltest erst mal lesen, was ich bei ihm gefunden habe.«

»Jedenfalls war das ein Volltreffer, und du hast es nicht mal gemerkt.«

Im Restaurant »Blinkfüer« hatten wir eine großartige Fischmahlzeit und Gelegenheit, auf diese und jene Punkte unserer neueren Erkenntnisse näher einzugehen. Hinter dem Restaurant entdeckten wir einen Weg mit dem Namen »Am Burgwall«. Niemand von den Einheimischen wußte zu sagen, wo denn dieser Burgwall gelegen habe. Wir vermuteten da noch, daß hier vielleicht eine Wehrburg schon aus vorgeschichtlicher Zeit gestanden haben könnte. Der Burgwall konnte jedoch erst im 12. Jahrhundert entstanden sein, als Wehranlage gegen dänische Angriffe, wie wir später herausfanden.

Über Prerow und die Meiningenbrücke kamen wir in das Städtchen Barth, wo wir vom Kirchturm aus die Umgebung genossen.

»Wieso heißt es Meiningen, paßt doch gar nicht hierher. Bresewitz kommt vom slawischen ›brzeg‹, das bedeutet Ufer. Ich vermute, daß da mal der Prerower Strom durchgegangen ist. Aber Meiningen?«

»Weiß ich doch nicht«, antwortete Klaus.

»Meiningen ist nicht slawisch.«

»Vielleicht hängt es mit Mai zusammen. Das soll doch so ein geheiligter Monat der alten Germanen gewesen sein. Maibräuche aus dieser Zeit gibt es ja noch heute.«

Auf der Rückfahrt nach Berlin übernahm Klaus das Lenkrad. Günter hatte sich nach hinten gesetzt, um zu spinnen, wie er sagte.

Als sich beide in Charlottenburg verabschiedeten, meinte Günter: »Klaus, wir haben es geschafft. Ich habe die ganze Fahrt über den Namen Barth nachgedacht. Jetzt glaube ich zu wissen, was Jumne bedeutet, muß nur noch mal nachlesen. Das werden die schönsten Schlüssel zu unserem Rätsel.«

Was wir zunächst als Odermündung identifiziert hatten, nämlich das Große und das Dierhäger Moor, war nur die halbe Wahrheit. Adam von Bremen schrieb von drei Meeren, die die Insel
Jumne bespülten: ein tiefgrünes, ein weißliches und das von
Stürmen bewegte Meer. Das tiefgrüne identifizierten wir mit
dem heutigen Moorgelände, das damals etwa in Gestalt von Bülten (dicht von Gras bewachsene Erhebungen in See- und Sumpf-
gelände) aus dem Wasser der Odermündung herausragte. Aber
dort kann es nicht noch ein weißliches Meer, nämlich Dünen, gegeben haben. Wenn es die gab, mußten sie weiter östlich gelegen
haben, ebenfalls in der Odermündung.

Um die Entstehung des Fischlandes, also des westlichen Teils
der Halbinsel Fischland-Darß-Zingst, rankt sich eine hübsche
Sage:

»Vor vielen, vielen Jahren, als ein überaus heftiger Sturm die
Ostsee aufwühlte und ihre Wellen gegen die Ufer peitschte, riß
von einer dänischen Insel ein großes Stück Land ab und trieb
übers Wasser, bis es sich an der Nordküste Mecklenburgs an-
legte, wo es fortan eine Landbrücke zwischen Meer und Bodden
zum Darß bildete und den Namen Fischland erhielt.

Auf dem angetriebenen Landstrich soll ein Schloß gestanden
haben, in dem eine Prinzessin wohnte, und vor nicht allzulanger
Zeit hat man auf dem Dierhäger Feld noch die Stelle bezeichnet,
wo es sich einst erhoben hat.«[1]

Sagen beruhen meist auf irgendeinem Ereignis in geschicht-
licher, manchmal sogar vorgeschichtlicher Zeit, das sich die
Menschen einprägten, aber seinerzeit nicht erklären konnten. So
entstand im Laufe der Jahrhunderte in den Spinnstuben ein poetisch und märchenhaft überhöhtes Bild von jenem Ereignis, zu
dem fast immer das Schloß mit einem König gehörte, besser
noch mit einer Prinzessin, weil die zum einen schöner und an-
mutiger war als so ein bärbeißiger König und man sich zum

anderen keine Gedanken zu machen brauchte, welcher König gemeint war. Prinzessinnen werden in Chroniken gewöhnlich nicht erwähnt.

Weshalb spann sich die Sage ausgerechnet um das Fischland, die »Landbrücke zwischen Meer und Bodden zum Darß«? Die Menschen hatten sich eingeprägt, daß ein Teil des heutigen Fischlandes einst Wasser gewesen war, bis an dessen Stelle plötzlich Land erschien. Und da das Land vorher nicht da war, mußte es von irgendwoher gekommen sein; denn es handelte sich ja nicht etwa um angewehte Dünen, sondern um festes Land. Mit dem »Schloß«, das der Sage zufolge auf dem Dierhäger Feld gelegen haben soll, war offenbar jener Burgwall gemeint, der sich in dem Flurnamen bei der Gaststätte »Blinkfüer« noch erhalten hat.

Wie erwähnt hatte sich Klaus bereits 1984 mit dem einstigen Grenzverlauf Vorpommerns beschäftigt, ohne dabei noch die These in Frage zu stellen, daß Jumne/Vineta auf Wollin gelegen habe. Nun griff er seine damaligen Überlegungen wieder auf, die zu den Darstellungen bei Adam von Bremen und Helmold von Bosau zu passen schienen. Sollte Jumne/Vineta doch direkt an der Odergrenze zwischen den Wilzen (Lutizen) und den Pommern gelegen haben. Wenn diese Grenze aber bis zur Halbinsel Fischland-Darß-Zingst ging, mußte sich da auch eine Odermündung befunden haben. Indirekt bestätigt wurden diese Überlegungen durch Martin Zeillers *Topographia* (1642 ff.), in der es heißt: »Das Pommerland hat vorzeiten viel weitere und grössere Gräntzen / als ietzund / gehabt … Anjetzo fangen die sehr verringerte Gräntzen deß Pommerlandes hinter dem Darß an der Ostsee an / und strecken sich bey der Rekenitz / daran das Mechelnburgische Stättlein Ribnitz lieget / nach der Trebel / beziehen hernach die Peene / und Tollense / gehen Friedland / Prentzlow / und Lökenitz vorbey / schliessen drauff Penckun in sich / und streichen nahe bey Vierraden durch die Oder.«[2] Bei der Nennung von Prenzlau (»Prentzlow«) ist Zeiller wohl ein Irrtum unterlaufen. Gemeint war offenbar Pasewalk.

Bei Vierraden, nördlich von Schwedt, begann also die Westgrenze Pommerns, anscheinend entlang eines Abflusses der Oder nach Nordwesten durch das Welse- und Randowtal, um sich bei Torgelow mit der Ücker zu vereinen. Die wiederum mündete damals wohl bei Pasewalk in den Oderfluß, entlang des (heutigen) Großen Landgrabens, wo die Oder in ihrem Lauf die heutigen Flüsse Tollense, Peene (beide bei Demmin) und schließlich Trebel und Recknitz aufnahm. Zeugnis von diesem großen, in nacheiszeitlichen Senken gebahnten Oderfluß legt noch das bis zu 2,4 Kilometer breite Tal der Recknitz ab, deren Ufer heute kaum dreißig Meter voneinander entfernt sind.

Eine weitere Bestätigung für diesen Grenzverlauf fanden wir bei dem polnischen Gelehrten Karol Maleczyński, der 1946 in einer Monographie über König Bolesław III. schrieb:»Im Westen lag die sprachliche, zugleich ethnographische und folglich auch politische Grenze [Pommerns] ursprünglich weiter westlich von der späteren politischen und sogar geographischen Grenze. Sie verlief von der Ostseemündung der Recknitz ... flußaufwärts, weiter in südöstlicher Richtung über die Trebel und erreichte die Oder irgendwo in der Gegend südlich von Stettin.«[3]

Daß Maleczyński dabei den *heutigen* Oderlauf im Auge hatte, ist eine andere Frage. Der renommierte Wendenforscher Wolfgang Brüske bezeichnete Maleczyńskis Darstellung als »extrem«, wenngleich auch er nicht zu erklären vermochte, wer denn dieses von dem polnischen Gelehrten erwähnte Gebiet einst bewohnt hatte.[4]

Nun nahmen wir uns noch einmal die Angaben des Ptolemäus zum Chalusos vor. Die sollten sich als der Punkt auf dem i herausstellen. Der von Ptolemäus genannte 37. Längengrad entspricht unseren heutigen 12,5 Grad östlicher Länge, und das trifft exakt auf das Fischland zu, wo es eben zu Adams von Bremen Zeiten noch eine Odermündung gab.

Der Berliner Geograph Konrad Keilhack wies bereits 1898 darauf hin, daß es in der Nacheiszeit einen Abzugsgraben der Oder nach Nordwesten gegeben haben muß. Das »nordwestlich von Friedland aus dem (Haff-)Stausee heraustretende, von der Tollense und Trebel benutzte, über Demmin, Sülz und Riebnitz verlaufende Thal [bezeichnet] den Weg des Stausees bis zum Ostseebecken hin.«[5] Diese nacheiszeitlich gebahnte Rinne bildete im Mittelalter in dem Gebiet um Neubrandenburg, Demmin, Loitz, Malchin, Teterow, Bad Sülze das schon erwähnte große

Seen- und spätere Bruchgebiet und wurde von der mit der Ücker, Peene, Tollense und Trebel vereinten Oder durchflossen, die bei Bad Sülze noch die Recknitz aufnahm.

Doch sollte die Oder noch bis in das 12. Jahrhundert dieses nacheiszeitliche Urstromtal benutzt haben? Allen bisherigen Erkenntnissen zufolge hatte sich der Fluß vor zehntausend Jahren aus diesem Bett zurückgezogen und ebenso wie die Peene den Weg über den Peenestrom nach Norden genommen. Dem ließ sich nicht einfach widersprechen.

Und was war mit unseren anderen »Indizien«? Was Martin Zeiller Mitte des 17. Jahrhunderts als Grenze Pommerns beschrieb, folgte ziemlich genau dem einstigen, späteiszeitlichen Oderlauf. Diese Grenze schied im Mittelalter die Wilzen (Lutizen), die im heutigen Mecklenburg und in der Mark Brandenburg ansässig waren, von den Pommern im heutigen Vorpommern, so wie es Adam und Helmold beschrieben hatten. Also muß die Oder – oder ein Arm dieses Flusses – bis in das 12. Jahrhundert dort lang geflossen sein. Geradezu frappierend ist, daß die vom einstigen Oderlauf markierte Grenze bis in unsere Zeit Bestand hat. Sie trennt Vorpommern von Mecklenburg und der Mark Brandenburg. Kleinere Abweichungen in neuerer Zeit sind verwaltungstechnisch bedingt (zum Beispiel der Landkreis Nordvorpommern, der heute auch Landstriche des ehemaligen Mecklenburg-Schwerin einbegreift). Die Pommern und Lutizen konnten ja schlecht einen Flußlauf als Grenze betrachtet haben, den es seit etwa neuntausend Jahren nicht mehr gegeben haben soll.

Satelliten- und Luftaufnahmen zeigen ein sehr ausgeprägtes Band von Niederungen und Flußläufen, das von Vierraden bei Schwedt nach Nordwesten läuft und an der Mündung der Recknitz in den Saaler Bodden endet. Bei anderen Urstromtälern nach der Weichseleiszeit wie dem des Glogau-Baruther oder des Warschau-Berliner zeigt sich dieses Bild nicht. Dort ist es aus der Luft nur noch für Experten nachvollziehbar.

Jetzt wußten wir auch, wieso Adam von Bremen bei Demmin Ranen ansiedeln konnte. Die Ranen waren Pommern, und die waren nicht nur auf Rügen, sondern auch nördlich der Oder ansässig.

NOCH EIN DILETTANT:
ARNOLD VON LÜBECK

Wieso heißt der heutige Hauptabfluß der Oder Peenestrom, wo doch die Peene ein zweitrangiges Flüßchen ist? Schließlich hatten wir im Geographieunterricht gelernt, daß der jeweils wasserreichere Strom die Nebenflüsse aufnimmt und seinen eigenen Namen behält. In keiner echten Urkunde vor dem Jahr 1150 wird davon gesprochen, daß die Peene nach Osten und Norden fließt.[6] Und die Oder?

Wir hatten schon auf den Zwiespalt verwiesen, den Historiker in den Schriften Adams von Bremen und Helmolds von Bosau zu erkennen glaubten. Sie priesen die Gewissenhaftigkeit beider Gelehrter, befanden ihre Werke als großartiges Quellenmaterial, auch wo es um die Siedlungsgebiete der Slawenstämme geht, nannten Adam gar den ersten deutschen Geographen. Sobald es aber die Lage von Vineta betraf, wurde ihm und Helmold jede Kompetenz abgesprochen. Da wurden sie zu Dilettanten qualifiziert.

Im Juni 1998 veröffentlichte das renommierte Magazin *GEO* die Grundthesen unserer Theorie, die dann in verkürzter Form von mehreren Tageszeitungen wiedergegeben wurden. Die Reaktion ließ nicht lange auf sich warten. Energisch wurden wir darauf verwiesen, daß wir in der Schule nicht aufgepaßt hätten, sonst wäre uns nicht entgangen, daß die Oder nur bis vor dreizehntausend Jahren in den Saaler Bodden mündete. »Dafür, daß die Peene im 11. Jahrhundert in umgekehrter Richtung zur Recknitz geflossen sein soll, gibt es keine Beweise und aus hydrologischer Sicht ist es wegen der Gefälleverhältnisse (Saaler Bodden und Oderhaff haben nahezu die gleiche Wasserspiegelhöhe) praktisch ausgeschlossen.«[7]

Wir haben aber noch einen weiteren Zeitzeugen: Arnold von Lübeck. Anfangs hatten wir ihn gar nicht in unsere Untersuchungen einbezogen, weil sich Arnold in seinem *Chronicon* erst den Jahren von 1171 bis 1209 widmete, als nach unserem Ermes-

sen Vineta schon untergegangen war. Arnold, ein Benediktinermönch im Ägidienkloster zu Braunschweig, nahm in den siebziger Jahren des 12. Jahrhunderts die Stellung des Abts im
Johanniskloster von Lübeck an. Dort faßte er den Entschluß, die
Slawenchronik Helmolds von Bosau fortzusetzen. Ebenso wie
Adam und Helmold flocht er in sein Werk auch die Reichs-
geschichte ein. Sein Todesjahr wird mit 1212 angegeben.

Unter dem Jahr 1198 schreibt Arnold von einem Feldzug des
Dänenkönigs Knut VI. gegen Truppen des Markgrafen Otto II.
von Brandenburg. Otto hatte sich Slawen tributpflichtig gemacht, die Knut als seine Untertanen betrachtete. Dabei handelte es sich um das Gebiet an der oberen Peene im Bereich von
Demmin. Arnold schreibt: »Darüber zürnend beschloß der König einen Feldzug gegen ihn, und kam mit seiner Flotte in dessen
Land, indem er in den Oderfluß, welcher ins Meer mündet, ein-
lief. Ihm eilten die Rugianer oder Ranen sammt Polaben und
Obodriten entgegen.«[8]

Für Arnold lag die Odermündung noch da, wo Adam und Helmold sie angegeben hatten. Oderwasser hat sie Ende des 12. Jahrhunderts wohl kaum noch geführt, doch auch nachdem der Fluß
sein nordwestlich ziehendes Flußbett weitgehend verlassen
hatte, gab es wenigstens noch zwei Durchfahrten zum Meer: bei
Ahrenshoop und bei Wustrow. Das Recknitz- und Trebeltal,
durchaus auch hier als »Alte Oder« zu bezeichnen, führte noch
über Jahrhunderte genug Wasser, um auch mit größeren Schiffen
nach Demmin zu kommen. Spätere Abschreiber des *Chronicon*
hielten Arnolds Odermündung für einen Irrtum, so daß sie »Od-
dara flumen« in »Wernowe flumen«, also: Warnowfluß, korrigierten. Wer allerdings wann da korrigiert hat, läßt sich nicht mehr
nachweisen. Das Urmanuskript Arnolds ist ebenso nicht mehr
auffindbar wie die Erstschriften von Adam, Helmold und Saxo.

Der Altphilologe Johannes Mey nahm sich 1911/12 der tita-
nischen Aufgabe an herauszufinden, was in den Abschriften von
Arnold stammte und was nicht. Das Resultat war eine schier
endlose Aufzählung von Korrekturen, Fehldeutungen und Ver-
schreibungen, ganz so, wie auch mit den Schriften anderer mit-
telalterlicher Gelehrter – einschließlich Adam und Helmold – bis
in die Neuzeit verfahren wurde.

Weshalb sollten die Dänen in die Warnow eingelaufen sein, wenn sie nach Demmin wollten? Da hätten sie, wie man so schön sagt, aus einer Meile sieben Viertel gemacht. In neuerer Zeit deutelte man, die brandenburgische Landschaft Barnim sei das Ziel des Dänenkönigs gewesen, weil sich nur das mit der Oder verbinden ließe. Nur haben die Dänen zu keiner Zeit Anspruch auf den Barnim erhoben, ganz abgesehen davon, daß die Rugianer, Polaben und Obodriten ihm dort nicht zu Hilfe geeilt wären.

Andere wiederum stießen sich daran, daß Arnold von dem »Oderfluß, welcher ins Meer mündet«, geschrieben habe. Daß die Oder ins Meer mündete, habe doch jeder gewußt. Also käme nur die Warnow in Frage, von der das vielleicht nicht allgemein bekannt gewesen sei.

Ebenso wie Adam und Helmold wurde auch Arnold in seinen geographischen Kenntnissen unterschätzt. Er wußte schon, daß die Oder noch einen anderen Abfluß hatte, nämlich den in das Oderhaff. Das war damals bereits ein großer Süßwassersee (»lacus recens«), der das alte Marschenland bedeckte. Aus dem erst trat auch Oderwasser über die Swine und Dievenow in die offene See aus. Deshalb also der Zusatz »welcher ins Meer mündet«.

Fazit: Ein antiker und drei zeitgenössische Gelehrte bestätigen, daß die Odermündung noch in historischer Zeit im heutigen Saaler Bodden lag. Dilettanten?

DER ODERSTROM UND
VINETAS UNTERGANG

Daß die Oder vor etwa zehntausend Jahren ihr nordwestlich ab-
gehendes Urstromtal verlassen hat, ist unbestritten. Ebensowenig läßt sich aber bezweifeln, daß der Fluß dieses Tal noch im
12. Jahrhundert benutzt hat. Wie läßt sich dieser offensichtliche
Widerspruch erklären?

Auf die Unberechenbarkeit der Oder hatten wir bereits hingewiesen. In der Mitte des vorigen Jahrhunderts schrieb Heinrich
Berghaus in seinem vielzitierten *Landbuch der Mark Brandenburg*: »Die Oder ist, wie jeder große Fluß, ein Wander-Strom.
Daß derselbe, abgesehen von den Veränderungen, welche mit
ihm und seinem Thale in vorhistorischen Perioden erfolgt sind,
große Wandlungen seines Bettes seit der Zeit, daß es eine ge-
schriebene Geschichte giebt, erlitten hat ... zeigt nicht allein
die Beschaffenheit seines Thals in seinem gegenwärtigen Zu-
stande, sondern wird auch durch urkundliche Überlieferungen,
wenn auch nicht unmittelbar, doch mittelbar beglaubigt. Zu
den vorgenannten Merkmalen gesellen sich noch andere, welche Zeugnis ablegen, daß die Oder vielfach gewandert ist und
sich ein neues Bett gegraben hat. Wo große Flüsse, wie die
Oder, als Scheidung von Land- und Völkerschaften dienen, da
ist die Strömungslinie selbst stets als die Gränze angesehen
worden.«[9]

Prägnanter läßt es sich nicht ausdrücken. Die Oder ist wahrscheinlich in der jüngeren Vorgeschichte – möglicherweise um
1000 v. Chr., vielleicht auch schon früher, genauere Daten werden
erst mit Bodenuntersuchungen zu gewinnen sein – bei Vierraden eine Bifurkation eingegangen. Ihr Hauptstrom floß nun erneut nach Nordwesten, ein Nebenstrom behielt die nördliche
Richtung bei. Welche Ursachen dieser Vorgang hatte, wissen wir
nicht, doch ist es kaum vorstellbar, daß dies ohne Wasserbaumaßnahmen geschah. Und warum zog sich der Hauptstrom
um die Mitte des 12. Jahrhunderts wieder aus dem Urstromtal

zurück? Ein Meeresspiegelanstieg jedenfalls kann die Ursache nicht gewesen sein.

Einen Beweis für frühe Wasserbaumaßnahmen der damaligen Landesbewohner im Verlauf dieses nordwestlichen Oderarms könnte der auch für ausgewiesene Geologen kaum erklärbare »Pfropfen«, eine Art Sperre vor der Ausmündung der Recknitz im Bereich von Pütnitz und Damgarten, liefern. Wolfgang Karl, diplomierter Wasserwirtschaftler aus Born/Darß, machte uns darauf aufmerksam. Dieser sich durch das ganze Recknitztal ziehende »Pfropfen« aus härtestem Geschiebelehm könnte, so Karl, »die Flußrichtung der Oder verändert haben. Das würde auch einige geologische Besonderheiten in Ribnitz erklären, die auf einen Zeitraum von zirka 2000 v. bis 1000 n. Chr. hindeuten.«

Hatten die Vineter damals die Odermündung durch einen Damm abgesperrt, auch um eine Passage über den Fluß zu bekommen? Die Ortsnamen Pütnitz und Damgarten scheinen darauf hinzuweisen. Pütnitz leitet sich vom slawischen »put« für Weg, Straße ab. Die »putnici« waren die Anwohner jener offenbar bedeutsamen Handelsstraße. Auch der Ortsname Damgarten dürfte dazu passen. Im Pomoranischen steht »dama« für Damm, auch für gedämmter, befestigter Weg.[10] Dies entspräche auch einer von Klaus schon 1982 veröffentlichten Deutung des Ortsnamens Dambek an der oberen Havel.[11] Die verbreitete Ansicht, Damgarten leite sich von »dąb« für Eiche her, läßt sich nicht aufrechterhalten. Dieses Wort hätte im Pomoranischen wie im Polnischen »domb« gesprochen werden müssen.

Nachdem der Oderstrom um die Mitte des 12. Jahrhunderts seinen nordwestlichen Lauf verlassen hatte, kam es zu riesigen Überschwemmungen auch im heutigen Oderhaff, durch die bis dahin als Marschenland genutzte Teile des Gebiets unter Wasser gerieten. So entstand das »Frische Haff«, denn diesen Namen (auch »lacus recens« und »mare recens«, also jüngst entstandener See bzw. junges Meer) führte das Oderhaff noch im 18. Jahrhundert. Hiermit dürfte sich auch das Scheitern des Feldzuges von Waldemar I. im Jahre 1170 gegen Wollin erklären: In der Überflutung war das tiefe Flußbett nicht mehr erkennbar. Vorher schon war hundertzwanzig Kilometer westlich davon das bislang unter

Wasser liegende Fischland aufgetaucht, weil die Oder dort nicht mehr in das Meer mündete. Die Dänen konnten folglich nicht mehr auf der ganzen Breite der einstigen Mündung gegen Vineta vorrücken. Natürlich gehört das (vorerst) in das Reich der Hypothesen, mit denen wir ja möglichst sparsam umgehen wollten. Zudem: So etwas geschieht nicht immer quasi über Nacht.

Bis zu dem erneuten Durchbruch der Oder nach Norden in das heutige Oderhaff erstreckte sich deren Mündungsgebiet über das ganze Fischland von Graal-Müritz bis Ahrenshoop und schloß den Saaler Bodden mit dem Ribnitzer See ein. Insofern trägt der Saaler Bodden seinen Namen (Bodden: Land) wohl zu Unrecht. Er war Seengebiet, zur Odermündung gehörend, und sein Wasserspiegel lag damals leicht über dem des Meeres (NN – Normal Null).

Das Handelszentrum von Vineta lag östlich des Odermündungsgebiets, also des heutigen Saaler Boddens. Es war unter dem Meeresspiegel liegendes Land und durch Dämme von der Odermündung im Westen und vom Meer im Osten abgeschirmt. Geologische Untersuchungen ergaben, daß die Bodden spätestens vor sechstausend Jahren mit dem Anstieg des Meeresspiegels unter Wasser gerieten; doch wie lange blieben sie es? Jedenfalls war dies eben zu Adams von Bremen Zeiten nicht mehr so. Die Vineter bedienten sich offenbar der schon vor unserer Zeitrechnung nachweisbaren Kunst der Ägypter und anderer Völker der antiken Welt, wie auch später der Niederländer, Polder zu bilden und dem Wasser Land abzugewinnen. Die eingedämmte Wasserfläche wurde trockengelegt. Wie das geschah, mit welchen technischen Mitteln, läßt sich im Detail bisher kaum nachvollziehen. Pollenanalytischen und dendrochronologischen Untersuchungen, also der Auswertung der Zuwachsraten der Jahresringe verschiedener Baumarten, zufolge war das 10. Jahrhundert insgesamt extrem trocken, was den Vinetern entgegengekommen sein könnte. Von Windmühlen betriebene Schöpfwerke (Windmühlen sind seit dem 10. Jahrhundert in Deutschland nachweisbar) halfen wahrscheinlich der Natur nach, die durch die Verdunstung die Hauptarbeit leistete.

Eine abwegige Hypothese? Wir haben uns bei den Untersuchungen zu Vineta stets von zwei Prämissen leiten lassen. Da

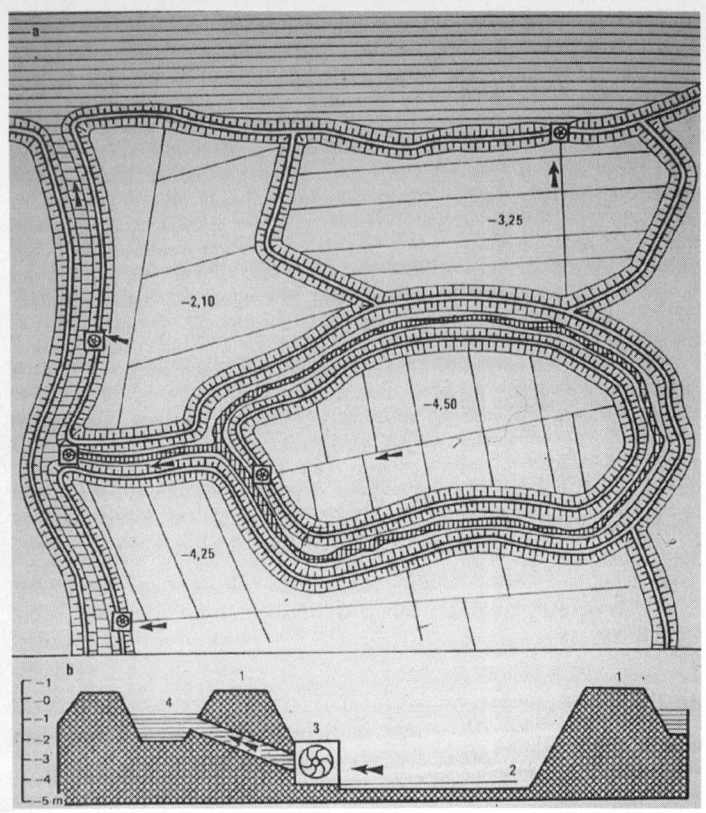

Abb. 9: Schema einer Polder-Trockenlegung. Pumpen, von Windmühlen betrieben, sind erforderlich. Austrocknung in Bereichen, wo kein Salz-, höchstens Brackwasser vorkommt, kann auch durch Verdunstung erfolgen. Drei Meter Wasserhöhe lassen sich bei heutigem Klima in fünf Jahren austrocknen. Aus: G. A. Razumov, *Versinkende Städte*, Moskau, Leipzig 1989.

sind zum einen die Worte Adams: »Weil man sich zum Preise dieser Stadt allerlei Ungewöhnliches und kaum Glaubhaftes erzählt ...« Adam mußte also schon vor seinem Besuch bei dem Dänenkönig Sven Estridsen viel von Vineta gehört haben, »Ungewöhnliches und kaum Glaubhaftes«. Worin soll das bestanden haben? Im Marktverkehr allein doch wohl nicht. Zum anderen wehrten wir uns kategorisch gegen jedwede Unterschätzung unserer frühgeschichtlichen Vorfahren als ideenlose Primaten.

Vinetas Untergang begann damit, daß der Deich oder Damm zwischen dem See, den die Odermündung bildete, und dem unter NN liegenden Land brach. Oderstrom und Ostseewasser wälzten sich über das Boddenland und begruben es unter ihrer Flut. Sie überschwemmten das Land, bis der Meeresspiegel erreicht war. Alles bis dahin unter NN liegende Land versank.

Eine vergleichbare Katastrophe ereignete sich 1951 in Norditalien. Im Gefolge von langanhaltenden und ergiebigen Regenfällen waren die Deiche des bis zu zehn Meter über dem Umland liegenden Po gebrochen, so daß 1060 Quadratkilometer fruchtbaren Marschenlandes der Poebene überflutet wurden, wobei das Wasser an besonders tiefen Stellen bis zu sechs Meter hoch stand.[12] Ähnliche Überflutungen hat es in jüngerer Zeit (1947) auch im Oderbruch zwischen Lebus im Süden und Oderberg im Norden gegeben. Im Sommer 1997 setzten die Fluten weite Gebiete der Oderauen unter Wasser. Die schlimmste Katastrophe, die Flutung des Oderbruchs in Deutschland, konnte 1997 gerade noch verhindert werden. Unseren Vorfahren vor rund achthundertsiebzig Jahren gelang diese Abwehr nicht. Allerdings wäre es verfehlt, würden wir das unter NN liegende Zentrum Vinetas mit dem Oderbruch direkt vergleichen.

Einen der Deiche zu dem unter NN liegenden Land von Vineta können wir noch anhand von Resten in Gestalt der Borner und Neuendorfer Bülten nachverfolgen. Wahrscheinlich gehörte die heutige Halbinsel nördlich von Michaelsdorf ebenfalls zu einem Deich, der bis zu dem Land südlich von Born reichte.

Anstelle der einstigen Odermündung, von Ptolemäus als »Chalusos potamos« (»potamos« steht griechisch für Fluß) bezeichnet, war nun Land. Durch die nicht mehr vorhandene Flußmündung ergaben sich westlich des Darß und Zingst auch völlig veränderte Strömungsverhältnisse in der Ostsee. Wir haben errechnet, daß die Bildung des durch Schwemmsand entstandenen Zipfels des Darß, des sogenannten Neu-Darß, der beim Mecklenburger Weg beginnt, erst einsetzte, als es keine Odermündung am Fischland mehr gab, also etwa um die Mitte des 12. Jahrhunderts.

VINETAS HAFEN
UND EIN SCHATZFUND

Bei Ahrenshoop, im Gebiet der einstigen Odermündung, dürfte sich auch der von Ibrahim ibn Jaqub erwähnte »große Hafen am Weltmeer« befunden haben. Die Reste eines slawischen Burgwalls (der »Schwedenschanze«) am »Alten Hafen« sind nur für den Kundigen noch erkennbar. Die Niederungen des einstigen Hafenstroms zur Ostsee sind teils mit mannshohem Gestrüpp, Schilf und Bäumen bewachsen, teils von gepflegten Blumen- und Gemüsegärtchen eingenommen. Mit einiger Phantasie sind sogar noch Trassen eines Hafens auszumachen.

Der Hafen war noch bis Ende des 14. Jahrhunderts in Gebrauch. Der Pommernfürst Bogislaw IV. wollte damals Ahrenshoop (»Arenspoer«) zu einer bedeutenden Seestadt machen. Den Rostockern kam solcherlei Konkurrenz höchst ungelegen. Am Margaretentag (20. Juli) des Jahres 1395 zerstörten sie die ganze Hafenanlage samt der neuerbauten Burg. Ende des 16. Jahrhunderts war die Hafendurchfahrt schon weitgehend verlandet. Nachvollziehbar waren im 16. Jahrhundert noch die Standorte der Fischersiedlungen (Vitten), des Kaufmannsplatzes (Wiek), des Salzhauses, der Kronsburg, eines Burgwalls, der Hafenmole sowie von zwei Leuchttürmen.[13] Allerdings können wir hiernach nicht auf das Aussehen Ahrenshoops zu Vinetas Zeiten schließen. Mit einiger Sicherheit gab es jedoch bereits eine Burg, ein Salzhaus, eine Wiek und wohl mehrere Vitten.

Der Astronom und Mathematiker Tilemann Stella, von Herzog Albrecht von Mecklenburg beauftragt, strittige Fragen bezüglich des Grenzverlaufs zwischen Mecklenburg und Pommern zu klären, notiert im Jahre 1567: »Zwischen dem Dorf Oldenhagen [Althagen] und dem Arnshope ist das Ribnitzer Wasser durchgegangen ins Saltze Mehr, da die von Ribnitz von Alterß ihre Schiffahrth durchgehabt und liegt des orts und dem Arnhupen ein runder wall, heißt der Burgkwall, ist rundt umbher begraben. Fürder nach dem Strande ist ein großer hauffen Stein und Tziegel befunden am orth beim Strande, das ist die tzollbude gewesen, so nach dem Saltze Mehr vf 3 oder 4 Ruthen gelegen. Darnach stehen in die viertzig oder funfftzig pfele in dem Saltzmehr, tzu endest der pfehlen ein großer haufen Steine, darauf das Bolwerk gestanden. Unter dem Arnshuper brink liegt ein kleiner Wall im Wasser nach dem Oldenhagen tzu, soll die kronsburg geheißen haben, darauf soll die tzollbude gestanden haben. Auf der haffdynen soll auch eine tzollbude gestanden haben.«[14]

Im Sommer 1873 entdeckten Arbeiter bei der Verstärkung der Deiche an der Grenze zwischen dem Darß und dem Zingst bei Prerow, in der Nähe der Hertesburg, ein mehrere Fuß tief vergrabenes Tongefäß. Als sie den Deckel entfernt hatten, blickten sie auf Geld in Gestalt von Münzen und Hacksilber. Es handelte sich um 27 vollständige Münzen und 45 Bruchstücke. Mit einer Ausnahme war es Geld aus dem arabischen Raum, dessen Entstehungszeit man später auf einen Zeitraum von Anfang des 7. bis Anfang des 9. Jahrhunderts datierte. Eine Münze war westeuropäischer Herkunft und Ende des 8., Anfang des 9. Jahrhunderts geprägt worden. Außerdem befanden sich in dem Topf noch gebogene Silberbarren mit einem Gewicht von 65,65 Gramm.

Es heißt, die Finder hätten einige der Münzen für sich behalten, doch gelangte der größte Teil durch Vermittlung des Prerower Amtsvorstehers in das Provinzialmuseum von Stralsund. Leider aber nicht der Topf. Der hätte vielleicht nähere Auskünfte nicht nur über die Herkunft des Schatzbesitzers, sondern auch über die Zeit geben können, zu der die Kostbarkeiten vergraben wurden. Letztere ließ sich nicht einfach aus dem Datum der jüngsten Münze des Schatzes herleiten. Denn Gold und Silber galten als unvergängliche, wertstabile Metalle, die man über Jahrhunderte horten konnte. So hatte auch der Eigentümer der Münzen, wohl ein Kaufmann, einen Teil davon zerhackt, vielleicht hatte er es auch schon in zerhackter Form erhalten. Nicht der auf den Münzen angegebene Nominalwert (den man auf arabischen Geldstücken ohnehin nicht lesen konnte), sondern das Metallgewicht war entscheidend.

Bereits 1587 hatte in derselben Gegend eine Bäuerin drei Silbermünzen gefunden, deren eine als syrisch-arabischer Her-

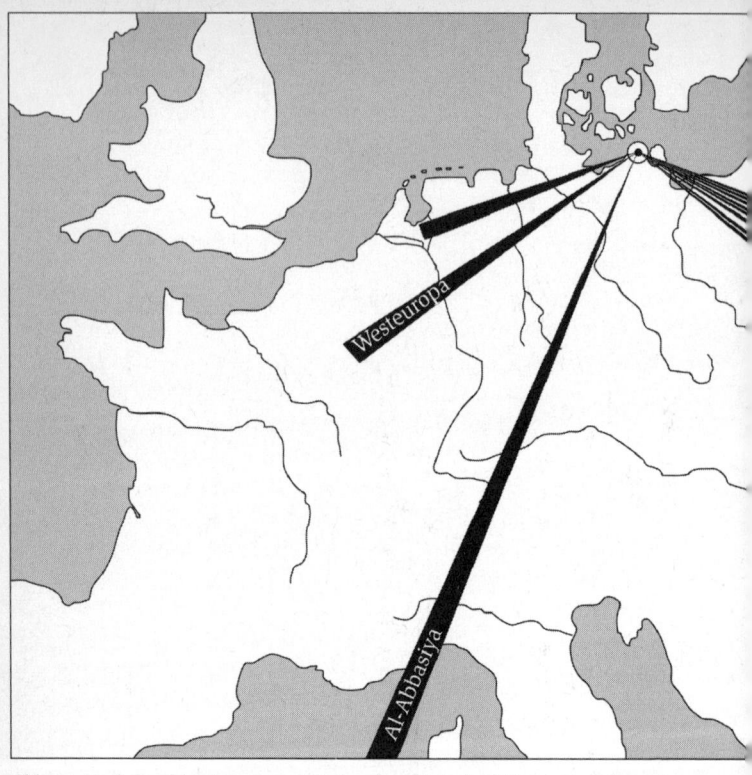

Abb. 10: Nach Joachim Herrmann, Herkunftsgebiete der Münzen von Prerow.

kunft identifiziert wurde. Der schon erwähnte Tilemann Stella hört im Jahre 1578 von Bewohnern Ahrenshoops, daß Marquard Permin zum Oldthagen »in seinen Jung Jahren an der ›Leuchte‹ [also an einem Leuchtturm] oft kleine Pfennig im Sand gefunden«. Andere Bewohner bestätigten, daß »doselbst am Strande die Kinder oftmals geldt gefunden haben«[15].

Die Grenze zwischen Mecklenburg und Pommern liegt bei Ahrenshoop. Das Pommersche Urkundenbuch nennt für 1317 die Grenzen der Landschaft Barth: Im Westen wird sie von der Recknitz begrenzt, im Süden vom Land Grimmen.[16] Die Recknitz floß durch den Saaler Bodden und mündete bei Ahrenshoop sowie

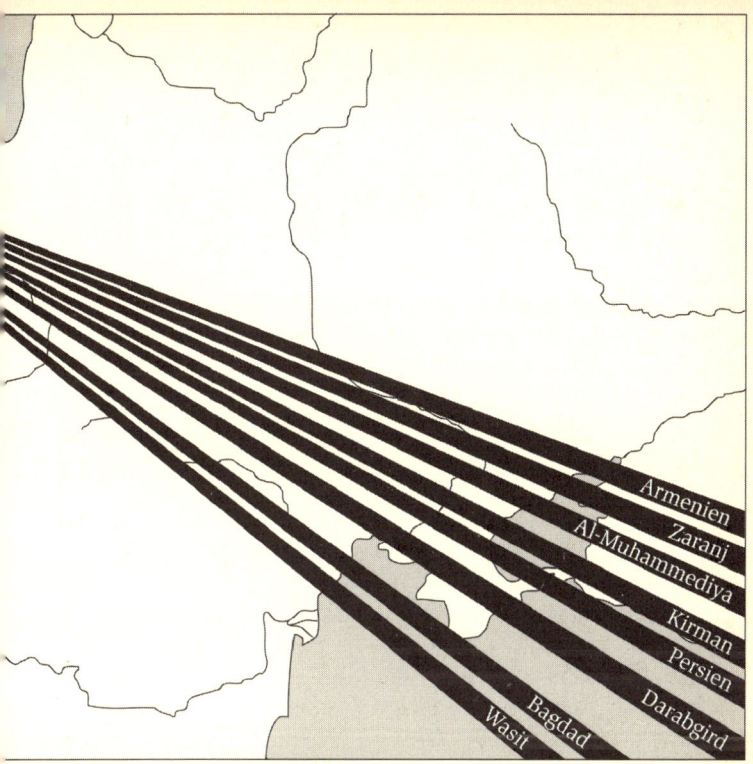

Armenien
Zaranj
Al-Muhammediya
Kirman
Persien
Darabgird
Bagdad
Wasit

Wustrow in das Meer. Weitere Ausmündungen des Saaler Boddens gab es im späten Mittelalter noch bei Körkwitz und Dierhagen-Ost.[17] Später ist aus der Provinz Barth der Kreis Franzburg geworden, dann wurde sie zum Teil in den Kreis Ribnitz-Damgarten eingegliedert, heute gehört sie zum Landkreis Nordvorpommern. Diese Provinz war großenteils mit Vineta identisch.

OBERFLÄCHENFUNDE

Bis gegen Ende der sechziger Jahre wurden aus dem Kreis Ribnitz-Damgarten etwa dreißig Bodenfunde slawischer Provenienz gemeldet, darunter auch die erwähnten Münzfunde vom Darß. Südlich von Wustrow fanden sich Reste von Bootsspanten, bearbeitete Holzfragmente und Gefäßscherben sowie Reste von Burgwällen, Scherben und eiserne Messer aus der Zeit zwischen dem 9. und 12. Jahrhundert. Danach kam es zu einer wahren Flut von Bodenfunden aus der slawischen Siedlungszeit. Sie häuften sich besonders in der Umgebung von Barth, das heute etwa zehntausend Einwohner hat und nicht nur wegen seiner mittelalterlichen Bauwerke einen Besuch wert ist. Niemand ahnte indes, was das Städtchen vor einem Jahrtausend gewesen war, sonst wäre es zu einer wahren Pilgerstätte geworden.

In den Berichten der Bodendenkmalpfleger des damaligen Bezirks Rostock wird zwischen 1967 und 1973 immer wieder der bereits erwähnte Barther Bürger Reiner Tunn genannt. Von hundertsechzehn Bodenfunden im Kreis Ribnitz-Damgarten (zu dem allerdings auch einige Ortschaften südlich der Recknitz gehörten, wo Kessiner siedelten), die der 1979 veröffentlichte *Corpus archäologischer Quellen zur Frühgeschichte auf dem Gebiet der Deutschen Demokratischen Republik* aufführt, entfallen allein zweiunddreißig auf den jungen Mann aus Barth. Im Landesamt für Bodendenkmalpflege, Schloß Wiligrad, füllen Tunns Funddokumente fast einen ganzen Aktenordner. Was er und andere – überwiegend ehrenamtliche – Bodendenkmalpfleger in der einstigen Provinz Barth entdeckten, kam zum größten Teil in die zum Schweriner Museum für Ur- und Frühgeschichte gehörende Forschungsstelle in Stralsund. Aber weder Tunn noch andere ehren- und hauptamtliche Bodendenkmalpfleger jener Jahre ahnten, was sie mit ihren Funden offengelegt hatten. Eigentlich fanden wir den letzten von den »sieben Schlüsseln« zu dem Geheimnis »Jumne« und »Gau Jóm« erst durch die Aktivi-

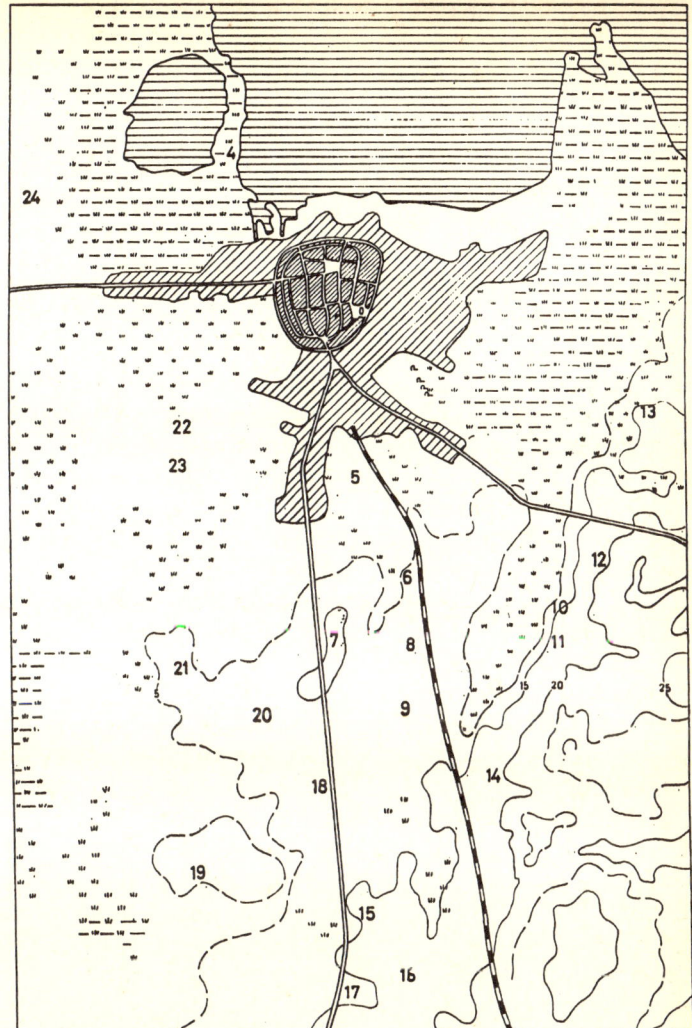

Abb. 11: Übersichtsskizze zu Reiner Tunns Bodenfunden (Nr. 6–24) in der Umgebung von Barth. Die nicht untersuchte Fläche im Nordosten – Halbinsel Trebbin und das nach Süden weiter reichende Sumpfgebiet – war einst Rodeland und offenbar dicht besiedelt.

OBERFLÄCHENFUNDE

täten dieser meist als »Laien« bezeichneten Historiker. Sie bestätigten unsere Forschungsergebnisse.

Reiner Tunns Entdeckungen konzentrierten sich vor allem auf die Umgebung von Barth. Er belieferte die Stralsunder Forschungsstelle mit Mengen von alt- und jungslawischen Gefäßscherben, mit Spinnwirteln, den Resten eiserner Messer, Eisenschlacke und Knochen von Schlachttieren. Dabei handelte es sich immer wieder um Oberflächenfunde. In den Kurzberichten des *Corpus* wurden sie fast alle als »Altslaw. Siedlung« oder »Jungslaw. Siedlung« gedeutet. Kaum jemand dachte daran, daß es »Stichproben« aus einem großen zusammenhängenden Siedlungsgebiet waren.

Zahlreiche Funde meldeten Bodendenkmalpfleger auch aus anderen Gegenden des Kreises Ribnitz-Damgarten. Darunter waren Reste von eisernen Lanzen, Spinnwirteln, eiserne Spitzen von Pfeilen und Armbrustbolzen, versilberte eiserne Pferdetrensen und Kachelfragmente. Und in beinahe allen Fällen handelte es sich um zufällige Entdeckungen, beispielsweise beim Kiesabbau, beim Ausbaggern des Flußbetts der Recknitz oder aber um Oberflächenfunde, bei denen der junge Tunn schon so etwas wie ein System entwickelt hatte. Wie er uns später sagte, habe er eine »leise Ahnung« gehabt, daß seine Funde aus einem geschlossenen Siedlungsgebiet stammten. Sie lagen zu nahe beieinander, um von vereinzelten Siedlungen sprechen zu können. Jemand von seinen Betreuern hatte ihm auch mal gesagt, daß er Zweifel an der rein slawischen Provenienz aller Funde im Kreis Ribnitz-Damgarten hege, er sehe deutliche Anzeichen von nordgermanischem Einfluß. Für systematische Grabungen vor allem in der Umgebung von Barth aber sah niemand einen Anlaß. Die Gegend war ja bis zur Stadtgründung von Stralsund (1234 bzw. 1240) und Barth (1255) so gut wie ohne Geschichte.

DER MANN
MIT DEM BART

In Martin Zeillers *Theatrum Europaeum* wird der Name der Stadt Barth entweder von den Langobarden oder aber von dem Fluß Barthe hergeleitet. Woher nun aber der Fluß seinen Namen haben soll, blieb ungeklärt, zumal Zeiller annimmt, die Langobarden hätten sich nach dem Fluß benannt. Also wieder einmal die schöne Frage, ob die Henne oder das Ei zuerst dagewesen ist.

Sei es, wie es sei, ein vollbärtiger Männerkopf ziert noch heute das Barther Wappen, wenngleich sich die Stadt dann »Bard« hätte schreiben müssen, eben so wie Bardowick und der Bardengau zwischen Unterelbe und Lüneburger Heide, wo die Langobarden tatsächlich über lange Zeit gesiedelt hatten. Doch sollten wir da nicht allzu pingelig sein, seinerzeit gab es noch keinen Duden.

Offenbar haben die Barther in neuerer Zeit eingesehen, daß die Geschichte mit den Langobarden in ihrer Stadt einen allzu langen Bart(h) hat. Sonst sähe der mit einem wohlgestutzten Gesichtskissen versehene Kopf auf ihrem Wappen nicht aus, als sei er gerade vom Barbier gekommen. Auf einem mittelalterlichen (wohl dem ersten) Wappen der Stadt sieht man noch ein ungetakeltes Segelschiff mit je einem langbärtigen Männerkopf an Bug und Heck.

Nun hat es mit dem Wort »Barth« eine ganz andere Bewandtnis. Es steht nämlich für einen im Mittelalter über alle Maßen geschätzten Wirtschaftszweig, die Bienenwirtschaft. Im Mittelalter war der von der Zeidlerei gewonnene Honig eine Kostbarkeit, die im Handel eine bedeutende Rolle spielte. Ebenso natürlich das Bienenwachs und der aus vergorenem Honig gewonnene Met. Bei den »Starosten« (wendisch für Älteste bzw. Vorsteher) gab es eine spezielle Gerichtsbarkeit für die Zeidlerei. Erst gegen Ende des Mittelalters konnte der Zuckerbedarf mit dem überseeischen Zuckerrohr und später, seit Beginn des 19. Jahrhunderts, mit der Gewinnung der süßen Kostbarkeit aus Rüben gedeckt werden.

Abb. 12: Das Barther Stadtwappen.

Kaiser Otto I. schenkte im Jahre 965 der Magdeburger Kirche den sogenannten Zeidelzins (wendisch »bartne«) aus den Spreelandschaften. Dort, im heutigen Landkreis Dahme-Spreewald, liegt auch das Städtchen Mittenwalde. Seinen Namen verdankt es nicht etwa der Lage mitten im Wald, die ja nun wirklich nicht bemerkenswert gewesen wäre. Welche Ortschaft war damals nicht von Wald umgeben? Der Ortsname leitet sich vielmehr von »Met im Walde« her; »met« war das indoeuropäische Wort für Honig, und wendisch hieß Mittenwalde »Bart«. Das war der Name für Waldbienennest, im weiteren Sinn für Zeidlerei. Im Landbuch Kaiser Karls IV. für die Mark Brandenburg von 1375 finden wir bei der Ortschaft Schöpfurth im Barnim noch »Bardenicker«, also: Bienenheger, die durch das Aushöhlen von Bäumen in blütenreicher Gegend den Bienen »Produktionsstätten« bauten, die Bienenstöcke im Winter vor Frosteinwirkung schützten und sie mit ihrem Besitzzeichen versahen. Allerdings war in der uns interessierenden Zeit neben der Waldbienenwirtschaft auch die

DER PUNKT AUF DEM i

Bienenzucht in beweglichen Beuten (Klotzstülper, Bohlenbeuten) schon weithin gebräuchlich.

Auf den Namen Barth treffen wir übrigens noch in den Ortschaften Baruth bei Luckenwalde und Bautzen, und die in Baruth bei Bautzen ansässigen Sorben bestehen darauf, daß die Ortschaft in ihrer Muttersprache den Zweitnamen »Bart« führt. Im heutigen Polnisch, das dem Pomoranischen nahekommt, heißt Waldbienennest »barć«, gesprochen »barzj«. Das entspricht der deutschen Schreibweise für den pommerschen Orts- und Provinznamen Barth; denn das *th* wurde wie im heutigen Englisch gesprochen.

Jedenfalls war die »Provinz Barth« ein »Bienengau«. Und wenn Idrisi 1154 von »Djarta, der Stadt mit florierenden Märkten« und Istahrí um 950 von »Arta« als einer mit Kiew und Nowgorod vergleichbaren Stadt schrieben, dann konnte nur diese Provinz gemeint gewesen sein. Wir meinen sogar, daß Idrisis »Djuna« hierher gehört (vgl. 13. Kapitel). »Djezta« und »Djerta« hingegen dürften Entstellungen von »Djarta« sein, die auf Nachlässigkeiten von Kopisten zurückgehen.

Die scheinbar jeder slawischen Herkunft unverdächtigen Ortsnamen Bartelshagen und Neu Bartelshagen im Bereich der einstigen Provinz Barth erinnern vielleicht noch an die von den Vinetern betriebene Bienenwirtschaft. Die 1692 bis 1698 zum Zweck der Steuererhebung erstellte schwedische Matrikel von Vorpommern nennt für Fuhlendorf (am Bodstedter Bodden) zehn Gehöfte, die jeweils drei oder vier Bienenstöcke besitzen. Die Anmerkung »bringen nicht viel ein« wiederholte sich in der Matrikel mit monotoner Regelmäßigkeit auch bei anderen Wirtschaftszweigen. Die Bauern sahen eben zu, wie sie die Steuern an die Schweden möglichst niedrig halten konnten.[18]

Die Vineter scheinen ihren Honig und Wachs bis nach Nowgorod geliefert zu haben. Denn zu dem reichen mittelalterlichen Fundmaterial in dieser Stadt gehören auch Gefäße aus Mecklenburg-Vorpommern, die unzweifelhaft für den Transport von Honig und Wachs dienten.[19]

Aber was hatte es mit dem anfangs schon erwähnten »Vuloini« auf sich, das Professor Filipowiak als Beleg betrachtet, daß nur Wollin mit Vineta identisch gewesen sein könne?

Der Benediktinermönch Widukind von Corvey hatte in seinen *Sächsischen Geschichten* unter dem Jahr 967 vermerkt, der von Kaiser Otto I. abgefallene Graf Wichmann habe sich geschlagen aus dem Wagrierland, also Holstein, »wieder mitten unter die Heiden« begeben. Dort »beriet er sich mit den Slaven, welche Vuloiner [in der lateinischen Vorlage ›Vuloini‹] heißen, wie sie Misaca, des Kaisers Freund, mit Krieg heimsuchen wollten, was diesem keinesfalls unbekannt blieb«[20].

»Misaca« ist der schon erwähnte Polenherzog Mieszko (um 960–992). Um diese Zeit, also 966 oder 973, ist Ibrahim ibn Jaqub bei Kaiser Otto I. und erfährt von ihm, daß das Volk der »Ubaba« bzw. »Unana« den »Mescheqqo« (Mieszko) bekriege.[21]

Mit hoher Wahrscheinlichkeit nannten sich die Pomoranen seinerzeit noch »Wuolonje«, was Widukinds »Vuloini« ziemlich genau entspräche (vgl. dazu auch das 13. Kapitel). Im (heutigen) Pomoranisch-Kaschubischen steht »wuolni« für frei, »wuolon« für Willen, auch Freiheit.[22] Im Mittelhochdeutschen findet sich »wuol« für befehlerisches Wesen.

Sollte Filipowiak doch recht gehabt haben, als er die »Vuloiner« mit den Wollinern gleichsetzte? Das hatte tatsächlich etwas für sich, allerdings mit einer ganz wesentlichen Einschränkung. Wir kommen darauf zurück.

Über Ibrahims »Ubaba« bzw. »Unana« zu spekulieren, wäre aussichtslos, da wir ja nicht einmal wissen, ob es sich um einen entstellten Eigennamen oder um die verzerrte Version eines ins Arabische übersetzten Namens handelt.

Barth war der Name für die ganze Region, die »prouincia«, wie Saxo schrieb. Adam und Helmold hatten die engbesiedelte Provinz noch als »Stadt« gesehen. Die Provinz mußte jedoch ein Zentrum, eine »Hauptstadt«, gehabt haben. Wo genau lag sie, und vor allem: wie hieß sie bei den Pomoranen?

10. JUMNE

> »Zweifle an allem wenigstens einmal,
> und wäre es auch der Satz: Zweimal
> zwei ist vier.«

Georg Christoph Lichtenberg:
Vermischte Schriften

Ende September 1996 hatten wir für eine Woche schöne Ferienunterkünfte in Prerow gemietet. Wir unternahmen weite Ausflüge, kletterten noch mal schwitzend die nicht enden wollenden Stiegen zur Plattform auf dem Turm der Barther Marienkirche hinauf. Abends saßen wir zusammen und diskutierten über das wiederentdeckte Vineta und Jumne.

Auf das einfachste kommt man stets zuletzt. Der so geheimnisvolle Name Jumne, den Professor Hofmeister als schlechte Latinisierung von Jómsburg gedeutet hatte, ließ sich erst entschlüsseln, nachdem wir das Rätsel von Adams Odermündung »geknackt« hatten. Die Bodenfunde des jungen Reiner Tunn und anderer Denkmalpfleger in der einstigen Provinz Barth lieferten nur noch die Bestätigung.

Wollin hatte sich den Ruf, Vineta gewesen zu sein, erworben, weil man dort Adams Odermündung zu lokalisieren glaubte und auch reiche Reste einer slawischen Handelsstadt gefunden hatte. Die Suche nach Bodenfunden im Kreis Ribnitz-Damgarten hingegen blieb überwiegend Amateuren überlassen. Erst in jüngster Zeit ist dieser Region – vor allem wegen der sich häufenden Bodenfunde – größeres Interesse zuteil geworden. Friedrich Lüth, Landesarchäologe von Mecklenburg-Vorpommern, sagte uns in einem Gespräch Ende Oktober 1996: »Wir vermuten seit längerem schon, daß im Bereich von Barth eine größere Handelsstadt gelegen haben muß, aber welche und wo genau? Wir haben auch Hinweise auf ein Wikingerschiff, das jemand im oder am Bodden entdeckt hat. Wir gehen dem nach.«

Das Kriterium für die Suche nach Vineta war stets eine Oder-mündung, und die hatte niemand an oder auf dem Fischland gesucht. Darüber hinaus wurde die ganze Geographie Nord-deutschlands nach der fehlerhaften Deutung der Odermündung in Adams von Bremen Werk ausgerichtet. Tatsächlich begann Pommern nach der slawischen Besiedlung dort, wo die Oder einst über das Fischland in die Ostsee mündete. Deshalb mußte auch ein so akribischer Wissenschaftler wie Wolfgang Brüske, dessen *Untersuchungen zur Geschichte des Lutizenbundes* zur Standardliteratur der Wendenforschung gehören, scheitern, als er versuchte, in Pommern Lutizenstämme unterzubringen. »Der ganze Raum vom Darß bis zum Haff wird keinem der vier gro-ßen Lutizenvölker zugewiesen. Das ist ein Ergebnis, das nicht recht befriedigt.«[1]

DIE SANDBANK DES
WŁADYSŁAW FILIPOWIAK

Eine scheinbar logische Erklärung des Namens Jumne bietet Władysław Filipowiak an. Seine Forschungen verdienen höchste Anerkennung, und es sei ihm auch zugestanden, in vielen Details belegt zu haben, wie das Leben in Vineta abgelaufen sein mag. Was er gefunden hat, sind die Überreste einer alten Stadt, die jedoch nicht identisch war mit der »Stadt«, die Adam von Bremen und Helmold von Bosau gemeint haben. Filipowiak sagt: »Der Name Ióm hat in den skandinavischen Sprachen keine Bedeutung und ist ihnen so gut wie fremd. Dagegen zeigen Forschungen (G. Labuda, 1947, 1964), daß er in den baltischen und finnischen Sprachen breite Anwendung findet und daß z. B. lettisch ›juma‹ (jumis) bedeutet ›die Tiefe zwischen den Sandbänken‹, estnisch ›jóm‹ oder ›jüm‹ bezeichnet eine Sandbank. Solche Bedeutung hat auch das finnische Wort ›juoma‹ und das Woliner ›jöm‹. Alle Namen verbinden sich mit der Sandbank und mit der Insel, was nicht nur der Insel Wolin entspricht, sondern auch der Lage der Stadt Wolin auf der Sandbank oder auf der Düne an der Divenow. Das führt zu dem Schluß, daß der Name Jóm baltischer Herkunft sein kann und von den Skandinaviern entlehnt wurde.«[2]

Das hört sich gut an, aber weshalb sollten die Skandinavier ausgerechnet ein baltisches, ja sogar finnisches Wort für eine ihnen fremde Stadt oder Gegend mit schon vorhandenem Namen gewählt haben, wo doch gerade sie im Seemännischen weit erfahrener waren? Die »Tiefe zwischen den Sandbänken« war in ihrer Sprache ein Sund, und für Sandbank hatten die Dänen »sandbänken«; sie brauchten folglich kein baltisches Wort, wenn das nicht von vornherein für die betreffende Ortschaft oder Gegend gegeben war. Abgesehen davon, daß man unsere Vorfahren doch etwas unterschätzt, wenn sie in einer so sandbank- und sundreichen Gegend wie der pommerschen Küste eine große Siedlung bzw. Stadt »Sandbank« oder »Sund« genannt haben sollen, bleibt auch die Frage unbeantwortet, wieso die »Sandbankstadt« am Oderhaff Julin hieß. Adam oder Helmold hätten doch gewiß in ihren Chroniken vermerkt, daß Jumne auch den Namen Julin trug. Im übrigen pflegten die Nordländer (in den *Sagas*, teils auch in Chroniken, wie der Saxos), Ortschaften an der Südküste der Ostsee mit ihren altdeutschen oder mit aus dem Slawischen übersetzten nordischen Namen anzuführen: Für Oldenburg (wendisch Starigard) hatten sie Brandenhuse, für Stettin Burstaborg, für Cammin Steinborg, für den Opferhain auf der Insel Bock Boeku.

»Keinem Zweifel unterliegt es, daß die mit Jum zusammengesetzten Worte, also alle bei *Adam*, *Helmold* und in den nordischen Quellen sich findenden Namen Jumne, Jumneta, Jomsburg usw., aus dem Slawischen entlehnte Bezeichnungen sind«, schrieb Richard Hennig 1935.[3] Eine kühne Behauptung von jemandem, der selbst einräumt, in den slawischen Sprachen nicht Bescheid zu wissen. Da wird das slawische Wort »jama« (Grube) bemüht. Weil es eigentlich Erdgrube bedeute, ließe sich annehmen, daß da mal eine Erdgrube später mit Wasser gefüllt wurde. Mit dem Anlaut *jum* finden sich in den slawischen Sprachen keinerlei Entsprechungen, es sei denn, man nehme das russische »jumor« (Humor), aber das ist wie auch in anderen Sprachen ein Lehnwort aus dem Lateinischen, und das *ju* steht für *hu*, weil das Russische kein *h* kennt. Auch in den nordischen Sprachen ergäbe das Wort keinen Sinn.

JUMNE HAT ES NIE
GEGEBEN

Wie steht es nun wirklich um den so vielgedeuteten Namen? Wenn er weder aus dem slawischen noch aus dem nordischen Sprachbereich kommen kann, müssen wir ihn eben im deutschen suchen. Aber wie denn »Jum«? Wie sollte sich ein so exotisches Wort aus dem Deutschen herleiten lassen? Das wäre doch bestenfalls ein scherzhafter Ausruf wie etwa »bumm« oder »rumms«.

Es war an einem trüben Nachmittag Ende Juli 1996, als wir in Klaus' kleinem Arbeitszimmer zusammensaßen und wie schon so oft »erste Bilanz« zogen. Wir debattierten wieder einmal über Namen. Speziell über den angeblichen Schreibfehler, bei dem aus »Iumne« ein »Uimneta« und schließlich »Vineta« geworden sein sollte.

Klaus sagte: »Hast du schon mal daran gedacht …?«

»Du wolltest sagen, daß nicht Vineta ein Abschreibfehler war, sondern Jumne.«

»Genau das.«

Manchmal verstanden wir uns fast blind, aber eben nur manchmal. Richtig gestritten haben wir uns nie. »Da muß ich noch mal nachlesen«, lautete meist die Antwort, wenn der eine dem anderen nicht folgen wollte.

»Wenn Jumne ein Abschreibfehler war, wie soll es dann sonst geheißen haben?«

»Das ist dein Problem, der Fachmensch in Sprachen bist du.«

Nachdem wir beide aus dem Urlaub Ende August zurück waren, Klaus das Manuskript gelesen hatte und nur meinte: »Wir waren so nahe dran«, fiel auf der Rückfahrt von Barth nach Berlin der Groschen. »Barth« hieß das Schlüsselwort. Alles lag klar vor allen Blicken da. Man mußte es nur zu deuten wissen.

Die Urschrift von Adams *Bischofsgeschichte* ist verschollen. Ebenso die Materialsammlung dazu, in der sich »Fremde nur sehr schwer zurechtfinden konnten … Welche Abschnitte und

Einzelformulierungen man jedoch wählen sollte, blieb dem Geschick des einzelnen Abschreibers überlassen. So kam es nicht nur zu zahlreichen Lesefehlern, Auslassungen und Ergänzungen.« Gleiches trifft auf eine Bearbeitung von Adams Material zu, die um 1100 vorgenommen worden sein soll: »Fehler, Flüchtigkeiten und Auslassungen waren nicht selten. Unklarheiten haben stellenweise erhebliche Änderungen des Wortlauts veranlaßt.«[4] Dennoch hat sich die Vineta-Forschung bisher immer an Adams »Jumne« geklammert, als sei gerade dieses nicht identifizierbare Wort die einzig gültige Lesart.

Wie aber hieß das Wort dann? In Helmolds Urschrift muß der richtige Name noch enthalten gewesen sein; denn in einer Kopie taucht, nur leicht entstellt, »Immuueta« auf. Die Kopisten von Helmolds *Slawenchronik* hatten wohl auch dessen Manuskript mit der inzwischen korrigierten Fassung von Adams *Bischofsgeschichte* verglichen und entsprechend vereinheitlicht.

Wie schon erwähnt, stand das Wort »barć«, »bart« oder »barth« in den altslawischen Sprachen für Zeidlerei. Im Deutschen gibt es einen vergleichbaren Begriff; denn im Alt- und Mittelhochdeutschen hieß der Bienenschwarm oder Bienenstock (oft auch die Biene selbst) »imme«, auch »imbi«, »imbre« und »impe« (im Altenglischen »ymbre«). Im »Lorscher Bienensegen« aus dem 9. Jahrhundert heißt es: »Kirst, imbi ist hucze! … Sizi, sizi, bina: inbot dir sancte Maria.« (Christ, der Bienenschwarm ist draußen! … Sitze, sitze, Biene: Das gebot dir die heilige Maria.)[5]

Erhalten geblieben ist der Begriff noch im neuhochdeutschen Imker und Imkerei. Freunde von Kreuzworträtseln wissen auch, daß für den gefragten Begriff Biene das Wort Imme einzusetzen ist. Das Wort ist etymologisch nur im Westgermanischen nachweisbar.

Wir haben bereits erfahren, daß die *Sagas* von einem »Gau Jóm« oder »Jómi« schrieben. Und die *Fagrskinna* berichtet, König Harald »ließ eine große Burg erbauen, dort wo es Iómi heißt«.

Der Gau »Jóm« (gesprochen »jum«) war nichts anderes als das gesuchte »Jumne«, nämlich die »Immenouw(a)« oder *Immenau*. Nach Grimms Wörterbuch ist eine Aue (althochdeutsch »ouwa«)

wasserumflossenes Land, feuchter Grund, Wiese, auch Insel. In Adams *Bischofsgeschichte* findet sich eine Ostseeinsel »Imbra«, an deren Identität mit dem Land der bei Widsith erwähnten »Ymbran« kaum ein Zweifel bestehen dürfte.[6]

Und nun kommt die große Frage, wie aus »Immenouw(a)« – wir wollen im folgenden von Immenau sprechen – »Jumne« entstehen konnte.

Wie viele Abschriften von Adams Werk in den Skriptorien der Klöster angefertigt wurden, wissen wir nicht. Die Abschriften verließen sich immer wieder auf andere Abschriften. So kam es auch zu den zahlreichen Varianten von »Jumne«: »Uimne«, »Ninue« in Adams Werk sowie zu »Iumta«, »Iumneta«, »Immuueta«, »Iumneca« bei Helmold. Selbst auf der in Fachkreisen als verläßlich geltenden Wiener Handschrift finden sich auf einer einzigen Seite zwei unterschiedliche Schreibweisen, nämlich »uimne« und »jumne«.

Bei den schönschreiberischen Schnörkeln der Schriftkundigen nicht nur des Mittelalters waren Unterschiede zwischen den Buchstaben i, u, n, m, v und r mitunter kaum wahrnehmbar. Dopplungen von Konsonanten wurden getilgt, indem über den ersten Konsonanten ein Strich gesetzt wurde. Der Bogen über einem in der Silbe auslautenden Vokal bedeutete für den Leser, daß da ein m folgt, auch das in der Wiener Handschrift auftauchende j war nur ein verschnörkeltes i. Es gibt zahlreiche Beispiele dafür, daß Orts- oder auch Stammesnamen deshalb derart entstellt wurden, daß sie sich heute nicht mehr identifizieren lassen.

Dänenkönig Sven Estridsen erzählte dem Bremer Magister von der großen Stadt »Immne«. Der Wegfall des e zwischen m und n sowie die Verkürzung des auslautenden $ouwa$ auf ein dumpfes e war der seit dem 6. Jahrhundert nachverfolgbaren »Reform« der nordischen Sprachen geschuldet, bei der unbetonte Silben getilgt oder abgeschwächt wurden. Adam notierte folglich nach dem Bericht des Dänenkönigs, die erstaunenswerte »Stadt« an der Ostseeküste heiße »Immne«. Ein (vielleicht gar der erste) Kopist von Adams Buch, der mit dem Namen nichts anzufangen wußte, verzählte sich in den vielen Bögen von m und n in Adams Handschrift, ersetzte ein m durch u und so

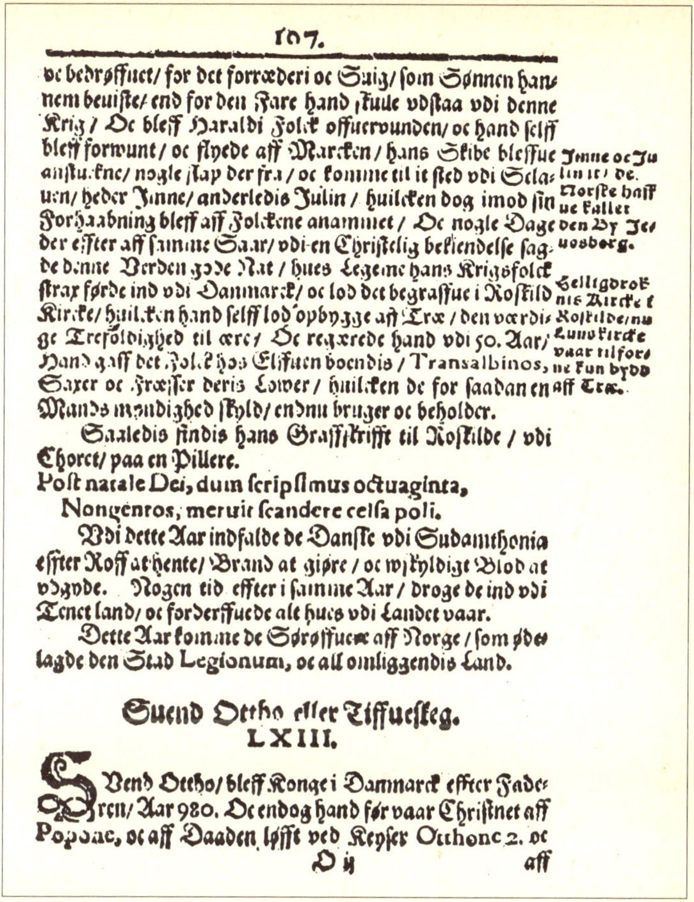

oc bedrøffuet/ for det forræderi oc Suig/ som Sønnen hans
nem beuiste/ end for den Fare hand ,tulle vdstaa vdi denne
Krig / Oc bleff Haraldi Folck offuerounden/ oc hand selff
bleff forwunt/ oc flyede aff Marcken/ hans Skibe blessue Imne oc Ju
anstu.kne/ nogle slap der fra/ oc komme til it sted vdi Sela-   lin it/ oc
uen/ heder Imne/ anderledis Julin / huilcken dog imod sin   norsse haff
Forhaabning bleff aff Folckene anammet / Oc nogle Dage   ue Faller
                                                            ven By Je-
der efster aff samme Saar/ vdi en Christelig bekiendelse sag- uosberg.
de denne Verden gode Nat / hues Legeme hans Krigsfolck
strax førde ind vdi Danmarck/ oc lod det begraffue i Roskild Selligdrot-
Kircke/ huilcken hand selff lod opbygge aff Træ / den værdis   Roskildernu
ge Trefoldighed til ære/ Oc regærede hand vdi 50. Aar/   Lunokircke
Hand gaff det Folck hos Elisuen boendis / Transalbinos,   uar tilfor-
Saxer oc Fræsir deris Lower / huilcken de for saadan en aff Træ.
Mands mandighed skyld/ endnu bruger oc beholder.
    Saaledis findis hans Grafskrifft til Roskilde / vdi
Chorcet/ paa en Pillere.
Post natale Dei, dum scripsimus octuaginta,
    Nongenros, meruit scandere celsa poli.
    Vdi dette Aar indfalde de Danske vdi Sudamthonia
efster Rosf at hente/ Brand at gipre / oc wskyldigt Blod at
vdgyde.   Nogen tid efter i samme Aar/ droge de ind vdi
Tenet land/ oc forderffuede alt hues vdi Landet vaar.
    Dette Aar komme de Sørøffuere aff Norge / som øde-
lagde den Stad Legionum, oc all omliggendis Land.

Suend Ottho eller Tiffuesteg.
LXIII.

Vend Ottho/ bleff Konge i Damnarck efter Fade-
ren/ Aar 980. Oc endog hand før vaar Christnet aff
Popoae, oc aff Daaden lyfft ved Keyser Otthone 2. oc
                    O ij   aff

Abb. 13: Seite aus Arrild Huitfeldts *Königschronik* von 1603, in der er zweimal von »Imne« schreibt.

entstand aus Adams »Immne« ein »Iumne«. Für Adam, der mit dem König lateinisch parlierte, mußte »Immne« ein Fremdwort sein.

Die Bestätigung fanden wir schließlich in einer Chronik des dänischen Politikers und Historikers Arrild Huitfeldt aus dem

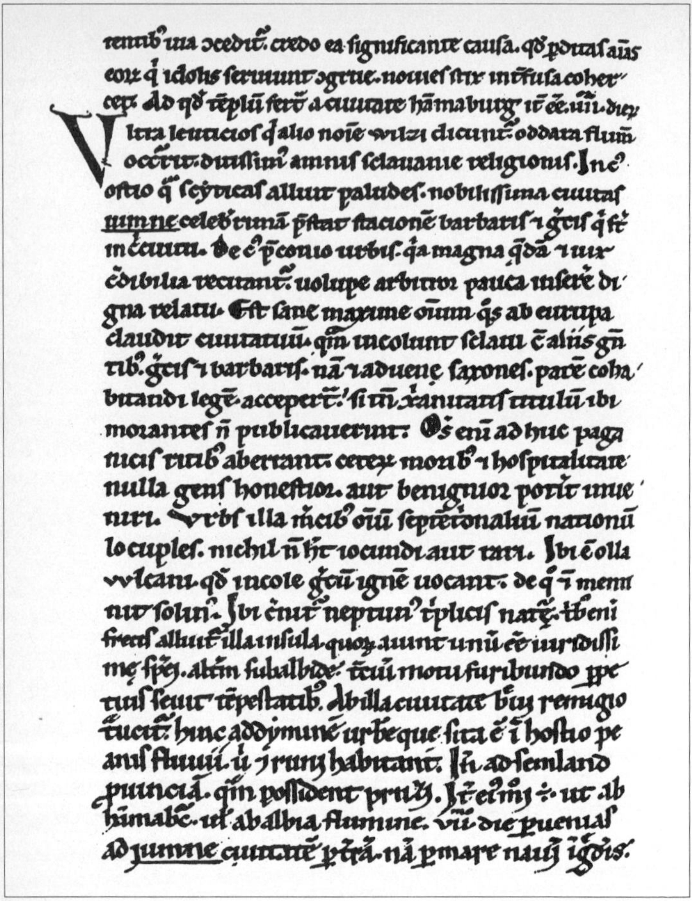

Abb. 14: Seite aus der Wiener Handschrift, um 1200. Diese Kopie von
Adams Werk weist auf einer Seite zwei unterschiedliche Schreibweisen auf:
uimne und *jumne*.

Jahre 1603. Huitfeldt schreibt dort einmal von »Imne oder Julin«
und ein zweites Mal von »Imne / anderledis Julin«[7].

Daß er, der die Schriften des Adam von Bremen und Helmold
von Bosau kannte, es schließlich mit Julin identifizierte, weil es
bei Saxo Grammaticus eben so zu lesen war, soll uns *zunächst*

nicht interessieren. Wir kommen darauf im letzten Kapitel zurück. Offenbar hatte er sogar noch eine ältere Handschrift von Saxo, in der es nicht »iumensi«, sondern »imnensi« hieß. Weshalb aber gebrauchte Saxo für die *Stadt*, um die es uns geht, durchweg Julin, das doch weder bei Adam noch bei Helmold erwähnt ist? Daß das heutige Wollin gemeint gewesen sein sollte, hatte schon Richard Hennig vehement in Abrede gestellt. Dieses Rätsel zu lösen gelang uns erst ganz zum Schluß unserer Untersuchungen.

Übrigens finden sich Ortsnamen, die auf Zusammensetzungen mit »Imme« zurückgehen, in Deutschland im Dutzend: Immelborn, Immendorf, Immenreuth, Immenroda, Immensee, Immenstadt, Immenstädt bis hin zu Imnau im Württembergischen.

Das ist die Lösung des Rätsels »Jumne«, über das sich Gelehrte seit Jahrhunderten den Kopf zerbrochen haben. Die Provinz Immenau, pomoranisch Barth, wurde in nordischer Aussprache zu »Immne«.

DREIMAL SO GROSS
WIE LEIPZIG

Adam bezeichnete Immenau als die »größte Stadt, die Europa birgt«. Wir haben versucht, den Eindruck nachzuvollziehen, und sind Immenau abgefahren, wobei wir uns an die zu Adams Zeit mutmaßliche Nordgrenze, die Ostseeküste des Darß und Zingst, und die von dem Flüßchen Barthe markierte Grenze hielten. Daß die Barthe eine innere Grenze Immenaus gewesen sein dürfte, ließ sich auch an der sogenannten Schwedenschanze bei Redebas nachvollziehen. Jenseits davon lagen sozusagen die Außenbezirke, die im Westen und Südwesten bis an den Unterlauf der Oder reichten. Die schon erwähnte Matrikel von Vorpommern vermeldet für das Jahr 1695: »An der Barthe neben dem Schulzenhof die Stätte eines alten Schlosses und drei Doppelgräben.«[8] Dabei handelte es sich nicht um eine Verteidigungsanlage der Schweden, sondern um eine schon lange aufgegebene Burg aus früh- oder gar vorgeschichtlicher Zeit. Anstelle der alten Holzburg entstand später ein steinernes »Schloß«, allerdings auch nur zu dem Zweck, den Flußübergang und Handelsweg zu bewachen und Zoll zu kassieren. In unmittelbarer Nähe der Burganlage wurde 1963 beim Kiesabbau eine slawische Siedlung des 10./11. Jahrhunderts nachgewiesen. In einer Siedlungsgrube fanden sich ein Dreilagenkamm, etwa hundertsiebzig Scherben sowie Tierknochen und Reste des Lehmbewurfs für ein Haus. Hier muß sich eine Zollstelle befunden haben, was die ganze Anlage der »Schwedenschanze« auch zu bestätigen scheint.

Dem Begriff »Schwedenschanze« begegnen wir im Brandenburgischen und in Mecklenburg-Vorpommern sehr häufig. Die wenigsten davon waren jedoch Wehranlagen der Schweden oder Verteidigungsanlagen gegen sie. Überwiegend waren sie, wie eben das »Schloß« an dem Grenzfluß Barthe, von den Wenden und Germanen angelegt worden. Bodenfunde belegen übrigens, daß das ganze Gebiet um die Boddenlandschaft, einschließlich des heutigen Darß und Zingst, seit der Steinzeit besiedelt war.

Die »Schwedenschanze« lag in unmittelbarer Nähe der Barthe, die damals ein respektables Staugewässer gewesen sein muß. Im Gefolge von Meliorationen in jüngster Zeit ist das Flußbett der Barthe nicht nur vertieft, sondern streckenweise auch verlegt worden, so daß der baumumstandene »Burgwall« heute nicht mehr östlich, sondern westlich der Barthe liegt.

Viele Dörfer in dieser Region (die Grenze zur damaligen Provinz Grimmen lag südlich von Stralsund) gehen fast nahtlos ineinander über. Hinzu kommt, daß zahlreiche weitere Ortschaften seither wüst gefallen sind, ohne an der Oberfläche auffällige Spuren zu hinterlassen. Sie bestanden ja – wenigstens überwiegend – aus Holzbauten, die sich oft nur noch anhand von Ausgrabungen nachweisen lassen. Auf einer Detailkarte des Barther Stadtgebiets im Maßstab 1:10 000 wie auch auf dem Meßtischblatt ist nördlich des kleinen Flugplatzes der Flurname »Dorfstellen« eingetragen. Diese Bezeichnung steht immer für untergegangene Siedlungen. Hier hat auch Reiner Tunn viele Bodenfunde gemacht. Nur handelte es sich eben nicht um vereinzelte Dorfstellen, sondern um Teile der Provinz Barth.

Saxo Grammaticus schrieb für 1160 von einer »prouincia Barta«. Sollte er nicht gewußt haben, daß es sich dabei um Immenau, Adams »Jumne«, handelte? Aus der Provinz Barth ist später der Kreis Franzburg hervorgegangen, der, wie schon erwähnt, heute Teil des Landkreises Nordvorpommern ist. Demnach dürfte das ganze Gebiet Immenaus, einschließlich des Boddengeländes sowie der »Außenbezirke«, also auch der Gebiete zwischen (damaliger) Oder und Barthe und südlich davon, eine Fläche von rund tausendzweihundert Quadratkilometern gehabt haben. Ein Drittel davon, rund vierhundertfünfzig Quadratkilometer, entfiel auf das von der Barthe eingegrenzte Gebiet. Selbst wenn Adam und Helmold mit »Jumne« bzw. Vineta nur diesen »Innenbezirk« gemeint haben sollten, war es dreimal so groß wie der heutige Stadtkreis von Leipzig (hundertsechsundvierzig Quadratkilometer). Damit war Immenau in der Tat die größte »Stadt« Europas.

Nun ließ sich auch das Rätsel um die bei Adam von Bremen erwähnte »kurze Ruderfahrt« von »Jumne« nach Demmin erklären. Von einer Stelle an der Oder, etwa von der bei Pütnitz (west-

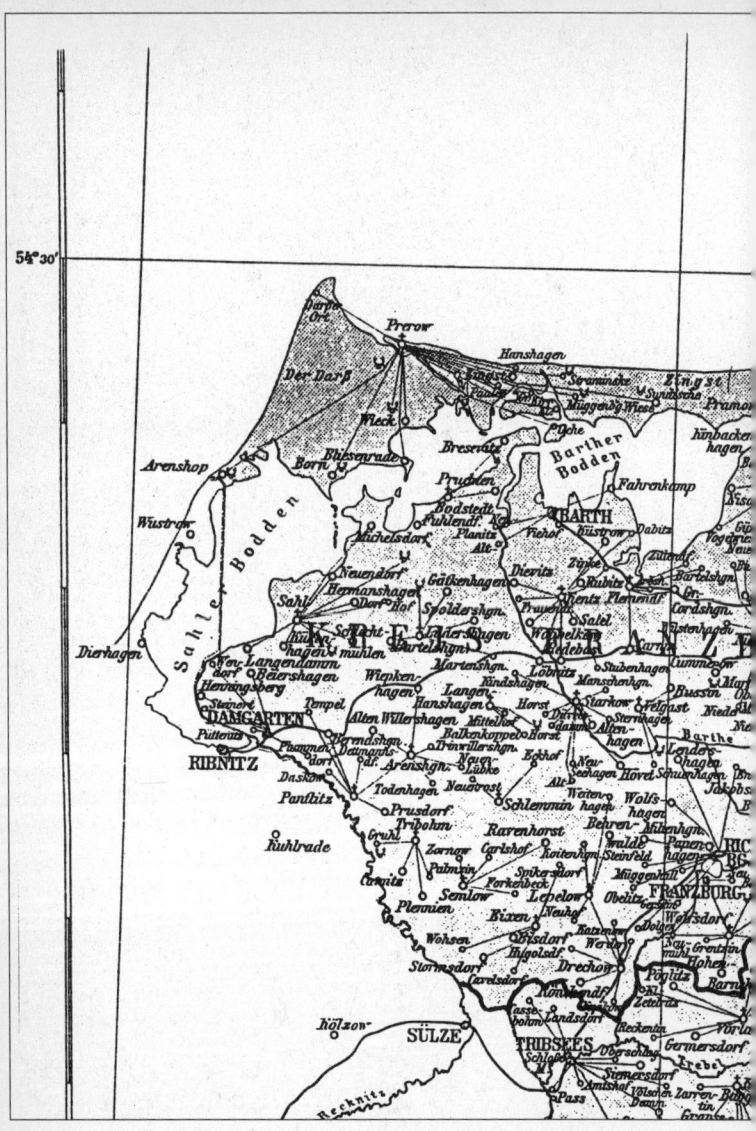

54° 30'

Darßer Ort
Prerow
Hanshagen
Wieck
Bresrath
Bliesenrade
Born
Prudden
Arenshop
Bodstedt
Fuhlendf.
Planitz
Michelsdorf
Alt
Wustrow
Sahler Bodden
Neuendorf
Hermanshagen
Dorf-Hof
Sahl
Dierhagen
hagen
Schlacht
Langendamm
Beiershagen
Henningsberg
Steinort
Tempel
DAMGARTEN
Püttenus
Plummendorf
Dändshagen
RIBNITZ
Daskow
Todenhagen
Prusdorf
Pantlitz
Ruhlrade
Gruel
Tribohm
Zarnow
Pulmrin
Carnitz
Semlow
Plennien
Wohsen
Stormsdorf
Kölzow
SÜLZE
Recknitz

Gülkenhagen
Dierits
Zipke
Spoldershagen
Wendelshagen
Badershagen
Bartelshgn.
Marienshgn.
Wipken-
hagen
Langen
Kindshagen
Hanshagen
Alten Willershagen
Mittelhof
Balkenkoppel
Drüwillershagen
Neu-
Lübke
Arenshgn.
Neuendorf
Schlemmin
Ravenhorst
Carlshof
Koitenhgn.
Spitersdorf
Forkenbeck
Lebelow
Neuhof
Witsdorf
Ibigolsdf.
Drechow
Carlsdorf
Hassebohm
Landsdorf
TRIBSEES
Schlagtow
Siemersdorf
Amtshof
Damm
Pass

Barther Bodden
BARTH
Bustrow
Dabitz
Fahrenkamp
Vietow
Rubitz
Hentz
Plennendf.
Salel
Webelkow
Küdebar
Stubenhagen
Manschenhgn.
Horst
Starkow
Dörth
Ödamm
Alten-
hagen
Eckhof
Neu-
hagen
Hövet
Waten
Wolfs-
hagen
Behren-
Wulff-
Steinfeld
Müggenhall
Obelitz
Raukow
Werder
Fögelitz
Reckentin
Oberschlag
Zarsen-

Hanshagen
Pruchten
Oche
Zingst
Sundische
Müggenb. Wies
Prahm
Zinnbacken-
hagen
Zubzow
Vogelsang
Bartelshgn.
Gr.
Cordshgn.
Kustenhagen
Cumme
Kurna
Russen
Fretgast
Sternhagen
Barthe
Langen-
hagen
Saue
Jakobsh.
Mühlenhgn.
Papen-
hagen
RIC
Müggenhall
FRANZBURG
Wusdf.
Nehr. Grenzen
Mühl.
Hohen
Barn
Yorla
Germersdorf
Trebe
Zarren-Bel-
tin
Grante

RIBNITZ

SÜLZE

TRIBSEES

Abb. 15: Ausschnitt aus der Pommerschen Kreiskarte von 1817/18. Der ehemalige
Kreis Franzburg ist wahrscheinlich identisch mit der Provinz Barth.

liche Nachbargemeinde von Damgarten) liegenden alten Schiffs-schleuse, ließ sich Demmin durchaus in kurzer Ruderfahrt errei-chen. Schließlich gehörte das ganze Land östlich bzw. nordöst-lich des Unterlaufs der Oder zu Immenau. Reißende Strömung konnte die Oder wegen des geringen Gefälles nicht gehabt ha-ben. Zwölf kräftige Ruderer schafften die Strecke in etwa sechs Stunden, und das war zu damaliger Zeit schon »kurz«.

Noch eine Frage bleibt offen: Adam und Helmold schrieben, »Jumne« sei eine Insel, von drei Meeren bespült. Nun bietet das Gebiet der ehemaligen Provinz Barth heute keineswegs das Bild einer Insel. Wieder müssen wir uns die Gewässerlandschaft vor rund einem Jahrtausend in diesem Gebiet vorstellen. Der süd-westlich von Stralsund liegende Borgwallsee hatte ganz andere Ausmaße als heute. Reste seiner damaligen Wasserfläche bil-den der Voigdehäger-Andershöfer Teich, der zusammen mit der heute von einem großen Moorgelände »eingerahmten« Krum-menhagener Seenplatte nach Osten ein einziges Gewässer bil-dete und über den noch in der Stralsunder Stadtgründungs-urkunde von 1240 erwähnten Fluß Bresnitz in den Deviner See überging.

Im Westen des Borgwallsees finden wir ausgedehnte Bruch-gelände, von zahlreichen Bächen und Gräben durchzogen. Auch sie waren einst Teil des Borgwallsees, aus dem dann südlich von Velgast die Barthe als breiter Fluß austrat.

Unsere Vorfahren hatten offenbar Schleusen angelegt, um die Gewässer schiffbar zu machen. In der Geschichtsschreibung wird eine solche Schleuse in Europa erst für das Jahr 1253 er-wähnt. Doch hatten wir bereits anhand des Untergangs von Ol-denburg als Seestadt um das Jahr 1171 dargestellt, daß dort der Zugang zur Ostsee über einen Binnensee ermöglicht wurde, der mit Kammerschleusen gesichert war. Und wenn es noch eines weiteren Belegs bedarf, sehe man sich die Schilderung der Ha-feneinfahrt der Jómsburg in der im 13. Jahrhundert entstande-nen *Jómsvikinga Saga* an: »Mit großer Kunst war das angerich-tet, so daß dort Tore daran waren und ein großer steinerner Bogen oben darüber. Vor den Toren aber waren eiserne Tor-flügel, die innen vom Hafen her geschlossen wurden.«[9]

Einer Sage zufolge soll der Teufel das Flußbett der Barthe angelegt haben. Die ausgegrabene Erde habe er in einer riesigen Schubkarre abgefahren, und überall, wo er die Karre umstülpte, sei ein Hügel aufgehäuft worden. Auf diese Weise seien unter anderen der Voßberg, der Vogelsang und der Galgenberg entstanden.[10]

Wie schon erwähnt, hatten die Immenauer wahrscheinlich im Deviner See oder schon vor dem Austritt der Bresnitz (vom slawischen »brzeg«: Ufer) in den See ein Stauwehr oder eine Schleuse errichtet, ebenso mehrfach im Lauf der Barthe. Damit war die »Stadt« Immenau in der Tat eine Insel, die im Westen bei Ahrenshoop bis über die (heutigen) Borner und Neuendorfer Bülten mit dem Festland verbunden war. Daß dies keine erfundene Konstruktion ist, belegen Adams von Bremen Worte über Schonen (Skåne), die damals in dänischem Besitz befindliche Landschaft an der Südspitze Schwedens. Er bezeichnet Schonen als »fere insula« (»Fastinsel«), denn »von allen Seiten wird sie vom Meere umspült; nur eine Landenge im Osten verbindet sie mit dem Festlande«[11]. Auch das trifft heute so nicht mehr zu, wie wir überhaupt davon auszugehen haben, daß sich in den über neunhundert Jahren seit der Niederschrift von Adams *Bischofsgeschichte* etliche, teils gravierende Veränderungen im Landschaftsbild vollzogen haben, die auch mit der heute noch meßbaren Hebung Skandinaviens zusammenhängen.

11. WIE UND WANN VINETA UNTERGING

> »Also nahm das Gewässer überhand und
> wuchs sehr auf Erden.«
>
> *1. Mose, 6*

Immenau, Idrisis »Djarta« oder »Djuna«, Ibrahims »Unana« (»Ubaba«) wie auch das im Lübecker Ratsbuch von 1158 letztmalig erwähnte »Wineta« waren Ende des 12. Jahrhunderts nicht mehr auffindbar. Die nordischen *Sagas* schrieben zwar noch vom »Gau Jóm« oder »Jómi«, wo der jedoch im Wendenland gelegen haben soll, wußte niemand. Geblieben war lediglich die Provinz Barth.

Wir haben kein direktes Zeugnis für den Untergang von Immenau. Den ersten Beleg für einen Angriff der Dänen entnehmen wir der *Knytlinga Saga*, bezogen auf das Jahr 1043 oder 1044: »In demselben Sommer kämpfte König Magnus im Wendenlande gegen die Jomsburg; er gewann den Sieg, brannte die Burg nieder und so das übrige Land weit umher.«[1] Bestätigt wird diese Angabe in der *Historia Magni Boni regis* (Geschichte von König Magnus dem Guten), in der es heißt: »Er segelte mit der Flotte ins Wendenland und heerte mit dem Heer in Jóm.«[2] Und schließlich haben wir den Zusatz 56 in Adam von Bremens *Bischofsgeschichte*[3]: »König Magnus lagerte mit einer großen Dänenflotte vor der sehr reichen Slawenstadt Jumne. Die Niederlage war die gleiche« (nämlich wie die in der vorher geschilderten Schlacht bei Haithabu, bei der fünfzehntausend Slawen erschlagen worden sein sollen). Die Schlacht soll im Sommer 1043 oder 1044 stattgefunden haben. Wie schon erwähnt, findet sich bei Saxo Grammaticus über diesen Vorfall kein Wort. Sollte hier eine Verwechslung vorliegen, Magnus der Gute (1042–1047 König von Norwegen und Dänemark) gar nicht gemeint gewesen sein?

Schon ganz am Anfang unserer Untersuchungen hatten wir uns immer wieder die Frage gestellt, ob der Zusatz 56 tatsächlich

WIE UND WANN VINETA UNTERGING

von Adam stammt. Am Ende waren wir uns einig, daß dies nicht sein konnte. Adams »Jumne« war ja 1067/68 noch die so gepriesene größte Stadt Europas. Es mag schon sein, daß ein Kopist, wohl aus nordischen Quellen, von einem Angriff der Dänen auf eine Stelle an der südlichen Ostseeküste erfahren und diesen mit dem Schicksal »Jumnes« in Verbindung gebracht hatte. Jedenfalls konnte der Angriff niemals dem Zentrum von »Jumne« gegolten haben, sondern eher einer Burgfeste im Südosten der Provinz, wenn ein solcher Angriff überhaupt stattgefunden hat. Die Chronisten jener Zeit, darunter auch Adam, Helmold, Saxo und die Verfasser der nordischen *Sagas*, nennen in den seltensten Fällen Jahreszahlen. Zudem kam es bei den klösterlichen Abschreibern, die in der Geschichte früherer Jahrhunderte nicht mehr ganz so firm waren, zu eigenen Auslegungen. Wenn beispielsweise ein König Magnus »Jumne« zerstört haben sollte, mußte es nicht Magnus der Gute gewesen sein. Der Name Magnus ist unter den nordischen Herrschern ziemlich häufig vertreten.

Doch weiter. In der *Knytlinga Saga* lesen wir: »Als König Erich [Erik der Gute, 1095–1103] in sein Reich zurückkam und von dem Einfall erfuhr, den Kaiser Heinrich [Heinrich IV., 1056–1106] ins Wendenland gemacht hatte, hielt er sofort ein Thing mit den Häuptlingen und Bauern ab und sprach so: ›Allen Männern bekannt ist der Einfall der Deutschen in die Gebiete, die die Dänenkönige, unsre Gesippen, lange im Wendenland besessen haben.‹« Nach dem Sieg in diesem Feldzug unterwarfen sich die Wenden, und »König Erich setzte dort im Wendenland Männer ein zur Aufsicht, und sie verwalteten das Land für den Dänenkönig«[4].

Nun ist diese Darstellung in der *Saga* keine Erfindung, sondern eher eine Verwechslung. Nicht Kaiser Heinrich IV. war gemeint, sondern der Obodritenfürst Heinrich, der um das Jahr 1101 einen siegreichen Feldzug gegen die Ranen führte.[5] Das war es wohl, was den Dänenkönig aufgebracht hatte. Ob die Dänen damals die Slawen tatsächlich so arg gebeutelt und »Männer zur Aufsicht« eingesetzt haben, ist fraglich. Wenn die *Sagas* über Wendenfeldzüge berichten, lesen wir nur von großen Siegen. Unser Gewährsmann Helmold von Bosau ist da anderer Ansicht.

Sie seien »daheim streitsüchtig, im Felde aber unkriegerisch«. Und »die Könige der Dänen sind schlaff und liederlich, bei ihren dauernden Gelagen ständig betrunken und empfinden Schicksalsschläge (für ihr Land) selten einmal mit«[6].

Dann haben wir noch die schon erwähnte Darstellung bei Saxo mit den zwei gesetzlosen Individuen, Alli und Herri, die um das Jahr 1100 in »Julin« Unterschlupf gefunden hätten, und derentwegen die »dänische Jugend« unter König Erik »Julin« attackiert habe. Dazu heißt es bei Saxo: »Nicht nur einmal dämpfte Erich den Wirkungskreis slawischer Stärke und schwächte ihre Kraft, sondern noch ein zweites und drittes Mal hat er den hemmungslosen Geist des Volkes so gezügelt, daß ihn künftig kein Sturm seeräuberischer Hochflut mehr treffen konnte.«[7] Von weiteren Feldzügen der Dänen gegen das ihnen offensichtlich aus der Hand geratene Wendenland erfahren wir dann aus den *Sagas* über ein halbes Jahrhundert nichts mehr. Dafür aber findet sich bei Saxo eine aufschlußreiche Stelle.

DER DÄNISCHE
BRAUTFELDZUG

Magnus der Starke, Sohn des Dänenkönigs Niels (1104–1134) und der *Knytlinga Saga* zufolge ein wahrer Hüne von Gestalt, war in heißer Liebe zu Rikissa, der Tochter des Polenherzogs Bolesław III. »Schiefmund« (1102–1138), entbrannt. Die Braut sollte nun »heimgeführt« werden. Mit militärischen Ehren natürlich, so entsprach es der Hofsitte, der zufolge dabei eine Ehrengarde zu salutieren hatte. Aber was dann an der südlichen Ostseeküste den dänischen Langschiffen entstieg, war ein ganzes Heeresaufgebot.

Als Ort der Brautübergabe war eine Stadt im Pommernland ausersehen. Bei Saxo heißt sie »Iulinum«. Doch lesen wir erst einmal selbst, was der »lange Seeländer« Saxo darüber schreibt:

»Magnus bekam Lust zu heiraten, wobei er um die Hand der Tochter des Polenherrschers anhielt. Nachdem diese ihm durch Unterhändler verlobt war, bot er bald danach mit Ermächtigung des Vaters [König Niels] eine Flotte auf und setzte sie in Richtung Slawenland in Bewegung. Dessen König Wartislaw war von alters her mit den Dänen wie mit den Polen verfeindet. Jetzt nun brach Niels auf, um Ozna zu erobern, dessen Freikauf von einer Belagerung er erzwang. Von dort per Schiff nach Julin gekommen, traf er auf Bolesław, der ihm mit einer großen Schar entgegenkam. Durch dessen Truppen verstärkt, vollendete er die rasche Eroberung der Stadt. Danach blieb der Gefährte des Sieges zurück, und er [Niels] nahm die für den Sohn herbeigebrachte Verlobte mit sich. Wartislaw bittet in einem Gespräch um Frieden, weil er sieht, daß es wegen der unerträglichen Last der Verwüstung um die Sache der Slawen schlecht steht. Nachdem dieses Gespräch allzu ungünstig ausgefallen ist, wendet er sich bei Strela mit gleicher Demut an die Abziehenden. Er ist dort, als er – vom König selbst eingeladen – im Vertrauen auf die Friedenspfänder das Schiff betreten hat, wegen der bösartigen Haltung eines Leibwächters an der Rückkehr gehindert, wie ein Gefangener gehalten worden.«[8]

Durch Intervention von Knut Laward, einem Neffen von König Niels, wurde Wartislaw schließlich freigelassen.

Nach dieser Darstellung bei Saxo Grammaticus drängt sich die Lösung eines Widerspruchs von selbst auf. Wie erwähnt, findet sich bei Saxo kein Wort über einen Feldzug von Magnus dem Guten gegen Julin im Jahre 1043 oder 1044. Über den erfahren wir nur aus dem bewußten Scholion bei Adam von Bremen (»Jumne«) und aus den *Sagas* (»Jómsburg«). Selbst Helmold weiß davon nichts. Andererseits ist in den *Sagas* der »Brautfeldzug« von Magnus dem Starken nirgends erwähnt. Die Verfasser der *Sagas* haben ihn, der wenig Rühmliches zu Dänemarks Geschichte beigetragen hat, mit Magnus dem Guten verwechselt und sind dabei fast ein Jahrhundert zurückgegangen.

Ereignet hat sich die von Saxo überlieferte Geschichte mit dem »Brautfeldzug« im Frühjahr oder Sommer 1130. Zwar liefert der dänische Geschichtsschreiber wie üblich keinerlei Jahresangaben, da er jedoch vorher schreibt, daß Magnus bereits König von Westgotland und Knut Laward bei dem Feldzug dabei war, können wir die Zeit eingrenzen. Der zweiundzwanzigjährige Magnus wurde 1129 König von Westgotland, und Knut Laward fiel Anfang Januar 1131 einem Mordanschlag von Magnus zum Opfer.

Doch sollte die Brautübergabe tatsächlich in Julin, dem heutigen Wollin, stattgefunden haben? Aber natürlich, meinen unisono alle Autoren der dänischen Geschichte. Saxo schreibt ja, König Niels habe zuerst die Stadt »Ozna« belagert und sei von da nach Julin gefahren. »Ozna« sei nichts anderes als Usedom, weil Saxo die Stadt an anderen Stellen auch »Osnum« bzw. »Oznum« nenne.

In Saxos Urtext stand wahrscheinlich »Ostrozna«, das war Wusterhusen, östlich von Greifswald. Kopisten machten daraus »Ozna«, weil das eher zu Julin/Wollin paßte.

Und wie um alles in der Welt kommt der »Slawenkönig« Wartislaw bei Strela an Bord des dänischen Königsschiffs, um mit den abziehenden Dänen Friedensverhandlungen zu führen? Strela (Devin) liegt wenigstens hundert Kilometer Wasserweg von Julin/Wollin entfernt. Wartislaw müßte doch froh gewesen sein, daß sich die Dänen nach ihren so schweren Verwüstungen in Julin endlich trollten. Da soll er dem Gegner von Julin/Wollin bis nach Strela hinterhergefahren sein?

Schließlich zu Wartislaw, dem »Slawenkönig«. Es handelte sich um den Pommernherzog Wartislaw I. (vor 1124–1147/48), der Bischof Otto von Bamberg bei seiner Missionsarbeit in Pommern 1124 und 1128 tatkräftig unterstützt haben soll. Im Jahre 1128 hielt Wartislaw einen Landtag in Usedom ab, auf dem er und der pommersche Adel die Annahme des Christentums verkündeten. Das geschah sehr zum Wohlgefallen des Polenherzogs Bolesław III., der sich 1121 auch das Pommernland westlich des (heutigen) Peenestroms botmäßig gemacht hatte und Otto von Bamberg zur Missionierung eingeladen haben soll. Daß Wartislaw auch nach der Bekehrungsaktion dem Polenherrscher ebensowenig freundschaftlich verbunden war wie den Dänen, verschweigt Saxo nicht.

WIE ES SICH
WAHRSCHEINLICH
ZUGETRAGEN HAT

An einem Frühsommertag des Jahres 1130 fährt ein Geschwader dänischer Langschiffe in den Hafen von Strela ein. Befehligt wird es von dem zweiundzwanzigjährigen Königssohn Magnus dem Starken. Magnus ist seit Herbst des Vorjahres selbst König von Westgotland in Südschweden. Wenn der Vater, König Niels, einmal das Zeitliche gesegnet haben wird, soll er Herrscher von ganz Dänemark werden. So will es Niels, und so will es Königin Margarete, Magnus' Mutter, die seit Wochen schwerkrank danieder liegt. Doch gibt es einen Rivalen, den fünfunddreißigjährigen Knut Laward, Magnus' Vetter, dem der deutsche König Lothar die Krone für das Obodritenland in Schleswig verliehen hat.

Die Mutter ist es auch gewesen, die Magnus bei einer Visite des Polenherzogs Bolesław in Ribe auf dessen Tochter Rikissa aufmerksam gemacht hat. Ihr ging es vor allem um dynastisches Kalkül. Eine Liaison mit dem Haus des ihr allzu mächtig gewordenen Polen konnte Dänemarks Bestrebungen, sich das Land an der Südküste der Ostsee endgültig zu unterwerfen, nur förderlich sein.

König Niels unterstützte die Pläne seiner Gattin ebenso wie Magnus. Unterhändler hatten nun seit einem Jahr die Verlobung perfekt gemacht. Die Übergabe der Braut sollte in der Hauptstadt jenes Landes an der südlichen Ostseeküste stattfinden, das die Dänen seit alters für sich beanspruchten. Niels kannte das Land aus den Schilderungen des Vaters, König Sven Estridsen. Er wußte aber auch um den unbändigen Freiheitswillen der dort ansässigen Pommern.

Als Boten die Nachricht in die Stadt brachten, im Hafen von Strela sei ein dänisches Geschwader gelandet, registrierte man dies erst einmal mit Gleichmut und hatte scheinbar recht damit. Die Besatzung war an Land gegangen, ließ die Pferde weiden, plünderte jedoch nicht, sondern kaufte von den Bewohnern

Strelas den nötigen Proviant. Die Anführer der Flotte hatten sich in der halbzerstörten Burg vor dem Hafen einquartiert.

Als wenige Tage später eine noch größere dänische Flotte in den Hafen einfuhr, war es für neue Botschaften zu spät. Es war das Aufgebot von König Niels, der sich erst einmal Wusterhusen unterworfen und von dessen Bewohnern ein hübsches Lösegeld erpreßt hatte. Unverzüglich machten sich nun die vereinten Heerscharen von Magnus und Niels auf den Weg in die Hauptstadt von Immenau. Unterwegs stießen sie auf den Polenherrscher mit seinen Truppen und der Braut. Wartislaw ahnte die Gefahr, die drohte, wenn ausgerechnet dort die Übergabe der polnischen Herzogstochter an Magnus stattfinden sollte.

Die Immenauer waren völlig überrascht, als die dänischen und polnischen Truppen einrückten und sogleich alles niedermachten, was sich ihnen in den Weg stellte. Niels kannte die neuralgischen Punkte der Hauptstadt Immenaus von den Erzählungen des Vaters her. Allerdings hatte sich Sven Estridsen nie mit dem Gedanken getragen, sie oder den Gau zu vernichten. Er mochte an Eroberung, auch an geduldige Christianisierung gedacht haben. Ihm war das große Handelsemporium auch für Dänemarks künftige Belange zu wichtig, um zerstört zu werden.

Niels und Magnus denken weniger ökonomisch. Die neuralgischen Punkte der Stadt sind die Deiche zur Oder im Westen und die Prerow, ein Kanal, der sich mitten durch das Marktgebiet zieht und durch zwei Mündungen mit der See verbunden ist. Der auf NN liegende Kanal ist gegen das tiefere Boddenland eingedeicht.

Die Immenauer leisten zuerst kaum Widerstand. Erst als sie sehen, wie die Eindringlinge mit Spaten und Schaufeln den Deich des Kanals zerstören, setzen sie sich zur Wehr. Doch ist es schon zu spät. Den Dänen genügt ein einziger Durchstich, und das Wasser bricht schäumend und tosend in den Bodden ein.

Wartislaw beobachtet das Zerstörungswerk mit Entsetzen. Er will es nicht glauben, haben sich doch die Bewohner der Stadt wie auch der Provinz schon zum Christentum bekannt (vgl. 13. Kapitel). Mit Feuer und Schwert hatte Bolesław 1121 die Pommern heimgesucht, viele Städte und Ortschaften vernichtet, achtzehntausend Pommern in das Jenseits befördert.[9] Aber jetzt ist doch Frieden, die Pommern hatten sich dem Polenherrscher tributpflichtig gemacht und bekehren lassen.

Völlig deprimiert, sucht Wartislaw nun mit König Niels Verbindung aufzunehmen. Der weist ihn erst einmal ab. Das Gebiet sei von alters her Hoheitsgebiet der dänischen Krone und nicht das eines Vasallen des Polenherrschers. Als die Dänen abziehen, reitet Wartislaw ihnen mit einem kleinen Gefolge hinterher. Vielleicht gelingt es ihm, den König zu überzeugen, daß er der dänischen Krone ebenso zu Diensten sein könne wie der polnischen.

Die dänische Flotte bereitet sich auf die Abreise aus dem Hafen von Strela vor. Bolesław hat sich mit brüderlicher Umarmung von seinen künftigen Verwandten – König Niels und Schwiegersohn Magnus – und von seiner Tochter verabschiedet. Da bittet Wartislaw um eine erneute Audienz. Sie wird ihm gewährt. Welche bösartigen Worte nun einer von den Begleitern des Pommernherzogs geäußert hat, als Niels ihn anzuhören bereit war, ist nicht überliefert. Jedenfalls appelliert der fünfunddreißigjährige Knut Laward an die Großmut seines Onkels, dem Pommern die Schmach einer Gefangenschaft zu ersparen. Er darf sich das erlauben; denn rechtmäßig ist er – nach dem Testament seines Vaters, des 1103 verstorbenen Königs Erik, Bruder von Niels – König von Dänemark. Außerdem will er Wartislaw für sich gewinnen, ist er doch König des westlich von Immenau gelegenen Obodritenlandes. So darf Wartislaw das dänische Königsschiff als freier Mann verlassen.

Natürlich ist dies anhand von Saxos Darstellung nachkonstruiert. Es kann, muß aber nicht so gewesen sein. Saxo schreibt ja nichts davon, daß die Dänen das Handelszentrum der Stadt ersäuft hätten. Daß so etwas zu den Kriegslisten der Dänen (aber auch der Slawen und Sachsen) gehörte, belegt ein Vorfall aus dem Jahre 1168. Waldemar hatte die Ranen besiegt, ihr Heiligtum in Arkona vernichtet und kehrte mit reicher Beute heim. Die wollte er trotz eines mit Heinrich dem Löwen geschlossenen Abkommens nicht teilen. Da rief Heinrich die Slawen zu einem Rachefeldzug gegen die Dänen auf. »Sie wurden also gerufen und antworteten: ›Hier sind wir‹, und gehorchten ihm mit Freuden, der sie ausschickte. Da wurden die Riegel hinweggeschoben und die Pforten aufgetan, die vordem das Meer gesperrt hatten, und die Flut brach hervor.«[10] War das die Rache für das Ersäufen von Vinetas Hauptstadt? Drei Jahre später durchstachen die Dänen die Dämme des Stausees vor Oldenburg und schnitten damit den Zugang der Stadt zur Ostsee ab (vgl. 5. Kapitel).

Offen bleibt, weshalb sich der Polenherzog an der Verwüstungsaktion der Dänen beteiligte, von Saxo gar als »Gefährte des Sieges« hingestellt wurde. Möglicherweise waren die Immenauer seit ihrer Bekehrung dem »rechten« Christentum wieder abtrünnig geworden, hatten sich auch deshalb gegen die Herrschaft der Polen aufgelehnt.

Daß die Dänen in diesem Jahr eine große Stadt am heutigen Bodden zwischen Darß/Zingst und dem Festland der Provinz Barth zerstörten, hielten wir für erwiesen. Bei Saxo heißt sie Julin. Nur konnte schon aufgrund der Nähe zum Hafen von Strela das heutige Wollin damit nicht gemeint gewesen sein. Von ihm berichtet Saxo vierzig Jahre später, als es von König Waldemar I. zum erstenmal, wenn auch erfolglos, angegriffen wurde. Erst da erfahren wir von ihm Näheres über die Lage von Julin/Wollin, mit dem Saxo jedoch die 1130 zerstörte Stadt nicht gemeint hatte. Es mußte sich um zwei verschiedene Städte gehandelt haben. Nur gibt es an dem erwähnten Bodden heute keine Stadt oder Ortschaft mit dem Namen Julin. Auf die Lösung dieses Rätsels kamen wir erst nach etymologischen Studien des Pomoranischen (vgl. 13. Kapitel).

Daß sich der Kaiser, die Kirche, die Dänen, Polen, Böhmen und Sachsen einen Teufel darum scherten, ob sie mit ihren Feldzügen »Heiden« oder Christen heimsuchten, belegt der sogenannte Wendenkreuzzug von 1147, in dem auch das längst christianisierte Stettin überfallen werden sollte. Offenbar hatten die Dänen dabei auch Immenau im Visier, doch holten sie sich blutige Nasen, ein beträchtlicher Teil ihrer Flotte fiel den Pommern in die Hände.[11]

DIE VERNICHTUNG
DER PROVINZ BARTH

Im Sommer 1159 landet ein starkes dänisches Geschwader unter König Waldemar I. (1157–1182) und Bischof Absalon »im Wendenland«, wie es in der *Knytlinga Saga* heißt. Wahrscheinlich ging es dem jungen Dänenkönig um eine Vergeltung für die Vernichtung von Aarhus durch die Wenden im Jahre 1157. Um welche Wenden es sich dabei handelte, geht aus den Überlieferungen nicht hervor.

»Es war da eine Flußmündung; sie teilten die Mannschaft für den Landgang; der König zog auf der einen Seite des Flusses, aber Bischof Absalon auf der anderen Seite, und keiner wußte vom andern; sie verbrannten da die bewohnten Striche weit umher zu beiden Seiten des Flusses und zogen so zu ihren Schiffen und beluden sechzig Schiffe mit dem Gut, das sie erbeutet hatten.«[12] Bei der Flußmündung könnte es sich um die Au in der Grabow gehandelt haben. Denn bei Saxo heißt es, daß König Waldemar und Absalon durch eine »eximia palus«, einen ungewöhnlich (breiten) Sumpf, voneinander getrennt waren, als sie das Land plünderten.[13]

Noch im selben Jahr unternimmt Waldemar einen weiteren Feldzug, bei dem er die »Gudakrsa« hinauffährt. Das war die Warnow (gotisch: Goderaxa), also Kessinerland. Während dieses Feldzuges sollen sich Waldemar und Absalon mit Herzog Heinrich dem Löwen (1142–1180) über ein gemeinsames Vorgehen gegen die Wenden geeinigt haben. Bald darauf, im Jahre 1160, »segelte der König ostwärts am Wendenland entlang nach Svölder [›Swante Wustrow‹, bei dem es sich wahrscheinlich um das heutige Wustrow handelte]. Davor lagen die Wenden mit einer starken Flotte … Die Dänen steuerten darauf in den Hafen und zelteten, und als das Königsschiff gezeltet war, kam Erzbischof Askel dahin und sprach so: ›Allzu voreilig seid ihr Dänen, da ihr welche begrabt, bevor sie noch tot sind.‹ Der König fragte, warum er so spräche. Der Erzbischof antwortete: ›Weil ich

sehe, daß wir hier bei den Inseln und Außenschären lange her-
umliegen, ehe wir einen so großen Sieg gewonnen haben, wie
wir ihn uns bei dieser Übereilung entgehen ließen, und Übermut
tut selten gut.‹ Darauf zogen sie auf Antreiben des Erzbischofs
zu den Schiffen und ruderten über einen breiten Arm, der dort
war, und sprengten zu Pferde landeinwärts und verbrannten den
ganzen Gau, der da oberhalb Strela liegt, und lagen dort die
Nacht über.«[14]

Waldemars Truppen suchten nun das ganze Land Barth bzw.
Immenau heim, das oberhalb von Strela (Devin) lag. Und das
war exakt das, was nach der großen Überschwemmung von Immenau geblieben war, ein Hinterland ohne Zentrum. Saxo nennt
auch den Namen: »prouincia Barta«. Es war die erste Erwähnung
des Gaus mit diesem Namen.[15]

Die Dänen müssen damals ganze Arbeit geleistet haben.
Adams »größte Stadt, die Europa birgt«, verschwand völlig aus
dem Blickfeld der Geschichte.

Die Deiche an der damaligen Odermündung zum Boddenland von Immenau waren bei Überschwemmungen und Eisgang stets gefährdet.

In der szenischen Darstellung des Angriffs auf die Hauptstadt von Immenau im Jahre 1130 haben wir versucht nachzuverfolgen, auf welche Weise die Dänen die »rasche Eroberung der Stadt vollenden« konnten, wie es bei Saxo heißt. Allerdings ist das nur eine Vermutung. Die Katastrophe mag sich schon vorher, vielleicht auch erst nach dem »Brautfeldzug« ereignet haben. Schnell erobern ließ sich eine überwiegend aus Holz- und Fachwerkbauten bestehende Stadt auch durch Brandstiftung. Nicht auszuschließen sind auch morphologische Veränderungen oder eine Zerstörung der Deichanlagen durch aufbrechendes Eis im Frühjahr. Unsere Vermutung stützt sich lediglich auf die Ereignisse von 1168 und 1171, denen zufolge das Durchstechen von Deichen seinerzeit eine verbreitete Praxis gewesen sein muß.

Welches Aussehen die Boddenlandschaft vor der Überschwemmung gehabt hat, läßt sich allein aufgrund von Detailkarten schwer nachvollziehen. Anhand von Angaben über die Tiefe der einzelnen Boddengewässer sowie von Benennungen für einzelne Stellen darin können wir noch ungefähr entschlüsseln, wo sich was befunden haben dürfte.

Ein Rätsel gab uns der Name Grabow auf. Auf einer Karte von Anfang des 19. Jahrhunderts ist »Die Grabow« eingetragen. Grabow, Altengrabow usw. finden wir auch im Mecklenburgischen. Dort steht es für Hainbuchenaue. Doch wie soll ausgerechnet die tiefste Stelle im östlichen Boddenteil eine Hainbuchenaue gewesen sein? Wir kapitulierten zunächst und räumten ein, daß der Name deutsch ist, von Graben abgeleitet. Glücklich waren wir mit diesem Kompromiß nicht. Zudem weist die Karte im Ostteil der Grabow den Gewässernamen Kattenstart aus. Wie und wohin sollten von hieraus Katzen (niederdeutsch »Katten«) gestartet sein, die ja bekanntlich extrem wasserscheu sind? Der wirkliche Name ist hier nur leicht entstellt. An dieser Stelle wuchs Ackerschachtelhalm *(Equisetum arvense)*, eine wichtige Heilpflanze (sie wirkt harntreibend, gegen Entzündungen und zum Stillen von Blutungen). Im Niederdeutschen heißt die Pflanze noch heute »Kattenstert«.

Dann fanden wir die »Nova reka« (Neuer Fluß) in der Geburtsurkunde Stralsunds von 1240. »Neue Aue« hieß der Fluß noch lange im Deutschen. Heute finden wir dafür auf der Landkarte nur noch Au. Offenbar ist die »Nova reka« nach dem Untergang von Vinetas Handelszentrum entstanden, eine schiffbare Rinne zum Austritt des Boddengewässers in die Ostsee. Wie tief lag das Boddenland vor seiner Flutung? Wenn es zweieinhalb oder drei Meter unter dem Meeresspiegel lag, konnte auf der Grabow sehr wohl ein Hainbuchenwald, durchzogen von kleinen Wasserläufen, gestanden haben.

Vor dem Entstehen der »Nova reka« muß die heutige Halbinsel westlich von Barth noch mit der Oie und der gegenüberliegenden Südküste von Zingst verbunden gewesen sein. Von Immenaus Märkten wird einer auf einem Landstück beiderseits der Oie und der Halbinsel Bresewitz gelegen haben. In unmittelbarer Nähe befand sich ein Flurgebiet, das auf heutigen Detailkarten als Trog ausgewiesen wird. Der Trog ist kaum einen Meter tief und grenzt an den Schwinbrod.

Die Deutung unserer nachslawischen Vorfahren ist recht niedlich. Wenn von »Schweinebrot« die Rede war, mußte sich ja da auch ein »Trog« befinden. Schwinbrod steht indes für das slawische »swinbrod«: eine seichte Stelle, eine Furt, also Schweinefurt, über die man die quiekenden Specklieferanten zum Markt trieb, und der Markt hieß slawisch »torg« (das Wort ist auch im Mittelniederdeutschen nachweisbar und von den skandinavischen Sprachen übernommen worden). Es war nur ein Markt von vielen, berichtete Idrisi doch von einer Stadt mit zahlreichen Märkten. In unmittelbarer Nähe von Schwinbrod und Trog findet man auf der Karte die Boddeninsel Große Kirr. Das Wort könnte auf das altgermanische »kerr« für Keller, Lager, auch Kaufladen, zurückgehen.

Südlich der Großen Kirr stoßen wir auf den Gewässernamen Fitt. Bei dieser Fitt (Vitt, Vitte) handelte es sich um eine Fischersiedlung. Vitten gab es im Gebiet von Ahrenshoop, auf Hiddensee und viermal auf Rügen. Zwei von diesen Fischerdörfern bestehen noch heute unter diesem Namen. Unsere Fitt südlich der Großen Kirr ist mit an Gewißheit grenzender Wahrscheinlichkeit bei der Überflutung des Boddens im 12. Jahrhundert untergegangen. Alle diese Fluren lagen in unmittelbarer Nähe des von uns angenommenen Kanals, des Prerower Stroms.

Östlich der Borner und Neuendorfer Bülten, in denen wir den Außendeich zur Odermündung erkennen, treffen wir auf die Gewässernamen Koppelstrom, Rhedeort, Staben, Roland und Redensee. Der Koppelstrom geht in den Bodstedter Bodden über, der wiederum einen Deich zum Barther Bodden gehabt haben muß. Über die enge Durchfahrt führt heute die Meiningenbrücke.

Der Koppelstrom war, wie schon der Name sagt, eine Wasserstraße, die den Bodstedter Bodden mit der Odermündung verband, er muß wenigstens eine Schleuse gehabt haben. Sonst ließen sich die Namen Rhedeort, Redensee und Staben nicht erklären. Eine Rhede, auch Rede oder Reede, war ein Ankerplatz, eine Mole, mit Staben, also Pfählen, bewehrt. Dem Rhedeort benachbart war der Roland. Das Gewässer hat mit dem Schutzheiligen der mittelalterlichen Städte, dem Symbol für die königliche Schirmherrschaft über Stadt und Kirche, gar nichts zu tun. Es steht vielmehr für das pomoranische (und polnische) »rola« (Acker). Die deutschen Mitbewohner von Immenau machten daraus »roland« und meinten Ackerland.

Im Westen von Barth treffen wir auf den verlandeten Katharinensee, der jedoch nicht nach einer gleichnamigen Dame benannt ist, sondern ein Flößersee war (pomoranisch »karina« [Floß, auch Kiepe]).

Weiter: Wiek (Wieck, auch Wick). Auf diese Bezeichnung für Kaufmannssiedlung sind wir bereits am Beispiel von Ahrenshoop eingegangen. Der Duden hingegen belehrt uns, Wiek sei die niederdeutsche Bezeichnung für kleine Buchten an der Ostsee. Natürlich gibt es da Buchten mit diesem Namen, nur steht dieser Name nie für die Bucht selbst. Braunschweig, ganz unverdächtig eine Ostseestadt zu sein, führt seinen Namen auf eine seit dem 9. Jahrhundert nachweisbare Wiek, die Brunswiek, zurück. Ebensowenig hat das bei Lüneburg gelegene Bardowick etwas mit der Ostsee zu tun. Auf Rügen gibt es noch heute die Ortschaften Ralswiek und Wiek. Bei der Prorer Wiek, einer Bucht nördlich von Binz, dürfte es sich um eine in der See versunkene Kaufmannssiedlung handeln. Und was Vineta betrifft, zeigt uns die Detailkarte die noch heute bestehende Darßgemeinde Wieck am Bodstedter Bodden. Die Kleine Wiek und die Große Wiek hingegen sind nur noch als Namen im Boddengewässer südlich des Zingst erhalten. Auch sie sind Beleg dafür, daß östlich des heutigen Saaler Boddens, also von den Borner und Neuendorfer Bülten an bis hin zum Bock, zu Adams von Bremen Zeiten Land war, unter dem Meeresspiegel liegendes Boddenland, in dem es Kanäle und mehrere kleine Binnenseen gab.

Östlich von Barth liegt Trebbin, eine sumpfige, verschilfte Halbinsel, auf die man Mitte der zwanziger Jahre den aus den Bodden ausgebaggerten Schlamm aufschüttete. Der Name geht auf das westslawische »trzebic« (roden, entwalden) zurück (vgl. auch Trebbin südlich von Ludwigsfelde). Die Halbinsel war vor der Überflutung der Bodden festes, bewohntes Land; die Vineter bzw. Immenauer werden kaum so töricht gewesen sein, Sumpfland zu roden.

Den Flur- und Ortsnamen Vogelsang finden wir nicht nur westlich von Barth und bei Stralsund, sondern dutzendweise in den einst von Slawen besiedelten Gebieten zwischen Saale und Weichsel. Sollten unsere gefiederten Freunde nur dort gezwitschert haben? Der Name geht auf die westslawischen Bezeichnungen für Kohle: »vugel« und Brennen: »żgen« (nasal gesprochen wie im französischen »vin«, also etwa »zgian«) zurück. Denkbar wäre auch das damit verwandte althochdeutsche »sang«: das Gesengte, Gebrannte. Also kurz: Vogelsang war keine frühe Touristenwerbung, sondern ein Ort, wo Holzkohle, wohl auch das als Heil- und Schmiermittel unverzichtbare Pech gewonnen wurde.

Und Wustrow? Wustrow war »Swante Wustrow«, die heilige Insel der Slawen. Sie wird noch in Urkunden aus dem 17. Jahrhundert unter diesem Namen geführt und lag inmitten der breiten Odermündung. Bodenfunde belegen, daß sich auch dort ein Hafen befunden haben muß. Er dürfte identisch sein mit dem in den nordischen *Sagas* erwähnten »Svölder« und Saxos »Swaldensis portus«.

Wir wollen es mit dieser Auswahl von Orts- und Flurnamen bewenden lassen. Wir halten sie – soweit es die Bezeichnungen in den Bodden betrifft – für eine kaum widerlegbare Bestätigung unserer Theorie, daß Vinetas Marktzentrum im Boddenland zwischen Darß-Zingst und dem Barther Festland gelegen hat.

Barth erscheint erst wieder 1171 in einer Bewidmungsurkunde Herzog Heinrichs von Bayern für das Bistum Schwerin, wo von einer Burg Barth die Rede ist.[16] Im Jahre 1178 bestätigt Papst Alexander III. einem Bischof Berno das Bistum Schwerin und eine »villam nobilem in Barth«[17], also eine berühmte oder bekannte Siedlung im Gau Barth. Wieso gab es 1178 eine berühmte Siedlung in dieser urkundlich bis dato nirgends erwähnten Provinz? Im Jahre 1255 wird dann an der Stelle des zentralen Distrikts der einst größten Stadt Europas die Stadt Barth gegründet. Von Immenau ist nie mehr die Rede, auch von Vineta nicht. Ebenso tauchen »Burstaborg« oder »Steinborg« in den pommerschen Urkunden nicht auf. Die alten Benennungen waren getilgt.

Der Wassereinbruch mit seinen verheerenden Folgen für Barth/Immenau sowie die Vernichtung des Gaus durch die Heerzüge der Dänen unter Waldemar I. nötigten die Bewohner, sich neue Wirkungsstätten zu suchen. Sie fanden diese etwas weiter südöstlich. Martin Zeiller vermerkt 1632 zu der Stadt Stralsund: »Andere / und glaublichere schreiben / dass sie von Jaimaro dem Rugischen Fürsten 1209. oder 10. zu bauen angefangen / und von seinem Sohn Wislao Anno 1231 außgebauet worden seye / nach deme schon langst zuvor etliche Kauffleut diesen gelegnen orth zuwohnen / sampt dem Meerhafen / nach Untergang d'Statt Julin / gefunden hatten.«[18]

Im Prinzip hatte Zeiller den Punkt getroffen. Nur, was meinte er mit dem »Untergang d'Statt Julin«? Das heutige Wollin? Das ist nie untergegangen. Es wurde nach einem vernichtenden Überfall der Dänen 1184 wieder aufgebaut. Untergegangen war eine andere Stadt, eben jene, die in der Saxo-Ausgabe von 1514 − bezogen auf die Vorgänge von 1130 − »Julin« heißt, jedoch mit dem späteren Wollin nichts gemein haben konnte. Andere Ortschaften wie Lübeck, Rostock, aber auch Stralow, aus dem dann Stralsund hervorging, boten weit günstigere Möglichkeiten für den

Seehandel als das doch recht abgelegene Wollin. Die Provinz Barth/Immenau reduzierte sich ja nicht auf die Häfen von Ahrenshoop, Wustrow und im heutigen Bodstedter Bodden sowie auf die Märkte im und am Bodden, sie erstreckte sich auf ein Gebiet, zu der das spätere Stralsund an der südlichen Grenze zur Provinz Grimmen gehörte.

Wenigstens zwei Hafen- und Handelsorte muß Immenau auch am Strelasund gehabt haben: das schon erwähnte »Strela«, auch »Strale«, und einen anderen, der wahrscheinlich den Namen »Lyubin« oder »Lubyna« führte. Saxo erwähnt »Lyubin« zum ersten Mal für das Jahr 1173. Die dänischen Truppen unter König Waldemar I. und Bischof Absalon kehren in diesem Jahr von Stettin nach Rügen zurück und nehmen dabei »Lyubin« ein.[19] Zweifellos handelt es sich hier um dieselbe Ortschaft, die der dänische Geschichtsschreiber für das Jahr 1184 als »Lubyna« bezeichnet.[20]

Die *Knytlinga Saga* erwähnt den Ortsnamen nicht, doch meint sie denselben Feldzug Knuts VI. (1182–1202), wenn es dort heißt: »Im Herbst bot König Knut einen Leding aus, sieben Tage vor der Michaelmesse, und fuhr nach Rügen, erhielt dort viel Kriegsvolk und zog von da nach Tribudiz [Tribsees] und so landeinwärts nach Tripipen [Tribiden, Gau an der Trebel] und heerte dort und verbrannte das ganze Land; er ritt zu ihrem Kaufplatz und verbrannte ihn. Dort traf sich das ganze Heer König Knuts, und sie lagen da drei Tage, aber ihre Schiffe lagen bei Strela. Aber am nächsten Morgen fuhren sie nach Tikarey [Zicker auf Rügen] und gedachten Voztrosa [Wusterhusen] niederzubrennen, aber der Wind war dagegen, und sie konnten daher nicht brennen.«[21] Wenn die Flotte des Dänenkönigs »bei Strela« (Devin) lag und seine Truppen »am nächsten Morgen« nach Zicker übersetzten, konnte der Kaufplatz nur in der Nähe des Strelasunds gelegen haben, so daß es sich eben um Lubyna, einen der Vorläufer von Stralsund, handelte.

Auch »Lubyna« und »Strela« bzw. »Strale« (»Stralow«) scheinen also bis zum Ende des 12. Jahrhunderts noch Feldzügen unter dem Vorwand der Christianisierung ausgesetzt gewesen zu sein. Danach dürften zugewanderte Deutsche »Lubyna« und »Strela«/»Strale« neubesiedelt und die Handelsniederlassungen wiederaufgebaut haben.

Interessant ist in diesem Zusammenhang noch eine andere Merkwürdigkeit. Der Stralsunder Stadtchronist Herbert Ewe schreibt über den Namen der dortigen Frankenstraße, er sei wohl nicht auf Angehörige des Volksstammes der Franken zurückzuführen, sondern auf einen Stralsunder Bürger namens Vranco. »Um 1270 bereits besaß er nach Angaben des ältesten Stadtbuches in der Neustadt – eben dem Gebiet der Frankenstraße – einen Hof.«[22] Den Namen »Vranco«, auch »Franco« oder »Franko«, finden wir im ältesten Stadtbuch (1270–1310) mehrmals (»Vranco in noua ciuitate«, »dominus Vranco«, »filius Franconis«).[23] Da der germanische Volksstamm der Franken nie bis Vorpommern gekommen ist, könnte man sich mit dieser Deutung zufriedengeben.

Nicht zustimmen wollen wir jedoch Ewes Feststellung, die Stadt sei erst nach der Zerschlagung der Slawen von Deutschen besiedelt worden. Älteren Chroniken, aus denen Ludwig Giesebrecht in seinen 1843 erschienenen *Wendischen Geschichten aus den Jahren 780 bis 1182* schöpft, ist zu entnehmen, daß die Slawen allgemein ein friedliches Zusammenleben mit den nach der Völkerwanderung verbliebenen Germanen bzw. Deutschen, die ja ebenfalls »Heiden« waren, pflegten. Wir haben dies bislang nur beiläufig erwähnt.

Sollte der im ältesten Stadtbuch erwähnte Vranco (er war auch Ratsherr) so allmächtig gewesen sein, daß nach ihm auch der Frankenhof, der Frankenwall, der Frankendamm, der (frühere) Frankenhafen (»Franken port«), das Frankentor und gar die Frankenvorstadt benannt wurden? Mag die Frankenstraße auch tatsächlich nach »dominus Vranco« benannt worden sein, der Frankenhof, offenbar einst ein großes Handelskontor, ist es nicht. Im Stadtbuch ist für die Zeit vor 1278 lediglich die Rede davon, daß Vranco zwei Häuser »in noua ciuitate« seinen Kindern überschreibt, aber keinen Hof.

In der Frankenvorstadt finden sich gar ein Alter und ein Neuer Frankenfriedhof. Zugegeben, Flurnamen wie Frankenmitte und Frankensiedlung mögen erst in jüngerer Zeit – eben in Anlehnung an die Frankenvorstadt – entstanden sein, aber woher kam der Name »Vranco« oder »Franco«?

Natürlich wollen wir uns nicht als allwissend präsentieren,

halten unsere diesbezüglichen Überlegungen jedoch für nachdenkenswert. Die slawischen Bewohner der Provinz Barth/Immenau (bzw. Vineta) nannten sich »Wuolonje«. In das Alt- und Mittelhochdeutsche übersetzt, waren das die »Franken« (die Freien). Offenbar hatten die germanischstämmigen Bewohner Vinetas den slawischen Volksnamen in ihre Sprache übernommen. Für Barth hatten sie ja auch Immenau, wobei allerdings Barth die slawische Übersetzung von Immenau sein dürfte (schon Widsith schrieb von einem im Norden ansässigen Germanenstamm der »Ymbran«).

Und diese »Franken« siedelten in »Stralow«, das 1234 das Rostocksche Stadtrecht erhielt. Wir erinnern uns an »Cord Strale van Wineta gekamen« als einen der ersten Ratsherren des 1158 gegründeten Neu-Lübeck. Die Stralsunder Ratsherren empfanden das wohl überwiegend slawische »Stralow« (wir nehmen an, daß es südlich des Frankenwalls lag) als unliebsame Eingrenzung bei der beabsichtigten Erweiterung ihrer Stadt, und Fürst Wizlaw II. gab ihren Forderungen 1269 nach. Er willigte ein, das von den Stralsundern »Schadegard« (schädliche, unnütze Stadt) genannte »Stralow« aufzuheben, das heißt, es als selbständige Stadt zu tilgen.[24] In der betreffenden Urkunde ist von »ciuitatem nostram nouam, Schadegard dictam« (also: unserer neuen Stadt, Schadegard genannt) die Rede. In den Gründungsurkunden von »Stralow« (1234) und Stralsund (1240) hingegen fehlt dieses »genannt«. Und bei der Stadtrechtsverleihung an »Stralow« spricht Wizlaw I. noch ausdrücklich von »civitati nostre Stralowe«, also: *unserer* Stadt Stralow. In der 1240 ausgestellten Urkunde für Stralsund heißt es nur »nove civitati in Stralesund« (der neuen Stadt in Stralsund, im oder am Strelasund; der Name Stralsund war noch Jahrhunderte später auch für den Strelasund gebräuchlich). Darin wurde Stralsund auch der Deviner See zugesprochen, der für die »Stralower« ein wichtiger Hafen gewesen sein muß. Auf diese Weise wurde »Stralow« schon 1240 in seinem Handlungsbereich stark beeinträchtigt.

Daß es zwischen den Alt- und Neusiedlern Auseinandersetzungen gegeben haben muß, dürfte unbestritten sein, auch wenn uns darüber keine schriftlichen Nachrichten vorliegen. Nur die Flurnamen im Stadtbereich wie auch die Personennamen im ältesten Stadtbuch von Stralsund erinnern noch an die Existenz der »Francones«, also jener »Vineter«, die hier die ersten Handelsniederlassungen begründet hatten.

Über das Schadegard-Problem ist viel diskutiert worden. Wir halten unsere Version schon deshalb für nachdenkenswert, weil es kaum eine andere Erklärung für das Verschwinden der urkundlich 1234 bezeugten Stadt »Stralow« gibt.

WAR WOLLIN DER
NACHFOLGER VINETAS?

Papst Innozenz II. bestätigt am 14. Oktober 1140 das Bistum Pommern »in civitate Wulinensi«. Das war nach bisher übereinstimmender Ansicht die erste Erwähnung des neuen Namens für Julin. Aus »Wulin« soll dann später Wollin hervorgegangen sein. Doch wie kam es so gänzlich unvermittelt zu dem neuen Stadtnamen? In einem Kommentar zu der Urkunde heißt es, sie sei zwar nicht unumstritten, doch werde sie »allgemein« für echt gehalten. Unecht ist sie zumindest insofern, als sie uns nur in einer Kopie aus dem ersten Viertel des 13. Jahrhunderts vorliegt.

Wir hatten schon angeführt, daß der bei Widukind von Corvey für das Jahr 967 erwähnte Volksstamm der »Vuloini«, identisch mit den Bewohnern von Vineta, mit hoher Wahrscheinlichkeit pomoranisch »Wuolonje« hieß. Wir gehen noch einen Schritt weiter und nehmen an, daß die »Hauptstadt« der Provinz Barth den Namen »Wuolin« trug.

Richard Hennig hatte den Gedanken erwogen, die Bewohner »Jumnes« seien nach der Zerstörung ihrer Stadt größtenteils nach Julin übergesiedelt.[25] Wir finden ihn bereits in einer der zahlreichen Sagenversionen erwähnt: »Nachdem Vineta zugrunde gegangen war, zog sich der Handel dieser Stadt teils nach Wisby in Gotland, teils nach Julin auf der Insel Wolin ...«[26] Wir teilen diese Ansicht nicht, eben weil Wollin für den rasch aufblühenden Seehandel seit Mitte des 12. Jahrhunderts kaum mehr als lokale Bedeutung gehabt haben konnte. Weitaus günstiger gelegen waren Kolberg und Stettin.

Übrigens hat Professor Filipowiak auch für den Namen Wollin eine Erklärung zur Hand: »Im Lichte sprachwissenschaftlicher Forschungen stammt der Name der Insel Wolin vom Kern ›ovel‹ = oval, das hügelige Land, die Erhöhung bezeichnend ..., ähnlich wie Wolyn in der Ukraine.«[27] Nun finden sich aber in der Mark Brandenburg und in Mecklenburg gleich drei Ortschaften dieses Namens: zwei davon links und rechts des Randowtals (das wir als Teil des ehemals nach Nordwesten abzweigenden Hauptstroms der Oder sehen), westlich von Penkun; das dritte südlich der Stadt Brandenburg. In besonders hügeliger Gegend liegt keine dieser Ortschaften. Woher soll dann der Name kommen? Vielleicht sind die Ortschaften auch mal von pommerschen »Wuolonje« besiedelt worden, wer will das heute noch herausfinden können?

12. VINETA, DIE JÓMSBURG UND DER VULKANSTOPF

»»Wir sind die Goten‹, erklärte Martin, ›wir suchen neue Weideplätze.‹ Keiner außer ihm wußte, was die Goten waren, er auch nicht genau, und Weideplätze gab es in Kummerow genug.«

Ehm Welk: *Die Heiden von Kummerow*

Wie kam Helmold zu dem Namen »Vinneta« bzw. »Winneta«?
Bis heute ist Jacob Langebeks Behauptung aus dem Jahre 1772,
Vineta sei aus einer Vertauschung von *iu* in *ui* (also *iv* in *vi*) ent-
standen, so daß aus »Iumneta« ein »Uimneta« und schließlich
»Uineta« geworden sei, Axiom geblieben. Nun wissen wir aber,
daß Helmolds »Iumneta« ebenso ein Phantom ist wie Adams
»Iumne«, von einer Buchstabenvertauschung zu »Uineta« mithin
die Rede nicht sein kann.

Helmold von Bosau hat den Ort einmal »Vinneta« und beim
zweitenmal »Winneta« geschrieben. Für *v* stand in den lateinisch
verfaßten Chroniken immer *u*, das *w* wurde durch *uu* ausge-
drückt (die Engländer haben für *w* noch heute die Bezeichnung
»double u« [doppel-u]).

Doch ist der Name »Vinneta« ebensowenig eine Erfindung
Helmolds wie eine Buchstabenverwechslung. »Cord Strale *van
Wineta* gekamen« war bereits Ratsmitglied in Lübeck, als Helmold seine *Chronica Sclavorum* noch gar nicht in Angriff genommen hatte. Folglich muß das so lateinisch klingende, aber eben
nicht lateinische »Winneta« als Orts- oder Flurname schon gang
und gäbe gewesen sein.

Die nächstliegende Erklärung wäre, daß Vineta aus der Latinisierung von Wenden (»Venedi«) entstand. Aber das Wort Wenden war nicht slawischer Herkunft. Also machten wir uns wieder
einmal daran, in alten Chroniken, altnordischen, alt- und mittelhochdeutschen Wörterbüchern die Erklärung zu finden.

In der *Description of Europe* aus der Feder des angelsäch-
sischen Königs Alfred der Große (871–899) wird sowohl von
»Weonodland« wie auch von »Wineda land« und »Winedas« gesprochen: »Die Norddänen haben im Norden von sich denselben
Seearm, den man Ostsee heißt, und im Osten von ihnen ist das
Volk der Osti, und die Abodriten im Süden ... Die Osti haben
im Norden von sich denselben Seearm, auch die *Winedas* und

die Burgunden [Bornholmer]; und im Süden von ihnen sind die Haefeldun [Heveller].« Die »Osti« (»Usti«) waren wohl die Usedomer (Uznamer). Der Historiker Manfred Kluger und der Sprachwissenschaftler Martin Lehnert setzen sie völlig korrekt »südlich der offenbar insularen Winedas« an.[1]

Handelte es sich vielleicht sogar um einen zweiten Orts- oder Flurnamen, der mit den Wenden gar nichts zu tun hatte? Helmolds Wirkungsstätte war Bosau am Plöner See, und das lag im Land der Wagrier, war somit ebenfalls Wendenland, und er spricht auch von den »sehr ausgedehnten Landen der einst Wandalen, jetzt aber Wenden oder Winuler [im lateinischen Text ›Winithi sive Winuli‹] genannten Slaven«[2]. Die gleiche Angabe finden wir bei Adam: »Das Slawenland, Germaniens weiträumigste Landschaft, wird von Winilern [lat. ›Winuli‹] bewohnt, die früher Wandalen hießen.«[3] Die Wandalen waren kein slawischer, sondern ein germanischer Stamm.

Wo eindeutige Belege fehlen, kann man nur zu Hypothesen greifen. Die Urheimat der Langobarden, eines zu Tacitus' Zeiten am Unterlauf der Elbe ansässigen Germanenstammes, soll Schonen (die heutige Landschaft Skåne an der Südspitze Schwedens) gewesen sein, wo sie sich »Winniler« nannten. So berichtet es der langobardische Geschichtsschreiber Paulus Diaconus (um 720–799) in seiner *Historia Langobardorum*, die aus der in der zweiten Hälfte des 7. Jahrhunderts niedergeschriebenen *Origo gentis Langobardorum* (Ursprung des Langobardenstammes) schöpft. Adam und dem belesenen Helmold müssen diese Werke bekannt gewesen sein. Ein Teil der Winniler wanderte im 1. Jahrhundert vor Christus in ein Land »Skoringa« aus – vom nordischen »skora« (Einschnitt, Kluft) bzw. altenglischen »scoru« (Grenze, Ufer). Also Küstenland? Jedenfalls wird heute angenommen, daß es sich um ein Gebiet an der Ostseeküste handelte. Nach einer siegreich bestandenen Auseinandersetzung mit einem Heer der Wandalen (die ebenfalls im 1. Jahrhundert v. Chr. aus Skandinavien kamen) zogen die Winniler, die sich – der sagenhaften Überlieferung zufolge – nach der Schlacht mit den Wandalen Langobarden (Langbärte) nannten, in das Land »Mauringa« (Marschen- oder Moorland). Auf dem Weg dorthin stellten sich ihnen Krieger der Assipiter, eines bislang nicht identifizierten Germanenstammes, entgegen. Um ihre Schlagkraft zu vergrößern, nahmen die Langobarden Sklaven in ihr Heer auf, die dazu einen »Fahneneid« leisten, nämlich ihre Treue durch Berührung eines Pfeils schwören mußten.

»Skoringa« wie auch »Mauringa« könnte durchaus in den hier betrachteten Raum fallen. Die Barther meinten ja auch, ihr Ortsname leite sich von den Langobarden ab. Aber die hielten sich hier nicht allzulange auf, sondern zogen westwärts in die Lüneburger Heide, wo sie etwa bis Ende des 4. Jahrhunderts ansässig waren. Der Bardengau und die Stadt Bardowick erinnern noch an die Langobardenzeit.

Verliehen die Winniler ihrem Siedlungsgebiet »Skoringa« an der Ostseeküste den Namen »Winnita«? Auf das einfachste kamen wir auch hier erst zuletzt, schon weil die unterschiedliche Schreibweise der mittelalterlichen Chronisten zu allzu vielen Deutungen verleitete. Gehen wir indes einmal davon aus, daß Helmold den Namen richtig schrieb – daß er es einmal mit *v* und einmal mit *w* tat, können wir übergehen. Dann nämlich kommen wir auf das gotische »winja«, das im Althochdeutschen »winnia«, auch »wunnia«, und im Mittelniederdeutschen »winne« hieß und ganz einfach »Weideland«, auch »urbar gemachtes Land« bedeutete. Für das auslautende *ta* stand ursprünglich »tha« (Feld, eigentlich schneefreies Feld). Das scheint das ganze Geheimnis von »Winneta« zu sein. Die germanischen Mitbewohner der »prouincia Barta« hatten den ursprünglichen Flurnamen ebenso bewahrt wie die Bezeichnung Immenau, das die Slawen dann zu Barth machten. König Alfred von England hatte also die geographische Lage der »Win(n)edas« korrekt wiedergegeben. Es handelte sich um die Insel Immenau.

Die Begriffe »vin« (Wiese), »vinna« (Arbeit), »winnan« (kämpfen, wüten, auch erwerben, gewinnen) sowie »winne« (Boden für den Anbau gewinnen), »winja«, »winnia« und »wunnia« (Weide, urbar gemachtes Land, aber auch Freude: Der »Wonnemonat« Mai, eigentlich »Winnemonat«, war der Beginn der Weidezeit) scheinen eng miteinander zusammenzuhängen. Arbeit, Kampf, Landgewinnen, gewonnenes Land. Auch scheint der angeblich ursprüngliche Name der Langobarden »Winniler« darauf hinzuweisen. Man hat ihn mit »Kämpfer« übersetzt. Richtiger wäre wohl »Landgewinner«, denn der sagenhaften Überlieferung zufolge handelte es sich um den Teil eines in Schonen ansässigen Volksstamms, der abwanderte, weil die Heimat nicht mehr genug Nahrung bot. Offenbar haben sich die Winniler diesen Namen erst gegeben, als sie auszogen, um Land zu gewinnen. So gesehen war auch jenes »Vinland«, das die isländischen Wikinger um das Jahr 1000 in Amerika (Neufundland) entdeckt hatten, kein Weinland, sondern gewonnenes Weide- und Ackerland.

Schon Friedrich Christoph Dahlmann hatte in seiner *Geschichte von Dännemark* starke Zweifel an der Existenz einer Jómsburg angemeldet: »Die Hauptsache beruht bei Jomsburg auf dem Urtheile der Jomsvikingasaga. Läßt man sie fallen, so bleibt zu erwägen, was auch bei Snorre [der Isländer Snorri Sturluson (1178/79–1241), Verfasser der *Heimskringla*] schon die Sage vergrößert hat.«[4] Man bedenke auch die merkwürdige Distanz, die die *Knytlinga Saga* zu ihrer diesbezüglichen Quelle, der *Jómsvikinga Saga*, zu wahren suchte.

Ganz rigoros vermerkt der schwedische Historiker Lauritz Weibull im Jahre 1911: »Das nordische Jomsburg und die Jomswikinger, die die dänischen und isländischen Sagen kennen, haben nie existiert.«[5] Der anfänglich (1926) so streitbar gegen die Wollin-Version gestimmte Direktor des Berliner Museums für Vor- und Frühgeschichte Carl Schuchhardt gab ein paar Jahre später klein bei. Alles, was die *Sagas* meldeten, sei unglaubhaft, bei deren Schilderungen handle es sich um »eitel Renommistereien« und »fabelhafte Kriegsfahrten der Jomswikinger«[6]. Felix Niedner hingegen, Übersetzer und Herausgeber vieler nordischer *Sagas*, sagte dazu 1924: »Sicher ist, daß diese Burg bestanden hat ... Ob Harald Blauzahn, wie die Knytlingasaga erzählt, sie selbst gegründet hat, mag zweifelhaft sein. Doch ist sie wohl zu seiner Zeit von den Dänen angelegt worden, die erste Niederlassung der Nordmänner an der heute deutschen Ostseeküste.«[7] Was ist nun richtig?

Zwischen den *Sagas* und dem Buch des Saxo Grammaticus gibt es nachweislich enge Verbindungen. In der *Knytlinga Saga* finden sich Passagen, die wörtlich mit Saxos Buch übereinstimmen. Und die *Jómsvikinga Saga* hat eindeutig auf dieses Buch zurückgegriffen, so daß es später leicht fiel, die so vieldiskutierte Burg bei oder in Julin/Wollin anzusiedeln.

Hat es eine Jómsburg wirklich gegeben? Es war der Name einer mit Burgen befestigten Stadt, wie eben die *Saga* auch Cammin (pomoranisch: »kam«; polnisch »kamien« [Stein]) in »Stein-borg« und Stettin in »Burstaborg« (polnisch »szczecina« [Bor-ste]) übersetzt hat. Saxo Grammaticus weiß nichts von einer Jómsburg, sagt nur, Harald habe »einen angemessenen militä-rischen Stützpunkt bei Iulinum« gebildet.[8] Natürlich war dieser Stützpunkt eine Burg. Saxo kennt aber ihren Namen nicht, der ihr nur in den *Sagas* gegeben wird; und in denen ist ganz offen-sichtlich zum einen von der Burg selbst, zum anderen von der Stadt die Rede, die Saxo Julin nennt.

Die möglicherweise von Harald Blauzahn in der zweiten Hälfte des 10. Jahrhunderts angelegte *dänische Festung* hatte bald keine Berechtigung mehr. Sie dürfte die Jahrtausendwende kaum überlebt haben. Bis dahin sickern in den *Sagas* noch Na-men dänischer Wikinger durch, die die Burg beherrscht haben sollen. Danach haben wohl die Barther bzw. Immenauer die Herrschaft über die Feste übernommen, und alles, was die *Sagas* dann über die »Jómsburg« berichteten, gehört in den Bereich der Fabel. Die *Jómsvikinga Saga* schließt mit einer Niederlage der dänischen Wikinger gegen die Norweger noch vor der Jahrtau-sendwende ab. Wenn wir hier dieser *Saga* trauen dürfen, gab es schon von da an nichts mehr über eine *dänische* Festung an der südlichen Ostseeküste zu berichten. Das erklärt auch, weshalb weder Adam von Bremen noch Helmold von Bosau eine *däni-sche Seeburg* bei »Jumne« erwähnen.

Die Dänen waren wegen der ständigen Niederlagen bei den Heimsuchungen ihres Landes durch die »slawischen Wikinger« zutiefst verletzt. Das durfte nicht sein. Nirgends in den *Sagas* ist deshalb auch die Rede davon, daß jemals Wenden den Sieg über dänische Truppen erfochten hätten. Nachdem die Dänen dann seit 1159 das Pommernland westlich des (heutigen) Peenestroms verwüstet hatten, entstanden die Legenden von den »heroischen« Feldzügen, und aus den pommerschen Beherrschern der Burg wurden Dänen, dänische Idealwikinger.

Wo die von den Dänen begründete Burg im Barther Land ge-legen haben könnte, ist ein vielerwogenes Rätsel. Im Hafen-gebiet des heutigen Boddens selbst? Der rege Schiffsverkehr in diesem Bereich wäre der Burgbesatzung höchst ungelegen gewe-sen. War es die Hertesburg am östlichen Ufer des Prerowstroms, der den Darß einst vom Zingst trennte? Wir sind wiederholt dort und nicht gerade begeistert gewesen über die Hotelbebauung des noch gut erkennbaren Burgwalls, auf dem bis zum 14. Jahrhundert das »ol slat«, das alte Schloß, stand. Ganz in der Nähe davon war 1873 der große Schatzfund gemacht worden.

Die Barther oder Immenauer hätten sich diese Überwachung, die den *Sagas* zufolge bereits im 10. Jahrhundert errichtet worden sein soll, schwerlich gefallen lassen. Denn wie sagte doch Ibrahim: »Ihre Streitkraft ist gewaltig.« Diese Worte bezogen sich auf das Jahr 966 oder 973. Um diese Zeit muß Harald Blauzahn auch seinen »angemessenen militärischen Stützpunkt« errichtet haben.

Schließlich war da noch der Name »Bartstein« auf der Boddenhalbinsel westlich von Barth mit den seltsam anmutenden Namen »Vordersten Berge«, »Mittelsten Berge« und »Hintersten Berge«. Das klingt reichlich verquer. Wahrscheinlich handelte es sich hierbei um den Hinweis auf eine Steinburg: vor der Steinburg, inmitten bzw. hinter der Steinburg, vielleicht gab es auch drei Burgen, also eine vordere, eine mittlere und eine hintere Steinburg. Wir haben das Gelände nur flüchtig abgesucht. Bodenwälle verlockten zwar zu der Annahme, hier oder dort könnte eine Steinburg gestanden haben. Nur ist das Gelände im Zweiten Weltkrieg gründlich durchwühlt worden. Artilleriestellungen befanden sich dort, auch ein Kriegsgefangenenlager. Und die Steine einer Burg in dieser Gegend dürften schon in früher Zeit für den Bau von Behausungen abgeholt worden sein. Später wurden sie für den Straßenbau gebraucht. Man müßte nach den Fundamenten suchen. Doch kam unserer Ansicht nach auch die »Steinburg« für eine dänische Burganlage nicht in Frage.

Wenn es diesen Stützpunkt mit einer Burg gegeben hat – Saxo schreibt ja, er sei *bei* »Julin« angelegt worden –, mußte sein Standort an anderer Stelle zu suchen sein. Dafür kam am ehesten »Strela« (Devin) mit dem Deviner See in Frage, in oder vor dem es dann ebenfalls eine Stauwehr bzw. Schleuse gegeben haben muß. Wir wissen nicht, aus welcher Quelle die *Jómsvikinga Saga* die detaillierte Schilderung einer solchen Anlage hat, aber sie ist logisch. Der Deviner See, heute eine Bucht des Strelasunds, hätte sich für eine Schleusenanlage gut geeignet. Und wenn wir der *Jómsvikinga Saga* insofern glauben dürfen, daß

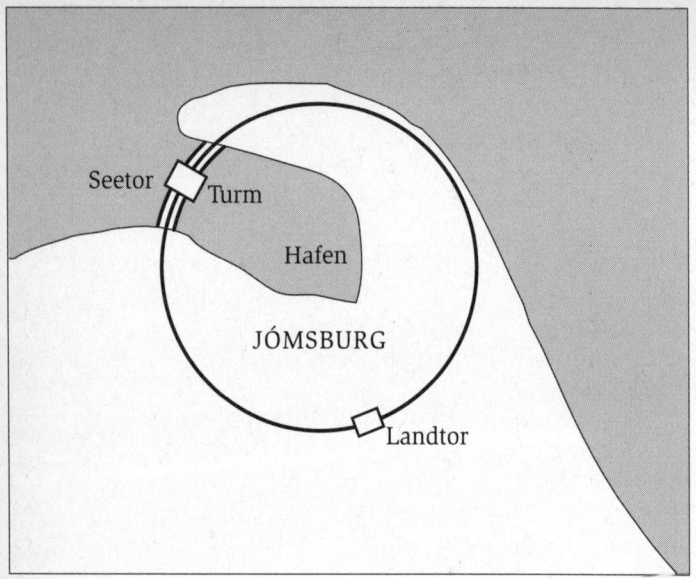

Abb. 16: Carl Schuchhardts Zeichnung von der Jómsburg nach den Darstellungen der *Jómsvikinga Saga*.

der Hafen der dänischen Wikinger bei der Burg Platz für dreihundert Langschiffe bot, dann kommt – alle möglichen Veränderungen der Gewässer- oder Küstenlandschaft berücksichtigend – der Deviner See dafür sehr wohl in Frage. Carl Schuchhardts 1926 angefertigte Zeichnung der Burganlage nach den Darstellungen der *Jómsvikinga Saga* deckt sich (wenngleich seitenverschoben) ziemlich genau mit dem Ausgang des Deviner Sees.

Die Slawen nannten die Burg offenbar »Strela«. Und da sich die Burganlage über die Engstelle im Deviner See wahrscheinlich bis zur Insel »Strela« (die heutige Burgwallinsel) erstreckte, erhielt nicht nur das Festland der Deviner Halbinsel diesen slawischen Namen, sondern auch die heutige Burgwallinsel. Es fällt auf, daß »Strela« in den Darstellungen Saxos und der nordischen *Sagas* oft Ausgangspunkt für Feldzüge der Dänen gegen die Landschaft Tribsees (»Tribiden«) war. Schon deshalb halten wir die (schon von Autoren des 18. Jahrhunderts angezweifelte)

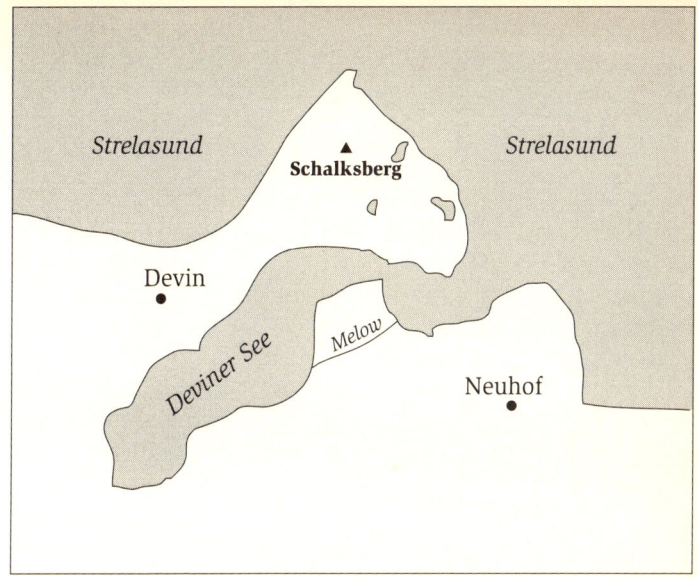

Abb. 17: Der Deviner See mit der Burgwallinsel.

Identifizierung »Strelas« mit dem Dänholm, der zwischen Stralsund und der Insel Rügen liegt, für abwegig. Eine Insel, die zwischen zwei feindlichen Fronten liegt, wäre der denkbar schlech-
teste Ausgangspunkt für Feldzüge gewesen.

Daß die hier angebotene Interpretation von »Strela« keine
bloße Konstruktion ist, belegt der Name des (heutigen) Schlosses Strehla bei Riesa. Dort hatten die Slawen nach 928 die Burg
»Strela« zur Sicherung des Elbübergangs angelegt. Sie wurde im
Jahre 1002 von dem Polenherzog Bolesław I. zerstört. »Strela«
(Pfeil) muß bei den Slawen eine weithin gebräuchliche Bezeichnung für Burganlagen gewesen sein. Auch Stralau im Berliner
Stadtgebiet oder Stralendorf südlich von Schwerin gehen wohl
auf slawische Burgen zurück.

Von der Burg »Strela« haben dann der Strelasund, »Stralow«
und schließlich die Stadt Stralsund ihren Namen bekommen.
Wann die Burg endgültig zerstört wurde, wissen wir nicht.
Wahrscheinlich geschah dies erst Ende des 12. Jahrhunderts.

DER VULKANSTOPF

Bei unseren Wanderungen im September 1996 hatten wir immer wieder nach dem Standort des bei Adam von Bremen erwähnten Vulkanstopfes in »Jumne« gesucht, unter dem allgemein ein Leuchtfeuer, ein Leuchtturm, vermutet wurde. So dachten auch wir noch, als wir uns am letzten Abend des »Arbeitsurlaubs« in unserem Feriendomizil zusammensetzten.

Adam schrieb: »Hier steht ein ›Vulkanstopf‹, die Einwohner sprechen von ›griechischem Feuer‹, auch Solinus gedenkt seiner.« Adam muß doch ebenso wie seinem Informanten, also Sven Estridsen, der Leuchtturm von Pharos, das Siebente Weltwunder, bekannt gewesen sein. Und dann sagt er noch, Solinus habe darüber geschrieben.

Dieser Gaius Iulius Solinus hatte im 3. Jahrhundert eine *Sammlung wissenswerter Dinge* verfaßt, die größtenteils aus der *Naturgeschichte* von Plinius d. Ä. (24–79 n. Chr.) entlehnt waren. Aber da stand nirgends etwas von einem Vulkanstopf oder einem griechischen Feuer. Solinus hatte mal was von einer Vorrichtung zum Geben von Feuerzeichen geschrieben, die man Pharos nenne, aber damit konnte er niemals ein »griechisches Feuer« gemeint haben. »Griechisches Feuer« stand für eine Vorform des Schießpulvers (wahrscheinlich aus Kolophonium, Schwefel und Salpeter bestehend), die 673 bei der Belagerung von Konstantinopel zum erstenmal angewandt worden sein soll. An anderer Stelle schreibt Solinus über ein »Medicum oleum«, das bedeutete jedoch soviel wie heilsames Öl. Auch das konnte folglich nicht gemeint gewesen sein. Wir lasen den betreffenden Satz Adams noch einmal in Lateinisch, doch die Übersetzung stimmte. Die Einwohner hätten den Vulkanstopf »Olla Vulcani« als »Grecum ignem« bezeichnet.

Leuchtfeuer sind in Norddeutschland für eine so frühe Zeit wie das 11. Jahrhundert bisher nirgends nachweisbar. Wenn es sich jedoch tatsächlich um ein Leuchtfeuer gehandelt haben sollte, konnte das nur an einer Mündung in die Ostsee gestanden haben. An einem Gewässer innerhalb des Boddenlandes, also östlich des Oderdeichs, hätte es keinerlei Funktion gehabt.

Adams Schilderung bezog sich aber ganz offensichtlich auf das Handelszentrum von Vineta (»Jumne«). Und weshalb erwähnt Helmold diesen Vulkanstopf mit keinem Wort? Zu seiner Zeit ist Vineta bereits zerstört, und mit ihm offenbar der Vulkanstopf. Es mußte etwas anderes gemeint gewesen sein als ein Leuchtfeuer.

»Klaus, du hast doch den Ätna gesehen, was ist bei dir haften geblieben von seinem Anblick?«

»Ein Berg, der qualmt. Natürlich, ein Leuchtturm leuchtet, aber er qualmt nicht, jedenfalls wäre das nicht sein wichtigstes Merkmal.«

Als wir auf der Aussichtsplattform des Barther Kirchturms standen, verglichen wir das vor uns liegende Panorama mit der Karte. Da gibt es eine Stelle im Barther Bodden, die Barther Heerd heißt, mit Tiefenangaben zwischen 0,6 und 1,5 Meter. Was für ein Herd sollte da gestanden haben, bevor die Flut hereinbrach?

Der Herd konnte nur eine Salzsiedepfanne gewesen sein. Etwa einen Kilometer nördlich von diesem Herd ist an einem kleinen Landzipfel der Name Salzhaken eingetragen. Mit Haken wird gewöhnlich ein Strandwall, auch eine Untiefe mit Steingrund bezeichnet. Ein Strandwall bzw. Steingrund im Wasser aus Salz wäre ein Unding. Offenbar handelte es sich hier um einen Salzhagen, eine abgedämmte Fläche, in die (aus dem Prerower Strom?) Meerwasser eingeleitet wurde. Unter der Sonneneinstrahlung und mit Hilfe des Windes verdunstete das Wasser, und die konzentrierte Sole wurde dann im »Vulkanstopf« eingesiedet. Georg Jacob, der Übersetzer und Herausgeber der *Arabischen Berichte von Gesandten an germanische Fürstenhöfe aus dem 9. und 10. Jahrhundert*, gibt eine Schilderung des arabischen Kosmographen Quazwini zur Salzgewinnung der Slawen wieder. Quazwini, der im 13. Jahrhundert im heutigen Spanien lebte, greift dabei auf Quellen des 11. Jahrhunderts zurück:

»Schuschit ist ein Kastell im Lande der Slawen. Dort gibt es eine salzige Quelle, während es sonst kein Salz in jener Gegend gibt. Wenn die Leute Salz brauchen, nehmen sie von dem Wasser dieser Quelle, füllen damit die Kessel, stellen sie in einen Ofen aus Steinen und zünden darunter ein großes Feuer an; so wird es dickflüssig und trübe. Dann läßt man es, bis es kalt wird, und es wird festes weißes Salz. Auf diese Weise wird das Salz in sämtlichen Ländern der Slawen hergestellt.«[9]

Im Winter wurde durch die Eisbildung die Konzentration der Sole in dem unter der Eisdecke liegenden Wasser ebenfalls erhöht. Man konnte also in dem Salzgarten (Salzhagen) das Eis abnehmen und die darunterliegende Sole abtransportieren oder aber in tiefer liegende Becken ableiten, von wo sie dann in die Salzpfannen kam.

Wahrscheinlich bezogen die Immenauer das kostbare Gewürz und Konservierungsmittel auch aus anderen Gebieten, wie beispielsweise von der Saline bei dem heutigen Greifswald. Etwa zwei Kilometer nördlich der Ortschaft Wieck auf dem Darß verweist die Detailkarte auf einen »Salzsteinbruch«. Den kann es auf dem nur wenig über NN liegenden Darß allerdings nicht gegeben haben. Vielleicht wurden auch größere Mengen aus dem heutigen Bad Sülze oder aus Marlow und Körkwitz importiert. Genaueres wissen wir über die Salzbeschaffung der Vineter bislang nicht. Nicht abwegig wäre es auch, den Namen der Ortschaft Saal, nach der der Saaler Bodden benannt ist, mit Salz in Verbindung zu bringen.[10]

Salz gehörte zu den lebenswichtigsten Dingen jeder Stadt, noch dazu, wenn sie stark vom Fischfang abhängig war. Und das Salz mußte stets frisch sein. Die Salzsiederei war also ständig in Betrieb. War das die Lösung des Rätsels um Adams »Vulkanstopf«?

Hatte vielleicht die endgültige Zerstörung der Provinz Barth auch etwas mit Konkurrenzkämpfen zu tun? Nach der Flutung ihrer im Bodden gelegenen Ländereien werden sich die Immenauer bemüht haben, den alten Zustand wiederherzustellen. Nur war das allein mit der Reparatur der Deiche nicht getan. Es brauchte noch viele Jahre, bis das Boddenland wieder nutzbar war. So griff man auf die Salzwiesen zurück, eingedeichte Landstücke, in die man Meerwasser leitete und nach dessen Verdampfen unter der Sonnenwärme oder nach der Eisbildung im

Winter die Sole erntete. Am östlichen Ausgang des Boddens zum Meer weist die Detailkarte auf dem südlichen Festland noch heute den Namen Salzwiesen aus. Diese Art der Salzgewinnung – soweit es das Verdunsten betrifft – finden wir noch heute in südlichen Ländern. Daß bei dem relativ geringen Salzgehalt der Ostsee die »Ernte« an Sole weniger ertragreich war, steht auf einem anderen Blatt. Man brauchte dort eben entsprechend größere Flächen. Und wie war das mit der Konkurrenz?

Immenaus Konkurrent im Seehandel war vor allem Lübeck, das sein Salz aus Oldesloe bezog. Das Salz war es dann auch, das zur dritten Gründung von Lübeck führte. Heinrich der Löwe ließ 1153 die Salzquellen von Oldesloe verstopfen, um die Konkurrenz für seine Saline in Lüneburg auszuschalten. Damit zwang er zugleich den Grafen von Schauenburg, ihm Lübeck »freiwillig« abzutreten. Ein Jahr davor hatte der Graf mit Hilfe des Obodritenfürsten Niklot das Land der Kessiner westlich des Unterlaufs der Oder (Recknitz) überfallen. Dort befanden sich die Salzlager von Sülze, Marlow und Körkwitz. Und wie wir bereits vernahmen, war der Feldzug Waldemars zur endgültigen Vernichtung der Provinz Barth wohl mit Heinrich abgestimmt worden.

Doch was konnte eine Salzsiederei mit »griechischem Feuer« und dem alten Solinus zu tun gehabt haben? Auch hier lag die Lösung fast auf der Hand. Wir versuchten, uns in die Lage des Dänenkönigs Sven Estridsen zu versetzen, als er Immenau besuchte. Wann das war und ob Sven da schon über Dänemark herrschte, ist uninteressant. Natürlich war auch sein Privatsekretär oder Geheimschreiber dabei, der alles Gesehene und Gehörte festhielt. Möglicherweise hatte er sogar einen gebürtigen Wenden als Dolmetscher in seiner Begleitung.

Das mußte jedoch nicht sein, weil Immenau auch von Nordländern bewohnt wurde, deren Sprache sich indes in vieler Hinsicht der Sprache der slawischen Pommern angeglichen hatte. Die Sachsen und Westfalen, die vor rund zweihundert Jahren nach Rußland gingen, sprechen heute einen Dialekt, der mit vielen Russizismen durchsetzt und für uns oft kaum verständlich ist. Hatte also Sven Estridsen aus den Notizen seines Schreibers etwas herausgelesen, was gar nicht gemeint war?

Nehmen wir zunächst das »griechische Feuer«. Adam schreibt von »Grecum ignem«. Bei den Slawen sind die Griechen die »Greki«. Ganz ähnlich klingt das altslawische Wort für Erhitzen, nämlich »greti«. Ein Immenauer hatte dem König erklärt, daß das Feuer zum Erhitzen der Salzsole da sei, und der Sekretär notierte flugs Feuer, »greti«. Sven las das *t* als *k*, und das griechische Feuer war geboren.

Und die Sache mit dem Solinus? Wir wollen die Immenauer nicht unterschätzen, aber auch nicht überschätzen. Griechische oder römische Schriftsteller dürften ihnen kaum bekannt gewesen sein. Svens Gastgeber führten die Salzsiedeanlage vor und nannten sie »solina plita« (Salzherd). Jedenfalls meinte Sven, daraus den Namen Solinus heraushören oder herauslesen zu müssen.

Natürlich waren wir uns einig, daß dies eine gewagte, aber für uns immerhin die logischste von allen Erklärungen für Adams »Olla Vulcani« und »Grecum ignis« war. Ob sie stimmt, läßt sich mit gezielten Tauchunternehmungen vor Ort nachweisen, sofern die Herdstelle nicht den Ausbaggerungen im Barther Bodden Mitte der zwanziger Jahre oder schon im vorigen Jahrhundert zum Opfer gefallen ist. Die Wasserbauarbeiter hatten damals wenig für archäologische Entdeckungen übrig. Schließlich ahnte ja niemand, daß da mal ein Teil von Vineta gelegen hatte. Auch Reste der einstigen Salzgärten müßten, vermutlich im Torf gelegen, archäologisch nachweisbar sein.

13. EIN IRRTUM, DER GESCHICHTE MACHTE

> »Das große Carthago führte drei Kriege. Es war
> noch mächtig nach dem ersten, noch bewohn-
> bar nach dem zweiten. Es war nicht mehr auf-
> findbar nach dem dritten.«
>
> Bertolt Brecht

Wenn der Hauptstrom der Oder bis Mitte des 12. Jahrhunderts Grenzfluß zwischen Lutizenland und Pommernland gewesen war, mußte Vorpommern, für die Geschichtsschreibung bis
heute eine Terra incognita, von jeher der westliche Teil Pommerns gewesen sein. Folglich mußte es sich auch in die Geschichte Pommerns, soweit sie uns seit der ersten Hälfte des
12. Jahrhunderts leidlich bekannt ist, einfügen. Im Jahre 1121 unterwarf sich der Polenherzog Bolesław III. die Pommern mit
Feuer und Schwert, angeblich wegen seines Glaubenseifers.
Weil ihm die Bekehrung zum Christentum auf diese Weise nicht
gelingen wollte, soll er den Bischof Otto von Bamberg eingeladen
haben, unter den »grausamen Barbaren« zu missionieren.[1] Der
schon betagte Otto (er war seit 1102 Bischof von Bamberg) brach
im Juni 1124 mit einer Schar von Getreuen zu der Reise nach
Pommern auf.[2] Zuvor traf er sich mit Bolesław und dann mit
dem, wie es heißt, heimlich zum Christentum übergetretenen
Pommernherzog Wartislaw I. Beide sollen den Bamberger nach
Kräften unterstützt haben.

Der 1189, ein halbes Jahrhundert nach seinem Tod, heiliggesprochene Otto unternahm 1128 noch eine zweite Missionsreise nach Pommern. Über die Begebenheiten während der beiden Reisen werden wir in drei Biographien des heiligen Otto unterrichtet.

Da ist zum einen die zwischen 1151 und 1159 entstandene *Vita Ottonis episcopi Babenbergensis* des Ebo von Michelsberg (gest. 1163), zum zweiten der *Dialogus de Ottone episcopo Babenbergensi* des Herbord von Michelsberg (gest. 1168) und zum dritten die *Vita Ottonis Babenbergensis Episcopi*, die ein namentlich unbekannter Mönch aus dem Kloster Prüfening bei Regensburg verfaßt hat. Adolf Hofmeister, der Herausgeber und Übersetzer dieser Vita, datiert ihre Entstehungszeit zwischen 1140 und 1146 und bezeichnet sie als »die weitaus wichtigste der drei alten Lebensbeschreibungen«[3]. Allerdings standen Hofmeister bei seiner in Latein gehaltenen Publikation von 1924 und der Übersetzung von 1928 keine Originale zur Verfügung, sondern Abschriften, die zwischen dem ausgehenden 12. und dem 15. Jahrhundert angefertigt worden sein sollen. Inwieweit von solchen Abschriften Originaltreue zu erwarten ist, haben wir bereits erörtert. Auch was das Datum der Abschriften betrifft, sollte man nicht zu sicher sein. Das Alter der (überwiegend undatierten) Abschriften wurde meist nur aus dem Zusammenhang mit darin im nachhinein geschilderten Ereignissen eruiert.

Hofmeister meinte trotzdem, die Prüfeninger Vita sei topographisch verläßlicher als die Biographien Ebos und Herbords.[4] Otto habe in Julin/Wollin missioniert, und danach sei schließlich die Deutung der lateinisch stark entstellt wiedergegebenen anderen Ortsnamen auszurichten. Aber gerade die Topographie ist es ja, die in den Abschriften von Werken unserer »Altvordern« immer wieder nachgebessert wurde. Das sollten wir den Kopisten nicht einmal zum Vorwurf machen. Sie waren eben gewissenhaft genug, die Darstellungen an dem Landschaftsbild zu überprüfen, das ihnen von Reisenden zu ihrer Zeit geschildert wurde. Der Hauptstrom der Oder veränderte seinen Lauf, ganze Städte und Ortschaften in Pommern verschwanden mit den Überfällen der Polen, Sachsen und Dänen. Auf diese Weise ist letztlich auch die falsche Lokalisierung von Vineta entstanden.

Wenden wir uns zuerst dem Werk Herbords zu. Nach eigenem Bekenntnis hat er Otto selbst nicht mehr kennengelernt. Seine Darstellung beruht auf dem wohl mehr oder weniger erfundenen Dialog zwischen Tiemo, einem Zögling Ottos, und Sefrid, der an beiden Missionsreisen Ottos beteiligt gewesen sein will. Der Dialog zwischen den beiden macht den Bericht zu einer für den damaligen Geschmack »spannenden« Lektüre. Zwar ist er von reichlichen Bibelzitaten und Wundertaten überlagert, muß jedoch für das Gemüt des einfachen, nicht übermäßig vorgebildeten Mönchs eine willkommene Abwechslung gewesen sein. Das heldenhafte Gebaren Ottos und die Wunder, die sich während seiner Mission ereignet haben sollen, ließen ihn geradezu als zweiten Heiland erscheinen.

Allerdings ist uns auch hier kein Originalmanuskript überliefert. Im Vorwort zu der 1869 erschienenen deutschen Übersetzung wird Herbord mit den Worten zitiert: »Das wird, wie mit Absicht, eine künstliche Ordnung werden, da das zuerst Geschehene zuletzt erzählt wird.« Dies soll auch der Anlaß zu den häufigen Überarbeitungen des Textes seit Ende des 12. Jahrhunderts gewesen sein. Wir hegen da einige Zweifel.

Die Abschreiber orientierten sich immer wieder an dem, was Reisende von dem doch recht abgelegenen Land berichteten. Die Topographie mußte dabei völlig durcheinander geraten. Auf diese Weise wurde etliches im nachhinein eingefügt oder neu interpretiert.

Welche Stadt meinten Ottos Chronisten? Im Mittelpunkt von Ottos Missionsreisen stehen Pyritz (heute polnisch Pyrzyce, südöstlich von Stettin), Cammin, Stettin und Julin. Da heißt es bei Herbord: »Nachdem wir dort [in Cammin] fast fünfzig Tage verbracht hatten, erhielten wir von dem Herzoge Gesandte und Führer, Bürger der Stadt, nämlich Domizlaus und seinen Sohn, angesehene Männer, und fuhren zu Schiff über Seen und Meerbusen nach Julina. Das ist eine große und feste Stadt, und die

Einwohner derselben waren grausam und barbarisch.«[5] Das heutige Wollin, das immer mit diesem Julin identifiziert wurde, liegt etwa siebzehn Kilometer südlich von Cammin. Wozu brauchte man für diese kurze Reise Gesandte und Führer? Und wieso mußte man auf der Reise »Seen und Meerbusen« passieren? Ganz ohne Zweifel war hier eine andere Stadt gemeint. Aber welche?

Bleiben wir bei »Julina«, eben jenem Julin oder »Iulinum«, das wir schon so oft erwähnt haben. Als des Bischofs Mannen von den Julinern abgewiesen werden, gingen sie »über den See« und blieben »sieben Tage jenseits des Sees, der die Stadt umgab«[6]. Bei Wollin geht die Dievenow, ein Abfluß der Oder, vorbei, doch findet man da keinen See, schon gar keinen, der die Stadt umgibt. Nach der Prüfeninger Vita liegt die Stadt Julin »an dem Fluß Oder, nicht weit vom Meer«[7]. Darin können wir dem Prüfeninger Mönch zwar zustimmen, nur paßt das nicht so recht zu Ottos zweiter Reise in diese Stadt, wie sie Herbord schildert. Nachdem Otto und seine Mannen in Stettin, »Gartz« (?) und »Lubzin« (?) erfolgreich missioniert hatten, »fuhren wir den Oderfluß hinab ins Meer und segelten dann mit günstigem Winde nach den Gestaden von Julin«[8]. Wenn die Stadt *direkt* an der Oder lag, mußte man nicht über das Meer segeln. Herbords Übersetzer, Hans Prutz, meinte in dem »Meer« das Stettiner Haff zu erkennen. Dieser später als »mare recens« bezeichnete Bodden dürfte jedoch – unseren Untersuchungen zufolge – zu Ottos von Bamberg Zeiten noch gar kein »Meer« gewesen sein.

An der Odermündung in das Meer lag für Adam und Helmold die irrtümlich als »Stadt« betrachtete Provinz Immenau bzw. Barth. Ihre am und im Bodden östlich der Oderdeiche gelegene »Hauptstadt« ließ sich jedoch erst erreichen, nachdem man die meerartige Mündungsbucht (den Saaler Bodden) überquert hatte.

Dann wiederum heißt es bei Herbord: »Weil aber diese Stadt im Mittelpunkte Pommerns liegt und die Juliner Bürger tapfer sind und harten Nackens, so meinten sowohl Herzog Wartizlaus als die Fürsten des Landes, daß dort ein Bischofssitz werde errichtet werden müssen ... So ordnete er an, daß dort zwei Kirchen gebaut würden ...«[9]

Für Adolf Hofmeister, der Wollin uneingeschränkt mit Vineta identifiziert, liefert die Prüfeninger Vita die klareren Aussagen, weil sie im Gegensatz zu Herbord eindeutig auf Wollin hindeuteten. Natürlich schreibt auch Herbord von Julin, nur liegt es bei ihm woanders. Daß es jedoch »im Mittelpunkte Pommerns« gelegen haben soll, ist zweifellos von Herbords Abschreibern eingefügt worden, die von der Änderung des Oderlaufs noch keine Kunde hatten, aber eben das heutige Wollin meinten. Für unsere Beweisführung, daß Pommerns Grenze zu Ottos von Bamberg Zeiten an der Odermündung am Fischland lag, ist das nicht ganz uninteressant. Adolf Hofmeister mußte das als geographischen Unsinn sehen, seine Westgrenze Pommerns lag an der Odermündung über die Dievenow, folglich konnte Julin nicht im Zentrum Pommerns zu suchen sein.

Und wie war das mit den beiden Kirchen? Bei Herbord und Ebo war die eine den heiligen Adalbert und Wenzeslaus, die andere Petrus geweiht. Nach der Prüfeninger Vita wurde die aus »Strauchwerk« bestehende Adalbertskirche bei einer Feuersbrunst vernichtet. »Vor dem Tor der Stadt« habe Otto dann ein zweites Gotteshaus, die Michaeliskirche, bauen lassen, »die er auch zum künftigen Bischofssitz bestimmte. Die Verwaltung dieser Kirche erhielt noch zu Lebzeiten des Bischofs ein Priester namens Adalbert, der zu Wasser und zu Lande und auch auf der ganzen Pilgerfahrt sein Begleiter und Tröster gewesen war.«[10] Was denn nun? Nach der Papsturkunde von 1140 sollte »in der Stadt Wulin die Kirche des seligen Albert für ewige Zeiten der Bischofssitz« sein. Adalbert, der erste Bischof Pommerns, war da noch höchst lebendig und auch nicht seliggesprochen (was er auch später nicht wurde). Sollte der päpstlichen Kurie hier eine Verwechslung unterlaufen sein?

Von der Auflistung weiterer Widersprüche zwischen den einzelnen, ursprünglich ja zu etwa der gleichen Zeit entstandenen Viten wollen wir ebenso absehen, wie von Zitaten aus Ebos Werk. Zum einen deckt es sich weitgehend mit dem Herbords, zum anderen ist auch sein Wert als Zeugnis der Geschichte durch die zahlreichen Bearbeitungen erheblich eingeschränkt.

Nun gibt es jedoch außer diesen drei Biographien ein recht aufschlußreiches Schriftstück, einen eigenhändigen Brief Ottos von Bamberg, in dem er Papst Calixtus II. über seine erste Pommernreise berichtet. Er ist in die Chronik des Ekkehard von Aura zum Jahre 1125 eingegangen. Hierin listet der Bamberger Bischof die von ihm missionierten Orte in folgender Reihe auf: »Piriz [Pyritz], Stetin, Vulin, Gamen [Cammin], Colbrech [Kolberg], Belgrad [Belgard], Lubin [›Lubzin‹?], Gresch [›Gartz‹?].«[11]

Wieso schreibt der Bischof von »Vulin«? Er konnte doch im Jahre 1125, nach seiner ersten Pommernreise, noch gar nicht gewußt haben, daß Julin später einmal »Wulin« bzw. »Wolyn« heißen würde.

DER NEUE STADTNAME

Im Jahre 1140 ist also von einem »Wulin« als Bischofssitz die Rede. War damit tatsächlich das heutige Städtchen Wollin gemeint? Die Insel hat ihren Namen erst später nach der für die Christianisierung Pommerns so geschichtsträchtigen Ortschaft erhalten. War Wollin wirklich so geschichtsträchtig?

In der von Papst Innozenz II. am 14. Oktober 1140 unterzeichneten Urkunde, die einem Bischof Adalbert das Bistum Pommern bestätigt, wird der Bischofssitz »in civitate Wulinensi« gelegt. Ein paar Zeilen darunter heißt die Stadt »Willin«. Der Ortsname Julin taucht nicht auf, obgleich man doch annehmen sollte, daß dies bei der mitunter geradezu pingeligen Akribie solcher Urkunden unerläßlich gewesen wäre. Daß die Urkunde nur in einer Abschrift aus dem ersten Viertel des 13. Jahrhunderts überliefert und ihre Echtheit nicht ganz unumstritten ist, soll uns zunächst nicht stören. In späteren Abschriften aus dem 15. Jahrhundert heißt es dann nicht mehr »Wulin«, sondern »Wolin« und für »Willin« steht der Name »Wolyn«.

Auch wissen wir nicht, wann der Bischofssitz tatsächlich errichtet wurde. Der päpstliche Segen ließ mitunter auf sich warten. Beispielsweise erfolgte die Verlegung des Bischofssitzes nach Cammin bereits 1176, was Papst Klemens III. aber erst 1188 bestätigte.

Wie konnte so unvermittelt aus Julin ein »Wulin« bzw. »Willin« werden? Man suchte die Erklärung darin, der Name Julin habe zu sehr an den angeblichen Gründer der Stadt, Julius Caesar, einen »Heiden« also, erinnert. So heißt es auch in der Prüfeninger Vita: »Danach war die dritte Stadt Julin. Diese hat ihren Namen von ihrem einstigen Gründer Julius Caesar und liegt an dem Fluß Oder, nicht weit vom Meer.«[12] Natürlich ist das Unsinn. Die Römer waren nie in Pommern. Aber die Mär war bis weit in die Neuzeit verbreitet. Die Behauptung, der Papst habe deshalb beschlossen, den Namen in »Wulin« zu ändern, läßt sich ebenso

EIN IRRTUM, DER GESCHICHTE MACHTE

nirgends nachweisen. Nichts hätte den Päpsten ferner gelegen. Sie führten ja selbst noch »heidnische« Namen, wie eben Julius, Hadrian oder Alexander.

Etwas einleuchtender scheint die Erklärung zu sein, Julin leite sich von dem germanischen Wort »jul« (Jubelfest) her. Es war ein Fest des Dankes an den Fruchtbarkeitsgott Freyr für den Ernteertrag des Vorjahres und der Bitte um eine gute Ernte im neuen Jahr. Das Fest fand zwischen dem 9. und 16. Januar statt. Die christliche Kirche hat es vorverlegt, verkürzt und zum Fest der Geburt des Heilands erhoben. In den nordischen Ländern heißt das Weihnachtsfest noch heute Julfest.

Geradezu erheiternd liest sich deshalb eine Passage bei Herbord, wo Bischof Otto die »Heiden« belehrt: »Ich aber ermahne euch, daß ihr jenes Unglücks eingedenk [Gott soll einen Slawenpriester gerichtet haben] weder den Jul selbst noch Juls Lanze, noch die Statuen und Bilder der Götzen irgendwie verehrt, das alte Böse von Neuem begehend, damit ihr nicht durch göttliche Strafe Tod, Pestilenz, Feuer und Krieg erleidet.«[13] Einen Gott Jul gab es bei den Germanen gar nicht, viel weniger noch bei den slawischen Pommern. Auch diese Sätze müssen von Herbords Abschreibern und Neuinterpreten hinzugefügt worden sein. Sehr wahrscheinlich wegen der Änderung des Stadtnamens. Auf die gehen jedoch weder die Vita Herbords noch die von Ebo oder dem Prüfeninger ein.

WO BEFAND SICH
DER ERSTE POMMERSCHE
BISCHOFSSITZ?

Wir hatten schon mehrfach davon gesprochen, daß es sich bei Adams von Bremen »größter von allen Städten, die Europa birgt«, um die Provinz Barth gehandelt haben muß. Sven Estridsen hatte dem Bremer Domlehrer die ganze Provinz Barth (oder aber den von der Barthe eingegrenzten Bereich) als eine zusammenhängende »Stadt« geschildert. Klar umrissene Stadtgrenzen gab es in der Provinz nicht, wie überhaupt der Begriff »Stadt« zu jener Zeit etwas anderes war als das, was wir heute darunter verstehen. Großsiedlungen, Dörfer und Weiler mit den dazugehörigen Märkten, Äckern, Wiesen und Wäldern gingen nahtlos ineinander über. Jedenfalls muß die Provinz sehr dicht bevölkert gewesen sein, und sie muß auch ein »Regierungszentrum«, eine »Hauptstadt«, gehabt haben. War es die heutige Stadt Barth, die 1255 Lübisches Stadtrecht erhielt? Doch Barth erhielt seinen Namen nach der Provinz, vergleichbar mit Ribnitz, das um 1233 zur Stadt erhoben und nach dem Land der »ribnici«, der Fischer, also Fischland, benannt wurde. An Ribnitz' Stelle gab es vorher keine Siedlung. Hatten die Deutschen, die gegen Ende des 12. Jahrhunderts das Land besiedelten, Barth an der Stelle errichtet, wo der volkreiche Hauptort der Wenden lag? Von einer »großen und festen Stadt« berichtet Herbord, und die ist – seiner Reiseschilderung folgend – eben nicht mit dem heutigen Wollin identifizierbar.

Wir haben keinerlei direkt informierende Urkunden, auf die wir unsere Hypothese stützen können. Das Wort »Vuloini«, das Widukind von Corvey unter dem Jahr 967 für einen offensichtlich sehr streitbaren Pommernstamm gebraucht hatte und für den wir den wahrscheinlich korrekten Namen »Wuolonje« ermittelt hatten, brachte uns erst auf den Gedanken.

Graf Wichmann hatte sich geschlagen aus dem Wagrierland (Holstein) zurückgezogen und begab sich ostwärts zu den »Vuloini«, mit denen er sich beriet, wie sie gemeinsam den Polenherzog Mieszko bekriegen könnten. Die »Vuloini« müssen ein sehr volkreicher Stamm gewesen sein, wenn Wichmann sie als Verbündete zum Krieg gegen Mieszko auswählte. Der Polenherrscher unterhielt ein ständiges Heer von dreitausend berittenen und geharnischten Kriegern. Es ist völlig ausgeschlossen, daß Wichmann die Bewohner des Städtchens Wollin dazu ausersehen haben soll. Wie viele Einwohner hatte es denn? Herbord nennt für einenhalb Jahrhunderte später Stettin eine »ungeheure Stadt, welche neunhundert Familienväter ohne die Kinder und die Weiber und die übrige Menge enthielt«[14]. Selbst wenn wir diese Zahl für das Julin/Wollin von 973 annähmen, wäre Wichmann nicht so töricht gewesen, mit vielleicht fünfhundert Wehrfähigen das Heer Mieszkos anzugreifen. Das um so weniger, als er damit rechnen mußte, daß Kaiser Otto I. die Polen unterstützen würde, was auch geschah.

Ganz anders die Bewohner der volkreichen Provinz Barth. Hatten sie eine Hauptstadt mit Namen »Wuolin«? Sollte diese Stadt mit dem »Vulin« identisch sein, das Otto von Bamberg in seinem Schreiben an den Papst unter den missionierten Städten Pommerns anführte? Und war das schließlich die Stadt »Wulin«, in der Papst Innozenz II. im Jahre 1140 den pommerschen Bischofssitz bestätigte?

Steinchen für Steinchen hatten wir bis dahin für unser riesiges Puzzle zusammengetragen. Noch fehlten jedoch die Schlußstücke. Paßfähig machen, wie es einige unserer Vorgänger taten, wollten wir sie nicht. Also galt es, auch bislang unbeachtet gebliebene Aspekte einzubeziehen, und dazu gehörte die pommersche Kirchengeschichte.

Im Jahre 1156 gründet Pribislawa, Gattin des Pommernherzogs Ratibor I., das Prämonstratenserkloster Grobe bei der Stadt Usedom. 1159 war das Gotteshaus des »Monasterii Uznamense« fertiggestellt und wurde unter dem Namen »St. Maria et Godeardus« eingeweiht. Von dem Kloster ist heute nichts mehr erhalten. Für ein paar Jahre muß es eine bewegte Geschichte gehabt haben.

»Dieweil König Waldemar lebte, wurden elf Kirchen auf Rügen errichtet, und Bischof Absalon weihte sie. Da ist nun ein Bischofsstuhl in der Stadt, die Usna heißt, und es gibt nun in dem Bistum hundertdreißig Kirchen«, erfährt man aus der *Knytlinga Saga*.[15] Waldemar I. starb 1182, mit »Usna« ist Uznoim oder Uznam, also Usedom, gemeint. Wann soll Usedom Bischofssitz gewesen sein?

Für das Jahr 1164 berichtet Helmold: »Dann brachen sie [Heinrich der Löwe und Waldemar I.] mit vereinter Macht auf, um Pommern weithin zu verheeren, und gelangten an einen Ort namens Stolpe [an der oberen Peene, westlich von Anklam]. Dort hatten Kasimir und Bogislaw lange zuvor eine Abtei gestiftet zum Gedächtnis ihres Vaters Wertislaw, der hier erschlagen und begraben wurde. Er ist als erster unter den Pommernherzögen vom heiligen Otto, dem Bischof von Bamberg, zum [christlichen] Glauben bekehrt worden, hat das Bistum Usedom gegründet und das Christentum im Lande der Pommern zugelassen.«[16]

Wieso hat Wartislaw das Bistum Usedom gegründet? Es gilt doch allgemein als erwiesen, daß Wollin jenes Bistum »Wulin« war? Und wieso läßt sich der Aufenthaltsort des ersten Bischofs Adalbert, dem der Papst 1140 das Bistum Pommern bestätigte, in Wollin weder urkundlich noch durch andere Quellen nachweisen?[17] Warum wird Wollin, das doch als Bischofssitz einiges Ansehen genossen haben muß, nach der Verleihung dieser Würde im Jahr 1140 erst 1188 wieder urkundlich erwähnt? In einer Urkunde von 1168 findet sich ein »Venzeslauo castellano Iulinensi«[18]. Sollte es sich bis dahin nicht herumgesprochen haben, daß die Stadt seit achtundzwanzig Jahren Wollin hieß?

Der renommierte Kirchenhistoriker Jürgen Petersohn schreibt 1979: »Die Bezeichnung ›Bistum Usedom‹ kann … nur so verstanden werden, daß der pommersche Bischof in der zweiten Hälfte des 12. Jahrhunderts zeitweise seinen Sitz in Grobe hatte und die dortige Stiftskirche als Bischofskirche benutzte. Zeitlich ist diese Epoche etwa zwischen den Regierungsantritt Bischof Konrads I. und den Beginn des Kamminer Dombaues, also auf die sechziger und die erste Hälfte der siebziger Jahre des 12. Jahrhunderts, einzugrenzen. Die Gründe für die Übersiedlung Bischof Konrads I. nach Usedom dürften einerseits die zunehmende Unsicherheit Wollins in den dänisch-pommerschen Kämpfen, andererseits das Bestreben, Anlehnung an ein Kanonikerkapitel zu finden, gewesen sein.«[19]

Von einer zunehmenden Unsicherheit Wollins kann allerdings bis 1174 die Rede nicht sein. Zu dieser Zeit erst gerieten Wollin wie auch Usedom in das Fadenkreuz der Dänen, nachdem deren erste Attacke von 1170 auf Wollin gescheitert war. Daß der dänische »Brautfeldzug« von 1130 weder Usedom noch Julin/Wollin betraf, haben wir bereits dargestellt.

Ziehen wir das Fazit. Wollin ist zu keiner Zeit Bischofssitz gewesen. Als die Provinz Barth mit ihrer Bischofsstadt »Wuolin« oder »Wulin« (»Vulin«) 1160 von den Dänen so verheerend heimgesucht wurde, siedelte der Sitz Bischof Adalberts in das Kloster Grobe um, wo er bis 1176 verblieb. Erst von da an ist von einem Camminer Bischofssitz die Rede. Als der Pommernherzog Bogislaw I. das Kloster Grobe im April 1177 besuchte, war es verwaist.[20] Die Prämonstratenser-Mönche hatten ihre Abtei offenbar schon verlassen, als Bischof Adalbert sie 1160 als seinen Sitz beanspruchte.

Von Rom (Papst Klemens III.) bestätigt wurde der Umzug von »Wolyn«, womit aber Grobe, das Interim der Wuoliner aus der Provinz Barth, gemeint war, erst am 24. Februar 1188. Die betreffende Urkunde ist uns nur in zwei Notariatsinstrumenten eines Lambertus Meybom vom 28. November 1370 erhalten, aus einer

Zeit folglich, in der das angebliche Bistum Wollin längst nicht mehr existierte. Meybom beklagt darin die Unleserlichkeit des alten Pergaments. Für »Wulin« aber setzt er nun »Wolyn« als den ursprünglichen Bischofssitz ein. Begründet wird die Verlegung von »Wolyn« damit, daß Cammin »volkreicher und sicherer« (populosior et securior) sei.[21]

Wie aber soll Cammin, das mal so knapp acht Kilometer südlich der Ostseeküste liegt, sicherer gewesen sein vor den Angriffen der Dänen als Wollin? Offensichtlich galt in Rom bis dahin noch immer »Wulin«, also das in der Provinz Barth gelegene »Wuolin«, als Bischofssitz. Dessen Interim zwischen 1160 und 1176[22] im Kloster Grobe scheint dort gar nicht bekannt gewesen zu sein.

Jürgen Petersohn beklagt: »Die Gründungsgeschichte des pommerschen Bistums gehört zu den dunkelsten Abschnitten der osteuropäischen Kirchengeschichte des 12. Jahrhunderts. Die Vielzahl der hierbei auftretenden Probleme ist durch die schlechte Quellenlage bedingt … Jeder neue Bearbeiter dieses Themas muß sich daher darüber klar sein, daß er es trotz vielfältiger Vorleistungen namhafter Forscher auf sich nimmt, eine ›Aufgabe mit mehreren Unbekannten‹ zu lösen.«[23]

Ob Helmold von Bosau wirklich nicht mehr von Vineta gewußt hat, als das, was er bei Adam abschrieb, und ob nicht seine Kopisten in dieser Richtung »nachgebessert« haben, werden wir wohl nie klären können. Er schreibt nur, Vineta *soll* von einem König der Dänen *vernichtet worden sein,* die Ruinen seien noch zu sehen. Und da können wir dem Pfarrer aus Bosau nicht folgen. Er war Zeitgenosse Waldemars I., muß folglich von dessen Taten gewußt haben, auf die er ja, soweit es andere Feldzüge betrifft, auch eingeht. Hatte Bischof Gerold von Lübeck oder dessen Nachfolger Konrad schon einiges in Helmolds Manuskript getilgt, weil es für die Diplomatie der Kirchenfürsten nicht opportun war, oder haben Helmolds Abschreiber dafür gesorgt? Kaum jemand wird sich heute dieser Frage widmen wollen. Wer interessiert sich schon dafür?

War »Wuolin« mit der heutigen Stadt Barth identisch? Und was hatte es mit der bereits erwähnten »villam nobilem in Barth«, der berühmten oder bekannten Siedlung im Gau Barth, auf sich, die Papst Alexander III. im Jahre 1178 dem Bischof von Schwerin bestätigte? Das *Pommersche Urkundenbuch* von 1970 sucht den Ort in Bisdorf, etwa fünfzehn Kilometer östlich der heutigen Stadt Barth, und setzt dahinter ein Fragezeichen. Vielleicht hat in der heutigen Minigemeinde tatsächlich mal ein Bischof einen seiner Landsitze gehabt. Das gesuchte »Wuolin« konnte sie nicht gewesen sein.

Paul Behrens, Rostocker Stadtbürodirektor a.D., verfaßte 1940 mit seiner Broschüre *Vineta via Rethra* einen Aufsatz, der wegen seiner allzu »völkischen« Diktion (bei ihm sind die Wenden Germanen) wenig Beachtung fand. Allerdings war er der erste, der Vineta in der Barther Region ansiedelte. Behrens vermutete die »heidnische Kultstätte« der Vineter auf der Landzunge, die sich zum Koppelstrom hinzieht. »Die heidnische Kultstätte wurde durch den Namen des Erzengels Michael, der den zum

Drachen verwandelten Teufel schlug, christianisiert und in Michaelsdorf umgetauft.«[24] So ganz falsch war diese Vermutung wohl nicht. In der Prüfeninger Vita heißt es: »Außerdem errichtete und weihte der Bischof auch vor dem Tor der Stadt eine zweite Kirche zu Ehren des seligen Erzengels Michael, die er auch zum künftigen Bischofssitz bestimmte.«[25] Wir hatten bereits erwähnt, daß die in der Papsturkunde genannte Albertskirche auf einer Verwechslung mit dem Namen des ersten Pommernbischofs beruhen könnte. Stand der erste – noch aus Holz gebaute – »Dom« im Barther Land in Michaelsdorf? Nachweisbar ist für den Ort eine – wahrscheinlich noch aus Holz gebaute – Kapelle, die gegen Ende des 17. Jahrhunderts abgerissen wurde.

Etwa zwei Kilometer östlich von Michaelsdorf treffen wir auf die Gemeinde Fuhlendorf. Woher kommt der Name? Von Fohlen? Dann allerdings wäre später daraus eben »Fohlendorf« gemacht worden. Überhaupt ist es bemerkenswert, daß viele Ortsnamen in Pommern ihre slawischen Namen bewahrt haben, auch wenn sie vielfach – dem deutschen Sprachgebrauch folgend – entstellt worden sind.

Erwähnt finden wir Fuhlendorf erstmalig in einer Urkunde vom 22. August 1278. Der Rügenfürst Wizlaw II. verkauft darin einen Teil seiner Ländereien auf dem Festland an die Stadt Barth. Unter den Grenzen dieses Gebiets wird »der Weg, der von Vulendorpe nach Pruchute [Pruchten, nordwestlich von Barth], bis an die Grenzen von Pruchute führt«, genannt. Eine andere in der Urkunde erwähnte Gemeinde, »Vulenort«, soll laut dem *Pommerschen Urkundenbuch* an der Landspitze bei Fuhlendorf gelegen haben.[26]

Gehen »Vulendorpe« und »Vulenort« auf »Wuolin« zurück? Mit der Eindeutschung des Namens verschob sich die Betonung auf die erste Silbe, so daß die zweite abgeschwächt wurde. So könnte »Vulen« entstanden sein. Auf der Lubinschen Karte von 1618 ist der Ort noch als »Fülendorp« eingetragen.

Sollte unsere Vermutung zutreffen, dann müßte die »große und feste Stadt« »Wuolin« an der Boddenküste von Fuhlendorf über Bodstedt bis Barth und in den davorliegenden Boddengewässern zu suchen sein. Bodstedt wird erstmals 1317 unter dem Namen »Borchstede«, also Burgstadt oder Burgstätte, erwähnt.

Nach der völligen Vernichtung der Provinz Barth im Jahre 1160 war das Land verödet. Die meisten von denen, die den Feldzug der Dänen überlebt hatten, suchten sich eine neue Bleibe. Bischof Adalbert hatte »Wuolin« verlassen und sein Domizil im Kloster Grobe aufgeschlagen. Vielleicht war dem Gottesdiener mit seinem Gefolge, wie auch »prominenten« Wuoliner Bürgern freier Abzug gewährt worden, bevor der Dänenkönig die Stadt und Provinz in Schutt und Asche legte. Für wahrscheinlicher halten wir es jedoch, daß der Umzug bereits vor dem Überfall der Dänen erfolgte. Jedenfalls ist Bischof Adalberts Aufenthalt »in castro Uznam«, also in Usedom, bereits für Juni 1159 nachweisbar.[27] Mit »castro«, Nominativ »castrum«, ist die befestigte Stadt Usedom gemeint.

Es ist schon auffällig, daß der profilierte Pommernhistoriker Martin Wehrmann den Beginn des Exils von Adalbert in Grobe auf 1159/60 datiert und sich darüber wundert, daß sich Adalberts Aufenthalt in Wollin nirgends nachweisen läßt. Hinzu kommt, »daß wir aus den Jahren, in denen die beiden ersten pommerschen Bischöfe den Episkopat innehatten (Adalbert 1140–1160/62 und Konrad bis 1186), von jenem nur zwei und von diesem drei Urkunden besitzen. Ausstellungsorte sind nur dreimal angegeben, und keinmal ist es Wollin«[28]. Der angebliche Bischofssitz Wollin ist folglich nur mit dem »in civitate Wulinensis« in der Papsturkunde von 1140 belegt, und darin war eine andere Stadt gemeint.

Wenn der Sage zufolge Vineta auf oder vor der Insel Usedom gelegen hat, dann hat das möglicherweise mit dem Exil des Wuoliner Bischofssitzes im Kloster Grobe zu tun. Aus dem Jahr 1345 ist uns eine Notiz des Stargarder Augustinermönchs Angelus überliefert, in der es heißt: »Es ist nämlich möglich, wie manche meinen, die Stadt Wineta habe in Usedom gelegen, wo es heute noch Spuren eines berühmten Burgwalls gibt.«[29]

Mitte des 14. Jahrhunderts stand das Kloster Grobe noch auf dem Marienberg vor der Stadt Usedom. Es ist so ausgeschlossen nicht, daß Zeitgenossen des Angelus das Exil der Leute aus Vineta/»Wuolin« noch aus mündlicher Überlieferung kannten und es mit einem Burgwall oder Hügel in Verbindung brachten. Wahrscheinlich hatten sich auch »prominente« Vineter auf Usedom, in Wollin und Cammin niedergelassen, als 1176 das Kloster geräumt wurde.

Nachdenklich stimmt auch, daß das Wirken Ottos von Bamberg in keiner zeitgenössischen polnischen Chronik erwähnt ist.

Wir wollen die Leistung des »Pommernapostels« keineswegs schmälern, doch drängen sich schon Zweifel auf. Hat der Polenherzog Bolesław III. den Bamberger Bischof wirklich ersucht, in Pommern zu missionieren? Das *Pommersche Urkundenbuch* hat hier nämlich nur aus Herbords *Vita* abgeschrieben. Daß Otto von Bamberg in Pommern war, sei unbestritten, ob aber der Polenherzog so sehr daran interessiert war, das westliche Pommern zu christianisieren und »Wuolin« zum Bischofssitz zu machen, ist recht fraglich. Er wußte ja von dem Anspruch der Dänen auf dieses Gebiet, und sein Verhalten bei der Zerstörung von »Wuolin« im Jahre 1130 ist doch, wenn wir der Darstellung bei Saxo folgen, einigermaßen dubios. Es waren doch erst zwei Jahre vergangen, seit Otto sich »unter Tränen« von den »Wuolinern« verabschiedet hatte.

»Wuolin« oder »Vulin«, wie Otto von Bamberg es nannte, war nach dem dänischen Feldzug von 1160 gegen die Provinz Barth nicht mehr auffindbar. Die Sage aber, nach der Otto von Bamberg auf Bitten der Juliner das göttliche Wunder der Seesperre gegen die Dänen bewirkt haben soll, bezog sich ursprünglich auf die Entstehung des Fischlands. Offenbar ist diese Sage erst später den Legenden um den heiligen Otto angefügt worden.

SAXO HATTE
DOCH RECHT

Auch nachdem wir meinten, mit der Lokalisierung des ersten pommerschen Bischofssitzes in der Provinz Barth einen Schlußpunkt gefunden zu haben, blieben zumindest noch zwei ungelöste Fragen in der »Gleichung mit vielen Unbekannten«.

Da war zum einen die Frage, weshalb Saxo Grammaticus in seinem Werk so hartnäckig auf »Iulinum« bestand. Der Ort, den die Dänen 1130 zerstörten, konnte doch nur mit dem »Wuolin« in der Provinz Barth identisch gewesen sein. Dann berichtet er für die Zeit ab 1170 wieder von Feldzügen gegen »Iulinum«, das aber nun eindeutig das heutige Wollin, rund hundertzwanzig Kilometer Luftlinie östlich von der Küste des Bodstedter und Barther Boddens gelegen, war.

Zum anderen quälte uns das Problem, wie denn Julin zu Wollin geworden sein soll. Unsere Vorgänger in der Vineta-Forschung hatten es einfach übergangen, die Herleitung von Julius Caesar als albern abgetan, und dabei blieb es. Auf das »heidnische« Julfest hatte sich Mitte des vorigen Jahrhunderts Paul Josef Schafarik als Erklärung für die Änderung des Stadtnamens versteift.[30] Später ist diese Erklärung nie wieder aufgenommen worden. Was sollte es auch, wenn man in Wollin auf so reiche Grabungsfunde verweisen konnte, die jeden Zweifel an der Identität des Städtchens mit Adams »größter Stadt, die Europa birgt«, ausschlossen.

Der Teufel liegt im Detail, sagt ein altes Sprichwort. Nur muß man dieses Detail erst mal finden.

»Wuolin« hatten wir den Hauptort der Pommern in der Provinz Barth genannt und uns dabei auf Friedrich Lorentz' *Pomoranisches Wörterbuch* gestützt. Das Pomoranische besaß nicht weniger als dreiundachtzig Konsonanten, Vokale und Halbvokale, die Lorentz und seine Nachfolger mit einem komplizierten System von Hochstellungen und diakritischen Zeichen ausdrückten. Dabei stand das hochgestellte und mit einem diakritischen

Zeichen versehene *u* in »Wuolin« für einen Halbvokal, ein schwaches *u*. Der den germanischen und romanischen Sprachen fremde Anlaut *wuo* wurde im Gaumensegel gebildet und mit offenen Lippen, ohne Beteiligung der oberen oder unteren Schneidezähne gesprochen. Lorentz bezeichnet ihn als »velarisierten Bilabial oder Velolabial« – einen aus dem Gaumensegel kommenden und beidlippig gesprochenen Laut. Wenn man versucht, diesen für uns ungewohnten Laut auszusprechen, kommt man auf ein hohlklingendes und scheinbar gehauchtes *uo*, so daß die einen aus »Wuolin« ein »Vulin«, die anderen ein »Julin« hörten.

Es handelte sich also gar nicht um Verfälschungen in Saxos Manuskript. Er hatte allerdings mit diesem Namen zwei verschiedene Ortschaften gemeint, und nur hier mögen seine Abschreiber nachgebessert haben, weil das »Wuolin«/Julin in der Provinz Barth nicht mehr auffindbar war. Und wenn Idrisi in seinem 1154 fertiggestellten *Rogerbuch* von »Djuna« schrieb, könnte es sich um ein entstelltes »Julina« gehandelt haben.

Das andere »Woulin«/Julin, das heutige Wollin, existierte aber nach der endgültigen Vernichtung der Provinz Barth/Immenau im Jahre 1160 noch, und zwar völlig unbehelligt von den Feldzügen der Dänen. Es gab folglich zwei größere Ortschaften mit diesem Namen. Drei kleinere Wollins gibt es noch heute in Ostdeutschland. Zudem: Eine Burg namens Wolyn und eine Hauptstadt Wladimir Wolynski sind bereits für das 9./10. Jahrhundert in der Nordukraine (dem heute noch so genannten Wolhynien oder Wolynien) nachweisbar.

Die »Iumensi prouincia«, die in der ersten gedruckten Saxo-Ausgabe stehen geblieben war, bezog sich auf die Provinz Immenau, auch hier könnte *m* in *u* verfälscht worden sein. Denkbar wäre auch, daß Saxo den Namen »Iumne« einer Kopie von Adams Werk entlehnt hat, aber – vielleicht gestützt auf Schriften aus der Zeit Sven Estridsens – nicht mehr von einer Stadt, sondern von einer Provinz sprach (der Begriff Imme war den nordgermanischen Sprachen ja fremd). Wir werden dieses kleine Rästel wohl nie »knacken« können, zumal ja Arrild Huitfeld 1603 von »Imne« schrieb.

Schließlich Jómsburg, das nur in den nordischen *Sagas* als

identisch mit Julin oder Wollin auftaucht, aber weder bei Adam und Helmold noch bei Saxo erwähnt ist. Bei diesem Jómsborg (»Jumsborg«) könnte es sich um ein verderbtes »Julinsborg« gehandelt haben. Auch hier müssen wir es bei einer Hypothese belassen, weil ja in den *Sagas* auch der Gau »Jóm« oder »Jómi« auftaucht, Bezeichnungen, die aus einer Abschrift von Adams *Bischofsgeschichte* entlehnt worden sein könnten. Außerdem sollten wir stets bedenken, daß sich die *Sagas* nicht als reine Geschichtswerke verstanden.

In den *Sagas* wurden Städte meist mit der Endsilbe »borg« versehen (Steinborg für Cammin, Burstaborg für Stettin). Wenn Jómsburg an einer Stelle (für 1170) in der *Knytlinga Saga*[31] zusammen mit Steinborg, also Cammin, als »östlich im Wendenland« gelegen bezeichnet wird, hängt dies natürlich mit Saxos Julin zusammen, das es zu dieser Zeit nur noch auf der Insel Wollin gab. Alle vorangegangenen Schilderungen der *Saga* zu Jómsburg betrafen jedoch – ebenso wie bei Saxo – das Wuolin/Julin in der Provinz Barth. Bezogen auf die vorangegangenen Ereignisse um Jómsburg hatte die *Saga* nie darauf verwiesen, daß es im Osten des Slawenlandes gelegen habe.

Auf diese Weise geriet ein ganzes Geschichtsbild durcheinander. Da es als erwiesen galt, daß die Oder seit zehntausend Jahren nur über die Peenemündung, die Swine und die Dievenow in die Ostsee abfloß, war das heutige Vorpommern bis zu den zwanziger Jahren des 12. Jahrhunderts zur Geschichtslosigkeit verdammt. Es sollte bis 1121 Lutizenland gewesen sein, bis es sich der »schiefmundige« Bolesław botmäßig machte. Allerdings ist nirgends belegt, daß Bolesław dem unterworfenen Pommernherzog Wartislaw irgendwelche Lutizenlande überschrieben haben soll.

Für ebenso unwahrscheinlich halten wir, daß unsere Vorfahren – angefangen mit Adam von Bremen bis hin zu den Verfassern der Lebensbeschreibungen des Bamberger »Pommernapostels« – so genau über die Ausmündungen der Oder Bescheid gewußt haben sollen. Bei Herbord tritt das ganz deutlich hervor. Weder er noch Ebo oder der Prüfeninger Mönch konnten annehmen, daß die Dievenow und die Swine Odermündungsflüsse waren. Die nämlich werden in keiner zeitgenössischen Urkunde als solche erwähnt. Adam und Helmold kennen nur den westlichen Teil der Ostseeküste und die dortige Odermündung. Erst Saxo berichtet für 1170 von diesen drei Mündungen, wobei er nicht von der Dievenow, sondern von einer Bucht schreibt.

Vorpommern war nicht geschichtslos. Es beherbergte die größte und berühmteste »Stadt« Europas im hohen Mittelalter, und in dieser »Stadt«, die wir als Provinz zu verstehen haben, muß sich auch der erste Bischofssitz im Pommernland befunden haben.

14. RESÜMEE, AUSBLICK UND NACHTRAG

> »Die Archäologie ist eine Wissenschaft, die
> gelebt, die ›mit menschlicher Natur gewürzt‹
> werden muß. Tote Archäologie ist der
> trockenste Staub, den es gibt.«
>
> Sir Mortimer Wheeler: *Moderne Archäologie*

Wir hatten nach Vineta gesucht, weil wir der Meinung waren, Wollin könnte Adams »Jumne« und Helmolds »Vinneta« nicht gewesen sein. Alle einschlägigen Publikationen verließen sich allein auf die Bodenfunde in Wollin, auf die erste gedruckte Ausgabe von Saxo Grammaticus' *Gesta Danorum* von 1514 und qualifizierten die zeitgenössischen Chronisten wie Adam und Helmold als Dilettanten in Sachen Geographie der Ostsee. Diese Behauptung, die vor allem in Brüskes *Untersuchungen zur Geschichte des Lutizenbundes* immer wieder durchscheint, stand in eklatantem Gegensatz zu der sonst so akribischen Berichterstattung der beiden Chronisten. Nur in einem verließ man sich auf den Bremer Domlehrer: in der Odermündung, die man mit der bei Dievenow, also etwa dreißig Kilometer nördlich von Wollin, zu identifizieren glaubte. Und genau das war falsch.

Um unsere Darlegungen nicht noch mehr zu überlasten, sind wir auf diese merkwürdige Odermündung bislang nicht näher eingegangen. Der Name dürfte sich von dem althochdeutschen Wort für »Tiefe Aue«, also tiefgelegenes Wiesenland, herleiten, das von einem Flüßchen durchzogen war. So verwundert es auch nicht, daß Reste aus der germanischen Siedlungszeit auf dem Grund der Dievenow gefunden wurden. Für größere Schiffe passierbar geworden ist die Dievenow wohl erst nach Ausbaggerungen im 19. Jahrhundert.

Die andere Deutung, mit der Odermündung könnten Adam und Helmold nur die Mündung des mit der Oder vereinten Peenestroms bei Peenemünde gemeint haben, ist ebenso anachronistisch. Hier hat es bereits vor der Mitte des 12. Jahrhunderts einen weiteren (wohl schon vor zehntausend Jahren gebahnten) Abfluß der Oder gegeben, der dann, nach dem Bruch der Oderdämme bei Vineta, erneut zum Hauptabfluß wurde. Die Odermündung über diesen Abfluß in den nördlich von Stralsund gelegenen Gellen bestand nur bis in das 14. Jahrhundert, als die Sturmflut die Nehrung zwischen dem Greifswalder Bodden und der offenen See niederriß. Einen Teilabfluß über die Ziese scheint es noch im 15. Jahrhundert gegeben zu haben. Das später vorgefundene Landschaftsbild war es letztlich, das die Vineta- und die Wendenforschung zu Fehldeutungen verleitete.

Wir erwarten nicht, daß unsere Lösungsvorschläge für das Vineta-Rätsel von allen Wenden- und Vineta-Forschern sogleich widerspruchslos angenommen werden. Die geographische Lokalisierung der wichtigsten Odermündung bis zur Mitte des 12. Jahrhunderts sowie von Vineta wird schwerlich angreifbar sein, auch unsere etymologische Deutung von Ortsnamen müßte großenteils Bestand haben. Über anderes läßt sich streiten. Wir behaupten auch nicht, endgültige Antworten auf alle diesbezüglichen Fragen gefunden zu haben. Eines halten wir jedoch unseren Vorgängern in Sachen Vineta = Wollin vor: Es geht nicht, aus den Überlieferungen nur das auszuwählen, was paßt, und Unzutreffendes einfach als Irrtum über Bord zu werfen. Das betrifft nicht nur Adams und Helmolds Aussagen, sondern auch die Haltung zu den nordischen *Sagas*. Die *Jómsvikinga Saga* beispielsweise wird allgemein als zu sagenhaft abgelehnt, wo sie jedoch die Wollin-Theorie zu bestätigen scheint, wird sie als Beleg herangezogen.

Unsere Gedanken zu dem ersten pommerschen Bischofssitz »Wuolin« sind zwar hypothetisch, weil die Urkundenlage diesbezüglich kaum mehr hergibt als die Aussagen Herbords und das Schreiben Ottos von Bamberg an den Papst. Im Zusammenhang mit unserer Vineta-Theorie und der etymologischen Deutung der Namen Julin, Wollin sowie »Vuloini« (»Wuolonje«) betrachtet, erscheinen sie als sehr wahrscheinlich.

Künftige Debatten werden unsere Erkenntnisse eher bestätigen als widerlegen. Letztgültige Beweise für die Richtigkeit unserer Ergebnisse sind erst von Ausgrabungen und Tauch-Erkundungen »vor Ort«, wie beispielsweise an der Großen Kirr und im Barther Heerd sowie von dendrochronologischen, pollenanalytischen und C^{14}-Untersuchungen der Bruchgelände im ehemaligen Odertal und an vielen Stellen in Vorpommern zu erwarten.

Vor allem aber hoffen wir, mit unseren Darstellungen das Interesse an Vineta wiedererweckt zu haben. Wenn wir einmal von Rügen absehen, ist kein Gebiet an der Ostseeküste so geschichtsträchtig wie das der vor rund achthundertvierzig Jahren untergegangenen »größten Stadt, die Europa birgt«. Wer künftig seinen Sommerurlaub an den Stränden der Halbinsel Fischland-Darß-Zingst verbringt, lernt zugleich einen kleinen Teil dieser ehemaligen Provinz kennen. So beispielsweise den einstigen Hafen bei Ahrenshoop. Auch der auf dem Festland liegende Teil von Vineta bzw. Barth/Immenau ist nicht nur *einen* Besuch wert, wenn man seine Geschichte wenigstens in den von uns angedeuteten Zügen kennt. Sie führt uns bis nach Stralsund, der Stadt, die Anfang des 13. Jahrhunderts die Nachfolge des so berühmten Hafens »am Weltmeer« angetreten hat.

So gesehen, hatten wir uns mit unserer anfänglichen Hypothese, Stralsund sei mit Vineta identisch, gar nicht so sehr geirrt, lag diese Region doch stets in Vineta bzw. der Provinz Barth. Strale oder Strela war sozusagen ein »Bezirk« in dieser pommerschen Provinz. Jüngste Grabungen in der Hansestadt haben Ergebnisse gezeitigt, die in der bisherigen Stadtgeschichtsschreibung übergangen wurden. So entdeckten Archäologen Reste einer fast vierzig Meter langen Schutzmauer aus Feldsteinen und Palisaden, die sie auf das 14. Jahrhundert datierten. Seinerzeit lag die Kaimauer noch über hundert Meter stadteinwärts. Die Stadtgeschichte müsse nun teilweise umgeschrieben werden, sagt der Stadtarchäologe Manfred Schneider dazu.[1] Vielleicht werden künftige Funde unsere Hypothese von Stralsund als Nachfolgerin Vinetas bekräftigen können. Ein direktes Zeugnis für den Übergang der Seehandelsmacht von »Wuolin«/Vineta auf Stralsund werden wir von den archäologischen Arbeiten jedoch schwerlich erwarten können. Insoweit müssen wir es bei einer Hypothese belassen, wenngleich wir überzeugt sind, daß sie von weiteren Entdeckungen, möglicherweise auch in Archiven, gestützt werden wird.

Seit dem ersten Erscheinen dieses Buches im Spätsommer 1999 haben sich – nicht zuletzt aufgrund von Hinweisen unserer Mitstreiter und Leser – weitere Erkenntnisse für unsere Vineta-These ergeben.

Unsere Studien in dieser Zeit befaßten sich vorwiegend mit einer erneuten Sichtung aller vorhandenen schriftlichen Quellen, um die Theorie von der geographischen Lage des untergegangenen Vineta zu erhärten. Jede wissenschaftliche Ausgrabung setzt die Eingrenzung der Lage des gesuchten Objekts voraus. So war auch Heinrich Schliemann erst imstande, das historische Troja zu finden und freizulegen, nachdem er sich von der damaligen Lehrmeinung gelöst hatte, der Hügel Bunarbaschi in der Troas sei mit Troja identisch, und den Hügel Hissarlik als Grabungsort bestimmt hatte. Dieser erwies sich dann tatsächlich als der bei Homer beschriebene Ort.

Bei der Fortführung unserer Studien wurde immer deutlicher, daß lange bekannte historische Quellen meist mehr hergeben als es zunächst scheinen mag. Man muß sie nur durchdenken und sich dabei stets die historische Situation wie auch die geographischen Gegebenheiten vergegenwärtigen. So stießen wir in den mittelalterlichen Quellen auf Aussagen, die wir vorher noch unterschätzt hatten, aber auch auf weitere Anhaltspunkte. Das folgende Kapitel enthält eine Auswahl unserer Forschungsergebnisse seit Sommer 1999.

Eichenpfahl, Bülten und Nadelstrom

Nachdem das Magazin *GEO special* im Juni 1998 einige Hauptthesen zur Lage Vinetas im Raum von Barth veröffentlicht hatte, meldete sich Eckhardt Lipke, Leiter des evangelischen Erholungsheims »Zingsthof«, bei uns. Als 1982 am Boddenufer von

Zingst, gegenüber der Großen Kirr, ein neues Schöpfwerk gebaut wurde, barg man aus dem sandigen Grund in 4,5 Meter Tiefe einen etwa zwei Meter langen bearbeiteten Eichenpfahl. Lipke ließ sich davon ein Stück von reichlich einem halben Meter geben – zu unserem Glück das keilförmig angespitzte Unterteil. Er wollte es später zum Drechseln verwenden, kam aber nicht dazu. So lag es denn seit dieser Zeit im Schuppen, und sein Besitzer war nun gern bereit, es uns zu überlassen. Wir ließen einen Teil davon in Scheiben zersägen und brachten eine in das Deutsche Archäologische Institut in Berlin zur dendrochronologischen Bestimmung. Das Ergebnis: Die Eiche war im Jahre 696 gefällt worden. Der Pfahl hatte offenbar zum Bau einer Bewehrung oder einer Brücke gedient. Aus etwa der gleichen Zeit stammen die Holzfunde bei Groß Strömkendorf an der Wismarer Bucht, wo Archäologen seit 1996 Reste der um 810 verlassenen Hafensiedlung Reric zutage brachten. Sollten die Bodden schon zu dieser frühen Zeit trocken gelegen haben? Ein Indiz für eine so frühe Eindeichung könnte das Wort »Bülten« sein, denn die, so erklärt es jeder Schiffsführer bei einer Fahrt über die Bodden, markieren die Grenze zwischen den einzelnen Bodden. Heute sind nur noch Reste davon vorhanden; alle Bülten aber ziehen sich eindeutig von Nord nach Süd. In dieser Bedeutung findet sich das Wort in keiner anderen Landschaft. Es geht mit hoher Wahrscheinlichkeit auf das altsächsische »byldan« für Bauen zurück (vgl. auch das heutige englische »building« für Bauwerk).

Andere Namen in den Bodden sind wiederum slawisch. So kann die Bezeichnung »Nadelstrom« – die Verlängerung des Koppelstroms in den Bodstedter Bodden – durchaus auf das altslawische »nádolba« für eingeschlagene Pfähle zurückgehen. Schon Ibrahim ibn Jaqub, der Gesandte des Kalifen Hakam II. von Córdoba, schrieb (966 oder 973) über die »große Stadt am Weltmeer, die zwölf Tore und einen Hafen hat, und sie verwenden für ihn Reihen von Klobenholz.«[2] Als die Firma »Nautik Nord« Anfang Oktober 1999 den schlammigen Grund des Nadelstroms mit Hilfe von Sonartechnik absuchte, machte sie tatsächlich zwei Reihen von Punkten aus, die mit Resten dort eingeschlagener Pfähle identisch sein könnten.

Saxo Grammaticus berichtet von solchen Bauten für die Zeit um 1150 auf den dänischen Inseln:»Weder auf Sicherheit durch Waffen noch auf die der Städte konnte man sich verlassen, jedoch blockierte man Fjorde und Flußmündungen durch Pfahlreihen und Barren, um Piraten an der Einfahrt zu hindern.«[3] In welcher Form das konkret geschah, läßt uns der »lange Seeländer« nicht wissen; auch eine durch Pfähle kanalisierte Hafeneinfahrt konnte diesem Zweck dienen. Damit würde auch erklärt, weshalb die Flotten der Dänenkönige Niels und Magnus bei dem Angriff auf Wuolin im Jahre 1130 im Deviner See vor Anker gingen und die Stadt offensichtlich auf dem Landweg angegriffen wurde. In den Borner/Neuendorfer Bülten hat es möglicherweise eine Kammerschleuse zwischen dem heutigen Saaler Bodden, den wir als damaliges Mündungsdelta der Oder sehen, und dem Bodstedter Bodden gegeben. Hier nun wurden die Schiffe gezwungen, einen durch Pfähle eingegrenzten Kurs zu halten. Befand sich im Bodstedter Bodden ein stark bewehrter »Binnenhafen« der Vineter? Weitere Häfen muß es bei Ahrenshoop und bei Wustrow gegeben haben. Hinter dem Bodstedter Bodden lag, eingedeicht durch Bülten im Westen und im Osten, der trockengelegte Barther Bodden mit der Grabow, durchzogen wiederum von den eingedeichten Flußläufen des Prerower Stroms und der Barthe.

Angaben des Bürgermeisters von Neuendorf, Wolfgang Pierson, zufolge seien 1997 bei der Ausbaggerung der Schiffahrtsrinne nördlich von Neuendorf neben mächtigen Findlingen auch Pfähle geborgen worden. Die wurden dann – zu unserem Leidwesen – »auf Halde« gebracht.

Einige Rätsel gibt noch die Hertesburg am Prerower Strom auf. Als dort 1994 die Fundamente für ein Bauvorhaben gelegt werden sollten, schritten Bodendenkmalpfleger ein. Die Notbergung von Pfosten und Pfählen ließ auf eine mittelalterliche Hafenanlage, möglicherweise eine Zollstelle, schließen. Erste Untersuchungen der Holzfunde deuteten auf das 13. Jahrhundert hin. Wie alt aber ist dieser Hafen tatsächlich? Die Pfosten und Bohlen mußten ja, auch wenn sie aus Eichenholz bestanden, immer wieder erneuert werden, sofern sie nicht ständig unter dem Wasserspiegel lagen. Bis 1873 verband der Prerower Strom den

Barther Bodden mit der Ostsee, und seinem Namen zufolge war er von den Pomoranen als Durchstich (von slawisch »pre« für durch und »row« für Graben) angelegt worden. In unmittelbarer Nähe der Hertesburg, am Papensee, wurde im Sommer 1873 der große Schatzfund mit Münzen aus der Zeit zwischen dem 7. und 9. Jahrhundert gemacht.

Ein Friedhof der Vineter?

»Man sagt aber, daß er 18 000 Kämpfer dem Tode geweiht, 8000 mit Weib und Kind nach seinem Lande geführt und an den gefährdeten Stellen der Grenzen in Städten und Burgen angesiedelt habe, damit sie sein Land schützen und mit seinen Feinden, den auswärtigen Völkern, Krieg führen sollten.« So heißt es bei Herbord von Michelsberg über den Feldzug des Polenherzogs Bolesław III. gegen die Pomoranen im Jahre 1121. An anderer Stelle präzisiert Herbord: »Auch die stark befestigte Stadt Nacla brach und verbrannte er und verwüstete die ganze Umgegend mit Feuer und Schwert, so daß uns die Einwohner noch drei Jahre nachher [also 1124] an verschiedenen Orten die Trümmer und Brandstätten und Haufen von Leichnamen zeigten, als ob die Niederlage eben erst geschehen wäre.«[4] Daß Herbords Gewährsmann, der Mönch Sefrid, der Otto von Bamberg auf seiner Missionsreise begleitet hatte, drei Jahre nach dem Massaker noch Leichname gesehen hat, ist sehr fraglich; »acervos cadaverum« hätte eher als »Berge von Gefallenen« übersetzt werden müssen. Denn meist verbrannten die Pomoranen ihre Toten, und was Sefrid sah, waren die Hügel der Massengräber, in denen die Gebeine bestattet waren. Über »die stark befestigte Stadt Nacla« hat sich später nicht nur Herbords Übersetzer, Hans Prutz, den Kopf zerbrochen, sie ließ sich nirgends lokalisieren. Doch dürfte es sie gar nicht gegeben haben. Die Pomoranen hatten den Begleitern des Bischofs erklärt, die Toten seien »na klad«, auf den Friedhof, gebracht, dort verbrannt und beerdigt worden. Die »Trümmer und Brandstätten« waren höchstwahrscheinlich die Reste von Scheiterhaufen, auf denen man die sterblichen Hüllen der Gefallenen verbrannte.

Anfang Juli 1999, an einem schönen Sonnentag, wollten wir die Region um Fuhlendorf, die wir als wichtiges Zentrum von Vineta betrachteten, näher in Augenschein nehmen. Allzuviel versprachen wir uns nicht. In der Ortschaft hatte sich in vielen Jahrhunderten niemand um den archäologischen »Müll« gekümmert, der gelegentlich bei Grabungen für die Fundamente von Häusern oder beim Pflügen der Felder zutage kam. Wer ahnte schon, auf welch geschichtsträchtigem Boden er wohnte.

Südöstlich des Ortes stießen wir auf neun Hügel, die uns merkwürdig erschienen. Der größte davon war etwa 15 Meter lang, 10 Meter breit und 3 Meter hoch. Andere waren zwar bei Forstarbeiten überpflügt worden, aber noch als künstlich angelegte Hügel erkennbar. Handelte es sich hier um einen Teil des Friedhofs (»klad«), auf dem die Pomoranen bzw. Vineter ihre bei den Massakern des Polenherzogs gefallenen Landsleute bestattet hatten? Im November 1999 wurde das Gebiet im Auftrag des Landesamts für Bodendenkmalpflege von Fachleuten besichtigt. Der erfahrene Denkmalpfleger Ulrich Schoknecht kam zu dem Schluß, daß es sich mit einiger Wahrscheinlichkeit um Hügelgräber handelt. Doch aus welcher Zeit? Und wie groß konnte der Friedhof einst gewesen sein? Sichere Aussagen über diese Hügel werden erst nach archäologischen Ausgrabungen und interdisziplinären Untersuchungen möglich sein.

Nicht unwesentlich für unsere Lokalisierung von Vineta war in diesem Kontext auch, daß Herbord bereits für das Jahr 1121 Stettin als »Hauptstadt ganz Pommerns« bezeichnet, wobei er eindeutig das ganze Land bis hin zum Darß als Teil Pommerns beschreibt. Wie das? Nach allen bisherigen Interpretationen bildeten der heutige Oderverlauf und der Peenestrom die Westgrenze Pommerns. Weiter westlich sollen die Lutizen gewohnt haben. Damit hätte Pommerns Hauptstadt im Lutizengebiet gelegen, was wir für reichlich konstruiert halten.

Im 12. Kapitel haben wir uns mit Adams »Vulkanstopf« befaßt, der angeblich von den Einwohnern »griechisches Feuer«genannt wurde und dessen auch Solinus gedachte. Allerdings konnte der im 3. Jahrhundert wirkende römische Schriftsteller noch gar kein »griechisches Feuer« – eine Vorform des Schießpulvers – gekannt haben, da es zum ersten Mal im Jahre 673 bei der Belagerung von Konstantinopel zur Anwendung kam. Bei den Pomoranen hieß es mit einiger Wahrscheinlichkeit »gretin ogién« (das »-én« nasal gesprochen), und das war ein Kochfeuer, woraus Adams Informant, der Dänenkönig Sven Estridsen, das ganz ähnlich klingende »grecum ignem«, also griechisches Feuer, zu hören meinte.

Unserer Ansicht nach muß es sich dabei um einen Salzsiedeherd gehandelt haben, der sich an der Stelle befand, wo noch in den heutigen Gewässerkarten die Untiefe Barther Heerd eingetragen ist. Karin Strobelt hatte nach der Lektüre unseres Buches »Ureinwohner« der Barther Region nach alten Flurnamen befragt und die Auskunft erhalten, der Barther Heerd sei bei Fischern auch unter den Namen »Füerhierd« und »Kokmeschin« bekannt. Der Ribnitzer Archäologe Rico Matthey machte uns in einer Zuschrift darauf aufmerksam, der Name »Herd« oder »Heerd« sei früher für Untiefen in den Boddengewässern gebräuchlich gewesen. Das steht durchaus nicht im Widerspruch zu unserer These. Offene Feuerstellen, wie sie für die Salzsiederei benötigt wurden, mußten ständig in Betrieb gehalten werden. Sie stellten aber wegen des Funkenfluges, besonders bei starkem Wind, eine Gefahr für die benachbarten Siedlungen dar, die ja überwiegend aus Holzbauten bestanden.

Adams Weg nach Samland

In seiner Beschreibung der »civitas Jumne«, also der Stadt Jumne, die wir als die Provinz »Immenau« (slaw. Barth) gedeutet hatten, sagt Adam von Bremen: »Von dieser Stadt aus setzt man in kurzer Ruderfahrt nach der Stadt Demmin in der Peenemündung über, wo [auch] die Ranen wohnen. Von dort kommt man nach Samland, das sich im Besitz der Pruzzen befindet.« Daß die Peene bei Demmin zu Adams Zeiten in den damaligen Hauptstrom der Oder mündete, hatten wir bereits erwähnt. In dieser These sehen einige Gegner unserer Theorie auch den Hauptangriffspunkt. Sie halten an dem Axiom fest, daß der Fluß dieses Tal vor etwa 10000 Jahren verlassen hat und seither nur noch über den Peenestrom bei Peenemünde sowie über die Swine bei Swinemünde und die Dievenow in die Ostsee mündet. Deshalb sei eben auch unsere Lokalisierung von Vineta im Raum der ehemaligen Provinz Barth nicht nachvollziehbar, und nur die bisher obwaltende These, nach der Wollin das historische Vineta gewesen sein könne, sei als allein gültig anzusehen. Ohne uns dieser Auffassung zu beugen, sind wir – entgegen unseren Darstellungen im elften Kapitel – zu Schlüssen gelangt, die Wollin doch eine größere Bedeutung zubilligen. Zunächst aber fragen wir uns: Wie kommt Adam von Bremen zu der Aussage, von »Jumne«, also Vineta, bis Demmin sei es eine kurze Ruderfahrt, und von da komme man ins Samland, die heutige Halbinsel in Ostpreußen? Wäre Vineta mit Wollin identisch gewesen, hätten die Wolliner erst nach dem etwa 100 Kilometer westlich gelegenen Demmin reisen müssen, um von da die weite Reise nach Osten in das Samland anzutreten. Weil die Verfechter des Wollin-Axioms dem nicht folgen konnten, betrachteten sie diese Aussage als »Dilettantismus« Adams in Sachen Geographie. Dem steht entgegen, daß Adam über die Grenzen der Hamburger Diözese genaue Kenntnis hatte, und deren östliche Grenze war eben Demmin, die er als »große Stadt« kannte. Demmin ist noch heute Grenzstadt zwischen Mecklenburg und (Vor-) Pommern, in dem das historische Vineta gelegen haben muß.

In der 1652 gedruckten *Topographia Electoratus Brandenburgici et Ducatus Pomeraniae* von Martin Zeiller und Matthaeus Merian findet sich eine höchst interessante Passage:

»Weil uns nach Verfertigung dieses / eine Beschreibung der Statt Demmin / von einer hohen Person / auß Pommern / zukommen: So ist es für gut angesehen worden / dieselbe auch hieher zu setzen; welche also lautet: Demmin ist eine uhralte Statt / derer schon gedacht wird in den Zeitbüchern / unter der Regie-

runge Caroli Magni, Anno Christi 800. zun Zeiten dessen Sohns /
Kaysers Ludovici, ist sie albereit gewesen ein Grentz = Haus wider die Wineten / als Obotriten / Kissiner und Circipaner. Kayser
Otto der Erste / mit dem Zunahmen der Grosse / so regieret An.
936. hat die Christliche Religion biß an Demmin fortgepflanzet.«[5]

Die »hohe Person auß Pommern« bestätigt also unsere Auffassung. Demnach lag Demmin zwischen den wendischen Stämmen der Obodriten, Kessiner und Circipaner im Süden und den
Vinetern im Norden.

Der Wasserwirtschaftler Wolfgang Karl aus Born/Darß ist zu
dem Schluß gekommen, daß die »kurze Ruderfahrt« von Vineta
bis Demmin gar nicht auf dem ganzen damaligen Oderstrom
stattgefunden haben muß. Die Blinde Trebel, heute eher ein
Bach, jedoch mit einem respektablen Flußtal, reichte seinerzeit
noch bis zur Barthe und mündete auf der Höhe von Tribsees in
den (damaligen) Oderverlauf.

Vinetas »Umsiedlung«

Wir hatten am Schluß des 11. Kapitels die Frage, ob das heutige
Wollin zum Nachfolger Vinetas wurde, recht eindeutig abgewiesen und waren damit einem Irrtum erlegen. Schon Filipowiak
hatte in seinem Buch *Wolin.Vineta* eine Sage zitiert, auf die wir
später immer wieder stießen: »Nachdem Vineta zugrunde gegangen war, zog sich der Handel dieser Stadt teils nach Wisby
in Gotland, teils nach Julin auf der Insel Wollin, also daß dieses
Julin nun die größte und reichste Stadt in Europa wurde ...«[6] Einer anderen Sage zufolge seien nach dem Untergang Vinetas die
Schweden mit Schiffen aus Gotland gekommen und hätten u.a.
»die erzenen Stadttore nach Visby geschifft, wohin sich denn
auch der Handel Vinetas gezogen habe«.[7] Daß Gotland erst 1288
schwedisch wurde, wollen wir übersehen, Sagen nehmen es nun
mal mit den Daten so genau nicht, doch gehen sie fast immer von
einem historischen Kern aus. Jedenfalls halten wir es durchaus
für wahrscheinlich, daß sich Kaufleute aus Vineta schon bald
nach der Heimsuchung der Provinz durch Bolesław III., also 1121,
andere Wirkungsstätten, wie Visby, Lübeck (»Cord Strale van

Wineta gekamen«) und auch Wollin, gesucht haben. Der Stettiner Professor Johann Micraelius (1597–1658) schreibt, die Stadt Julin auf der Insel Wollin sei nach dem Untergang Vinetas eine berühmte Stadt geworden. Denn aller Handel, der vorher in Vineta getätigt wurde, habe sich entweder nach Visby auf Gotland oder nach Julin auf Wollin verzogen.[8] Wo indes Vineta gelegen hat, weiß auch Micraelius nicht. Ebenso kam der dänische Historiker Sofus Larsen in den zwanziger Jahren des vorigen Jahrhunderts zu dem Schluß, die Namen Jumne, Jómsburg, Julin und Wollin seien durch Kaufleute übertragen worden, die nach Wollin übersiedelten.[9]

Auch Richard Hennig hat die Ansicht, durch die Abwanderung der Vineter wegen der Zerstörung ihres reichen Seehafens sei »manch Wohlstand nach Wollin gelangt«, wiederholt vertreten.[10]

Der Exodus der Vineter auch nach Wollin drängte sich geradezu auf; denn die dortigen Schatzfunde scheinen – der zeitlichen Einordnung der Siedlungsschichten nach – überwiegend aus dem 12. Jahrhundert zu stammen. Daß Kaufleute aus Wuolin, dem Hauptort von Vineta, die Namen Julin bzw. Wollin (die Genese dieser Namen haben wir im 13. Kapitel dargestellt) nach dort übertragen haben sollen, halten wir für denkbar. Vielleicht handelte es sich um »Schwesterstädte.« Neuere Untersuchungen von Filipowiak drängen die Vermutung auf, daß es auch bei Wollin Eindeichungen gegeben haben könnte. Bei Rettungsgrabungen in der Wolliner Vorstadt, wo eine neue Straßenbrücke über die Dievenow gebaut werden soll, entdeckte man Reste von Häusern aus der ersten Hälfte des 10. Jahrhunderts, die etwa einen Meter unter dem heutigen Spiegel des Flusses liegen. Filipowiak folgert daraus, der Meeresspiegel müsse seinerzeit etwa 1,50 Meter unter dem heutigen gelegen haben. Durch einen plötzlichen Anstieg des Meeresspiegels sei das Gebiet dann unter Wasser geraten und die Dievenow versalzt worden. Wir nehmen jedoch an, daß es sich – ähnlich wie bei Vineta – um den Bruch eines Außendeiches zur Ostsee gehandelt hat. Die Natur macht keine Sprünge, so daß ein derart plötzlicher Anstieg des Meeresspiegels um mehr als einen Meter nahezu ausgeschlossen erscheint. Indes haben diese noch nicht hinreichend behandelten Fragen mit unserem eigentlichen Thema weniger zu tun.

Wollin wird also zumindest für einige Jahrzehnte nach dem Untergang von Vineta mit seinem Zentrum Wuolin tatsächlich die Nachfolge der einst so glanzvollen Handelsemporie angetreten haben. Weshalb sonst sollte Dänenkönig Waldemar I. seit 1170 seine Angriffe so hartnäckig auf jenes Julin (Wollin) konzentriert haben, das doch – seiner Lage zufolge – nie ein »Piratennest« gewesen sein konnte? Ihm war offensichtlich bekannt, daß viele Kaufleute und Handwerker aus Wuolin mit ihren Schätzen nach dort geflohen waren. Mit »Christianisierung« hatten die Überfälle der Dänen wie auch der Sachsen und Polen nie etwas zu tun. Nach der Niederwerfung der Ranen auf der Insel Rügen im Jahre 1168, die den Dänen so reiche Beute beschert hatte, war der Hunger nach mehr wohl erst geweckt worden.

Das verräterische Dokument

Daß Papst Innozenz II. in einer Urkunde vom 14. Oktober 1140 Wollin zum Bischofssitz erhoben haben soll, haben wir schon im 11. und 13. Kapitel zu widerlegen versucht. Dabei ist eher nebensächlich, daß die Urkunde nur in einer Abschrift aus dem 13. Jahrhundert überliefert ist. Weit wichtiger war, was Herbord über die Missionsreisen Ottos von Bamberg 1124 und 1128 in das Pommernland wiedergab. Daraus ging eindeutig hervor, daß die »große und befestigte Stadt« Julin, die der Bischof selbst »Vulin« nannte, eben nicht mit dem heutigen Wollin identisch gewesen sein konnte. Bei Zeiller/Merian fanden wir noch, Adalbert, der erste Bischof Pommerns, habe, »was noch übrig war vom Heydenthumb, zu Grimmen, Tribbesees und Barth abgeschaffet, und ist im Jahr 1158, den 17. Novembris, zu Wollin gestorben«.[11] Nach heutigem Wissen ist Adalbert erst 1160 oder 1162 verstorben, und eben nicht in Wollin, wo sich sein Aufenthalt in keiner Urkunde nachweisen läßt.

Wir suchten lange nach einer urkundlichen Bestätigung unserer Theorie, daß sich der erste Bischofssitz nur im Raum von Fuhlendorf/Barth befunden haben kann. Und wir wurden fündig; denn etwas Entscheidendes in der Papsturkunde hatten wir nicht genügend beachtet. Dort nämlich beginnt die Aufzählung

Abb. 18: Das Missionsgebiet des Bischofs von Bamberg während der zwei Reisen 1124 und 1128. Wuolin, das zum ersten Bischofssitz bestimmt wurde, lag in der Provinz Barth. Demmin, Gützkow, Wolgast und Usedom wurden erst auf der zweiten Reise missioniert, Rügen gar nicht. Die südwestliche Grenze von Ottos Missionsgebiet war der damals noch vorhandene westliche Oderarm, der südlich von Gartz bei Vierraden abzweigte.

der Orte des neuen Bistums mit »civitatem ipsam Willin« (in der-selben Urkunde ist auch von »in civitate Wulinensi« die Rede). Dann folgen die »Castra« (Burgorte) Dimin (Demmin), Treboses (Tribsees), Chozcho (Gützkow), Wologost (Wolgast), Huznoim (Usedom), Groswim (in der Nähe von Anklam, nicht mehr ge-nauer lokalisierbar), Phiris (Pyritz), Stargrod (Stargard), Stetin, Chamim (Cammin), Cholberg (Kolberg).[12]

Die Aufzählung folgt also ziemlich genau der Richtung von West nach Ost, beginnend mit dem am weitesten westlich gelegenen »Willin«, also Wuolin, und kommt erst am Schluß zu den östlich gelegenen Cammin und Kolberg. Wäre das heutige Wollin gemeint gewesen, hätten doch die damals schon recht großen und bedeutenden Städte Cammin und Kolberg gleich danach angeführt werden müssen. »Julin [gemeint ist Wollin] scheint vielmehr erst hochgekommen zu sein, nachdem Jumne-Vineta zerstört worden war«, schrieb Richard Hennig ganz zutreffend.[13] Wir bestreiten nicht, daß es schon weit früher ein bedeutender Handelsplatz war, wie es eben die reichen Bodenfunde belegen. Nur hat man in Wollin seit über hundert Jahren systematisch danach gesucht, im Bereich von Wuolin/Barth jedoch zu keiner Zeit. Dort gab es lediglich Zufallsfunde, die niemand so recht einzuordnen wußte.

Vierraden

Zeiller/Merian hatten 1642 in ihrem Buch die Grenzen Pommerns recht genau skizziert: Sie beginnen »hinter dem Dars« und »streichen nahe bey Vierraden durch die Oder«. Nun war Vierraden schon seinerzeit nur ein unbedeutendes »Stättlein«, das seinen Namen von einer Wassermühle an dem Flüßchen Welse »mit vier Gängen« haben soll. Weshalb aber widmet der für damalige Zeiten ungewöhnlich kenntnisreiche Geograph und Geschichtsschreiber gerade diesem Ort, der noch 1750 ganze 628 »Civil=Einwohner« hatte[14], einen so umfangreichen Abschnitt, der überwiegend der Oder gewidmet ist? Es gab doch im 17. Jahrhundert schon weit berühmtere Städte an der Oder, wie beispielsweise Stettin und Frankfurt. Zudem war die Frankfurter Universität »Viadrina« bereits 1506 gegründet worden, so daß hier weit eher Anlaß gegeben war, von der Oder zu berichten.

Zeiller schreibt: »Dieses Churfürstlich Brandeburgische Stättlein ligt an der Oder, von welches Flusses Fortgang in Pommern / biß Er sich in das Meer ergeußet / oben albereit gesagt worden ist. Es wird solcher Fluß von den Pommern die Ader / und von den Alten / Jader / Viader / Viadus / Viadrus / auch wol Suevus, und beim Plinio [Plinius d. Ä., römischer Historiker und Lexiko-graph; 23–79 n.Chr.] Guttalus, Zweifels ohne von den Gothen; von Helmoldo aber Odora, genennet. Hat seine erste Brunquelle im Mährischen Gebürge …«[15] Danach läßt er sich noch eine ganze Seite über den Fluß aus. Sollte es damit zusammenhän-gen, daß die Oder bis zu diesem Ort bei den Alten noch »Via-drus« hieß? Und wäre es denkbar, daß der Ortsname Vierraden gar nicht auf die viergängige Mühle zurückgeht, sondern auf ein verderbtes »Viadrum«? Von hier aus nach Nordwesten floß die Oder in einem einstigen »Urstromtal«, mündete über das Fisch-land in die See und markierte zugleich die Grenze zwischen den Wilzen (Lutizen) und den Pomoranen, wie es Adam und Hel-mold beschrieben haben. Bei Vierraden begann auch die von uns angenommene Bifurkation des Flusses, dessen anderer, di-rekt nach Norden ziehender Zweig bei den Alten wahrscheinlich der »Svevos« war. Und der mündete über die heute zu einem Bächlein verlandete Ziese bei Greifswald in den Strelasund und schließlich am Gellen, südlich der Insel Hiddensee, in die freie Ostsee.

Wie geht es weiter?

In Zuschriften sind wir mehrmals darauf hingewiesen worden, daß es in dem von uns skizzierten Gebiet kaum bemerkenswerte archäologische Funde gebe, wenn man einmal von dem Münz-schatz am Papensee absehe. Damit zäumt man das Pferd von hinten auf. Wer nicht systematisch sucht, findet auch nichts. Das archäologische »Abenteuer« steht somit noch aus und wird etli-che Jahre in Anspruch nehmen. Wir haben dazu lediglich das theoretische »Rüstzeug« geliefert. Nun sind archäologische Aus-grabungen ein kostspieliges Unternehmen, beruhen sie doch vor allem auf »Handarbeit« mit Spaten, Spachtel, Pinsel, Sieb usw. Hinzu kommt, daß der Archäologe zur Deutung der Befunde die Hilfe anderer Disziplinen benötigt, wie z.B. der Geographen, Geologen, Paläobotaniker, Numismatiker usw. Die Datierung ei-ner einzigen Holzprobe oder Moorschicht-Phase kostet mit der Radiokarbonbestimmung zwischen 350 und 1200 DM. Ebenso aufwendig ist die pollenanalytische Datierung von Moorschichten, die für den Nachweis der Lage von Vineta ausschlaggebend sein kann. Auf die noch ausstehende Untersuchung der Hügelgräber von Fuhlendorf haben wir bereits hingewiesen. Obgleich große Areale in der ehemaligen Provinz Barth durch den Bau von Rüstungsanlagen zwischen 1939 und 1989 für die Archäologie für immer verloren gingen, gibt es doch noch etliche Gebiete, in denen es sich für den Archäologen lohnte, den Spaten anzusetzen, so etwa auch dort, wo Reiner Tunn vor Jahrzehnten seine Oberflächenfunde gemacht hat. Reste eines Wikingerschiffs auf dem Darß wurden uns an einer Stelle vermeldet, wo im 11. Jahrhundert noch Ostseeküste gewesen sein muß. Und was wird in den stellenweise stark verschlammten Boddengewässern noch zu entdecken sein? Vielleicht die Salzsiederei am Barther Heerd oder weitere Funde, die auf Hafenanlagen im Bodstedter Bodden hindeuten? Wir sind mit all diesen Untersuchungen weitgehend auf Sponsoren angewiesen, befindet sich doch der Etat des Landesamts für Bodendenkmalpflege in einem Limit, das für unsere ganz neue Vineta-Theorie nur wenig Mittel aufbringen kann. Sponsoren haben wir bereits, allerdings reichen die Gelder noch nicht für größer angelegte archäologische Untersuchungen.

Schließlich noch eine Danksagung: Zu besonderem Dank sind wir Helga Radau und Karin Strobelt aus Barth sowie Christine Meyer aus Toitz bei Demmin für wertvolle Hinweise und Melanie Ehler, Direktorin des Barther Vineta-Museums, für die Präsentation unserer Forschungsergebnisse verpflichtet. Das gilt auch für Wolfgang Karl aus Born, der seine Kenntnisse in der Gewässerlandschaft in unsere Forschungen eingebracht hat, sowie für den Landesarchäologen von Mecklenburg-Vorpommern, Friedrich Lüth, und das Team des Unterwasserarchäologen Thomas Förster, das uns stets mit Rat und Tat zur Seite standen. Nicht zuletzt haben wir uns bei Roland Atzler und Doris Milkert von der Firma »Nautik Nord« für die großzügige Unterstützung unserer Arbeit mit Sonartechnik ganz herzlich zu bedanken.

ANHANG

Ostseebad Prerow

Papensee

Hertesburg

Prerower Strom

ZINGST

Zin

DARSS

Wieck

Meiningen

Bresew

BODSTEDTER
BODDEN

Roland

Bodstedt

Prucht

Redensee

Das Gebiet des einstigen Zentrums von Vineta

Ostseebad Zingst

Zingster Strom

MÜGGENBURG

Fitt

Schwinbrod

SALZHAKEN

KLEINE WIEK

Trog

OIE

BARTHER HEERD

Barther Strom

HINT. BERGE

BARTHER BODDEN

FAHREN-KAMP

MITT. BERGE

TREBBIN

BARTH

Glöwitz

ANMERKUNGEN

2. DIE SAGE

1 *Vineta. Sagen und Märchen vom Ostseestrand.* Rostock 1965, S. 5-9.
2 Władysław Filipowiak/Heinz Gundlach: *Wolin. Vineta. Die tatsächliche Legende vom Untergang und Aufstieg der Stadt.* Rostock 1992, S. 20.
3 Theodor Fontane: *Die schönsten Wanderungen durch die Mark Brandenburg.* Berlin 1988, S. 33.
4 Erich Kästner: *Als ich ein kleiner Junge war.* Berlin 1957, S. 169 f.

3. DIE STADT

1 Der Bezirk Rostock erstreckte sich über den Hauptteil Vorpommerns bis zur polnischen Grenze bei Ahlbeck auf Usedom und den nordwestlichen Teil Mecklenburgs mit den Städten Rostock und Wismar. Mit der den historischen Grenzverlauf ignorierenden Einteilung in Bezirke wollten die DDR-Behörden den Landesteil Vorpommern als nicht mehr existent darstellen und aus dem Sprachgebrauch eliminieren. Ein südlicher Teil Vorpommerns wurde damals in die Bezirke Schwerin und Neubrandenburg eingegliedert.
2 Theodor Fontane: *Wanderungen durch die Mark Brandenburg.* Dritter Teil: Havelland. Berlin, Weimar 1982, S. 24.

4. DIE BURG

1 Zum Unterschied von den Zitaten aus der deutschsprachigen Literatur zu diesem Thema, einschließlich der Übersetzungen der *Sagas*, geben wir in unseren eigenen Stellungnahmen dazu die originale Schreibweise, also »Jóm« und »Jómsburg«, wieder, da das *ó* wie *u* gesprochen wurde, doch behalten wir den anlautenden Konsonanten *j* bei, obwohl ursprünglich dafür *i* stand.
2 *Monumenta Germaniae historica,* XXIX, 359.
3 »Die Geschichte von den Orkaden, Dänemark und der Jomsburg.« In: *Thule. Altnordische Dichtung und Prosa,* Reihe 2, Bd. 19, Düsseldorf, Köln 1966, S. 223; im folgenden: *Thule.*
4 *Thule,* Bd. 19, S. 225 f.
5 Adam von Bremen: »Bischofsgeschichte der Hamburger Kirche.« In: *Ausgewählte Quellen zur deutschen Geschichte des Mittelalters. Freiherr vom Stein Gedächtnisausgabe,* Bd. XI, Darmstadt (Berlin) 1961, S. 263; im folgenden: Adam.
6 Helmold von Bosau: »Slawenchronik.« In: *Ausgewählte Quellen zur deutschen Geschichte des Mittelalters. Freiherr vom Stein Gedächtnisausgabe,* Bd. XIX, Darmstadt (Berlin) 1963, S. 83; im folgenden: Helmold.

7 Hier ist die Rede von einer Kammerschleuse, die erforderlich ist, wenn der Wasserspiegel im Hafen niedriger oder höher liegt als der des Hauptgewässers, zum
Beispiel der offenen See. Die erste Schleuse dieser Art wird in Europa erst für
das Jahr 1253 erwähnt, als Wilhelm von Holland ihren Bau bei Spaarndam
(Nordholland) anwies. Nach Herodot müssen solche Schleusen bereits um 500
v. Chr. für den Kanal zwischen Nil und Rotem Meer errichtet worden sein.

8 *Thule*, Bd. 19, S. 404 ff.

9 *Thule*, Bd. 16, S. 45 f.

10 Adam, S. 321.

11 *Saxonis Grammatici Gesta Danorum*. Straßburg 1886, S. 604; im folgenden:
Saxo. Die Seitenangaben beziehen sich auf die von Holder am Rand ver-
merkte Paginierung der ersten gedruckten Ausgabe von 1514.

12 *Thule*, Bd. 19, S. 316 f.

13 Helmold, S. 41.

14 *Thule*, Bd. 19, S. 401.

5. WAS CHRONISTEN
VON VINETA WUSSTEN

1 Georg Jacob: *Arabische Berichte von Gesandten an germanische Fürstenhöfe
aus dem 9. und 10. Jahrhundert*. Berlin, Leipzig 1927, S. 14; im folgenden:
Ibrahim.

2 Ibrahim, S. 16.

3 Al-Biruni: *In den Gärten der Wissenschaft*. Leipzig 1988, S. 34 f.

4 Vgl. Richard Hennig: *Wo lag Vineta?* Leipzig 1935, S. 103.

5 *Pommersches Urkundenbuch* I, 30; im folgenden: PUB. Die Lesart »Wulinensis« stammt aus einer Anfang des 13. Jahrhunderts angefertigten Kopie der
Urkunde von Papst Innozenz II. Dort wird die Stadt auch »Willin« genannt. In
einer Kopie aus dem 15. Jahrhundert steht dafür »Wollinensis«.

6 Adam, S. 279.

7 Adam, S. 163.

8 Adam, S. 253 f.

9 Adam, S. 255.

10 Adam, Scholion 121, S. 455.

11 Ibrahim, S. 16.

12 Adam, Scholion 116, S. 447.

13 Adam, S. 247.

14 Richard Hennig: *Wo lag Vineta?*, a.a.O., S. 90.

15 *Hansische Geschichtsblätter*, Jg. 1909, Bd. XV, S. 43.

16 Adam, S. 251.

17 Helmold, S. 378 f.

18 Vgl. Klaus Goldmann: »Fragen zur Landeskunde nach Quellen des Mittelalters.« In: *Acta Praehistorica et Archaeologica*, 16/17, Berlin 1984/85.

19 Friedrich Christoph Dahlmann: *Geschichte von Dännemark*. Erstes Buch.
Hamburg 1840, S. 87.

20 Helmold, S. 40 f.

21 Helmold, S. 41.

22 *Fr. Chr. Schlosser's Weltgeschichte*. Fünfter Band. Oberhausen, Leipzig 1871,
S. 233.

23 *Saxo*, S. 379.
24 Adam, S. 263.
25 Helmold, S. 83.

6. WOLLIN, USEDOM,
GREIFSWALDER BODDEN

1 *Thule*, Bd. 19, S. 381 ff.
2 Johannes Bugenhagen: *Pomerania* (um 1540). Hg. v. J. H. Balthasar. Greifswald 1728, S. 23.
3 *Saxo*, S. 858.
4 Adam, S. 255.
5 Władysław Filipowiak/Heinz Gundlach: *Wolin. Vineta*, a.a.O., S. 126.
6 Adolf Hofmeister: *Der Kampf um die Ostsee*. Lübeck, Hamburg 1960, S. 63 und 74 f.
7 Hermann Bollnow: *Studien zur Geschichte der pommerschen Burgen und Städte im 12. und 13. Jahrhundert*. Köln, Graz 1964, S. 21.
8 Ebd., S. 21 f.
9 Ebd., S. 16, kursiv bei Bollnow.
10 Thomas Kantzow: *Pomerania oder Ursprunck, Altheit und Geschicht der Völcker und Lande Pomern, Caßuben, Wenden, Stettin, Rhügen* ... Bd. 1. Hg. v. Ludwig Kosegarten. 1816, S. 48 ff.
11 Vgl. Richard Hennig: *Wo lag Vineta?*, a.a.O., S. 83.
12 »Auch ist im Jahre 1304 das Neue Tief vor dem Sund bei Gelegenheit eines Sturmes entstanden. Auch wehte am Allerheiligentag im Jahre 1304 ein so großer Sturmwind, wie er seit Menschengedenken nicht erhört war, Bäume aus der Erde und Dörfer und Mühlen um und machte so hohes Wasser um dies Land, daß das Neue Tief aufbrach. Dort, wo die Leute von Zicker pflegten, ihren Weizen auf dem Ruden zu säen und von einem Land zum andern zu gehen, das war Wasser.« Johann Berckmanns *Stralsundische Chronik*. Aus den Handschriften hg. v. D. G. Ch. F. Monicke u. D. E. H. Zober. Stralsund 1833, S. 4.

7. DIE VIERTE VERSION

1 Vgl. *Mappae Arabicae. Arabische Welt- und Länderkarten*. Bd. II: *Die Länder Europas und Afrikas im Bilde der Araber*. Hg. v. Konrad Miller. Stuttgart 1927, S. 146 f.
2 Vgl. Reinhard Wieber: *Nordwesteuropa nach der arabischen Bearbeitung der Ptolemäischen Geographie von Muhammad B. Musa Al-Hwarizmi*. Walldorf (Hessen) 1974, S. 129 ff.
3 Ivan Hrbek: »Der dritte Stamm der Rus nach arabischen Quellen.« In: *Archiv Orientální*, 25, Prag 1957, S. 642 ff.
4 Vgl. Władysław Filipowiak/Heinz Gundlach: *Wolin. Vineta*, a.a.O., S. 130; Paul Josef Schafarik: *Namen und Lage der Stadt Wineta, auch Jumin, Julin, Jomsburg*. Leipzig 1846, S. 12. Filipowiak schreibt sogar von einer »gefälschten Urkunde«.

5 Vgl. Emil F. Fehling: *Lübeckische Ratslinie von den Anfängen der Stadt bis auf die Gegenwart*. Lübeck 1925, S. 3.
6 Konrad Fritze: *Die Hansestadt Stralsund*. Schwerin 1961, S. 18.
7 Ebd., S. 16 u. 18.

8. DIE VERGESSENE ODERMÜNDUNG

1 Vgl. *Saxo*, S. 859.
2 *Ioannis Dlugossi Historiae Polonicae Liber Primus*. Francofurti [Frankfurt] 1711, S. 10.
3 Vgl. Wilhelm Stolle: *Beschreibung und Geschichte von Demmin*. Greifswald 1772, S. 6.
4 Vgl. Friedrich Schlette: *Auf den Spuren unserer Vorfahren*. Berlin 1982, S. 186. Schlette leitet diese Feststellung von den Ortschaften mit slawischem Namen her, die einst am Ufer dieses Sees lagen.
5 Adam, S. 353.
6 Vgl. Theodor Steche: *Altgermanien im Erdkundebuch des Claudius Ptolemäus*. Leipzig 1935, S. 37.

9. DER PUNKT AUF DEM i

1 *Vineta. Sagen und Märchen vom Ostseestrand*. Rostock 1965, S. 180.
2 *Topographia. Beschreibung und Abbildung der vornehmsten Örter*. Th. 1–13. Frankfurt am Main 1643–1656. Th. 13: TOPOGRAPHIA ELECTORATUS BRANDENBURGICI ET DUCATUS POMERANIAE, 1652, S. 12.
3 Karol Maleczyński: *Bolesław III. Krzywousti*, Krakow 1946, S. 88.
4 Vgl. Wolfgang Brüske: *Untersuchungen zur Geschichte des Lutizenbundes*. Münster, Köln 1955, S. 159 und 10. Kapitel.
5 Konrad Keilhack: »Die Stillstandslagen des letzten Inlandeises und die hydrographische Entwickelung des pommerschen Küstengebietes.« In: *Jahrbuch der Kgl. Preuß. Geologischen Landesanstalt für 1898*, Berlin 1899, S. 126.
6 PUB I, 39. Hier heißt es: »ab ortu fluvii, qui dicitur Pene, ad orientem, ubi idem fluvius intrat mare«, also: von der Quelle des Peene genannten Flusses nach Osten, wo dieser Fluß in das Meer mündet. Offenbar ist mit »mare« hier schon das Oderhaff, als »mare recens« bezeichnet, gemeint.
7 Schreiben von Prof. R. Lampe, Geographisches Institut der Universität Greifswald an die Rostocker *Ostseezeitung* am 3. Juli 1998.
8 »Die Chronik Arnolds von Lübeck.« In: *Die Geschichtschreiber der deutschen Vorzeit*, Bd. 3, Leipzig 1896, S. 274; »Regesten der Markgrafen von Brandenburg aus askanischem Hause. Zweite Lieferung.« In: *Veröffentlichungen des Vereins für Geschichte der Mark Brandenburg*, Leipzig 1911, S. 103 f.; Johannes Mey: *Zur Kritik Arnolds von Lübeck*. Diss. Leipzig 1912.
9 *Landbuch der Mark Brandenburg und des Markgrafthums Nieder-Lausitz in der Mitte des 19. Jahrhunderts ...* Bearbeitet v. Dr. Heinrich Berghaus. Bd. 3. Brandenburg 1856, S. 38.
10 Vgl. Friedrich Lorentz: *Pomoranisches Wörterbuch*, Bd. 1. Berlin 1958, S. 125.

11 Vgl. *Ausgrabungen in Berlin*, 6, 1982, S. 27f.

12 Vgl. Eberhard Scholz: »Gliederung, Genese und Hydrographie der Poebene.«
    In: *Geographische Berichte*, 28, Gotha 1983, S. 119–133.

13 Vgl. Willi Bastian: »Die Hafen- und Stromburgen im ehemaligen Land Barth
    und die Burg und Vitte in Ahrenshoop.« In: *Jahrbuch für Bodendenkmalpflege
    in Mecklenburg*, 1959, Schwerin 1961, S. 220ff.

14 Zitiert aus C. F. J. Peters: *Das Land Swante-Wustrow oder das Fischland*. Rib-
    nitz 1934, S. 15f.

15 Vgl. Willi Bastian: »Die Hafen- und Stromburgen im ehemaligen Land Barth
    und die Burg und Vitte in Ahrenshoop«, a.a.O., S. 220.

16 PUB V, 3141.

17 Freundliche Auskunft von Wolfgang Karl, Born.

18 Vgl. *Matrikelkarten von Vorpommern 1692–1698*. I. Teil. Bearbeitet v. Fr.
    Curschmann. Rostock 1948, S. 26.

19 Vgl. *1000 Jahre Mecklenburg*. Katalog zur Landesausstellung in Schloß Gü-
    strow 1995, S. 21.

20 »Widukinds Sächsische Geschichten.« In: *Die Geschichtschreiber der deut-
    schen Vorzeit*, Bd. 33, Leipzig 1913, S. 123.

21 Vgl. Ibrahim, S. 16.

22 Vgl. Friedrich Lorentz: *Pomoranisches Wörterbuch*. Fortgeführt v. Friedhelm
    Hinze. Bd. III. Berlin 1971, S. 990f. Zur Bildung des Substantivs »wuolonje« vgl.
    Friedrich Lorentz: *Geschichte der pomoranischen (kaschubischen) Sprache*.
    Berlin, Leipzig 1925, S. 121ff. Das Wort ist indoeuropäischer Herkunft (vgl. lat.
    »voluntas«, dt. »wollen«, frz. »volonté«, russ. »wolja«). In seiner 1588 erschie-
    nenen *Cosmographie* hat S. Münster für die Pommern den Volksnamen »Vuini«.
    Das Kaschubische wird heute wohl von kaum noch hunderttausend Menschen
    gesprochen. Lorentz macht darauf aufmerksam, daß es ebenso wie andere
    Sprachen in den vergangenen Jahrhunderten Laut- und Bedeutungswandlun-
    gen durchgemacht haben muß. »Volguosz« (poln. Wolgosz) – ursprünglicher
    Name der Stadt Wolgast – steht im Kaschubischen heute für Größe. Die gleiche
    Bedeutung hat »Välguosz«, wobei man an Velgast im Barther Land denkt.

10. JUMNE

1 Wolfgang Brüske: *Untersuchungen zur Geschichte des Lutizenbundes*. a.a.O.,
   S. 9f.

2 Władysław Filipowiak/Heinz Gundlach: *Wolin. Vineta*, a.a.O., S. 126.

3 Richard Hennig: *Wo lag Vineta?*, a.a.O., S. 92.

4 Adam, S. 152f., Einleitung.

5 *Älteste deutsche Dichtung und Prosa*. Leipzig 1982, S. 88f.

6 Vgl. Adam, S. 452; *Widsith*. Hg. v. Kemp Malone. London 1936, S. 70, 201f.
   Das Lehrgedicht eines Barden entstand Ende des 7. Jahrhunderts.

7 Arrild Huitfeldt: *Danmarckis Rigis Krönnicke / fran Kong Dan den förste / oc
   indtil Kong Knud den 6 ...* Kopenhagen 1603, S. 107.

8 *Matrikelkarten von Vorpommern 1692–1698*, a.a.O., S. 12.

9 *Thule*, Bd. 19, S. 405.

10 Vgl. A. Haas: »Pommersche Wassersagen.« In: *Pommersche Heimatkunde*, Bd.
    5, Greifswald 1923, S. 7.

11 Adam, S. 442f.

11. WIE UND WANN VINETA UNTERGING

1 *Thule*, Bd. 19, S. 245.
2 *Monumenta Germaniae historica*, XXIX, 396 f.
3 Adam, S. 321, Scholion 56.
4 *Thule*, Bd. 19, S. 314 ff.
5 Vgl. Helmold, S. 151.
6 Helmold, S. 229, 379.
7 *Saxo*, S. 604 f.
8 *Saxo*, S. 629.
9 Vgl. »Herbord's Leben des Bischofs Otto von Bamberg.« In: *Die Geschicht-schreiber der deutschen Vorzeit*, XII. Jahrhundert, Bd. 6, Berlin 1869, S. 56; im folgenden: Herbord.
10 Helmold, S. 377.
11 Vgl. Martin Wehrmann: *Geschichte von Pommern*. Bd. 1. Gotha 1904, S. 78: »Der Zug gegen die Obotriten, an dem auch eine dänische Flotte teilnahm, kam nicht über die Belagerung der Burg Dobin hinaus. Hierbei brachten die Ranen ihren alten Feinden, den Dänen, einen empfindlichen Schlag bei, indem sie ihre Flotte überfielen und nicht wenige Schiffe raubten.« Die Burg Dobin lag am Schweriner See, wohin kein dänisches Schiff gekommen sein konnte. Wurde hier ursprünglich ein Angriff auf »Woulin« geschildert? Dort trafen die geographischen Bedingungen zu. Und die Ranen (also Rugianer) werden in den *Sagas* seit etwa dieser Zeit mit den Pommern des südlichen Festlands gleichgesetzt. Ein Angriff auf Rügen ist für 1147 nicht nachweisbar. Zu dem Angriff auf Dobin (Dubin) vgl. auch Helmold, S. 229.
12 *Thule*, Bd. 19, S. 370.
13 *Saxo*, S. 749.
14 *Thule*, Bd. 19, S. 372.
15 *Saxo*, S. 748.
16 PUB I, 55.
17 PUB I, 75.
18 Martin Zeiller: *Reißbuch durch Hoch und Nider Teutschland*. Straßburg 1632, S. 375.
19 *Saxo*, S. 868.
20 *Saxo*, S. 981.
21 *Thule*, Bd. 19, S. 390.
22 Herbert Ewe: *Stralsund*. Rostock 1969, S. 125.
23 Vgl. *Das älteste Stralsundische Stadtbuch 1270–1310*. Berlin 1872.
24 PUB II, 903. Vgl. auch: Hellmuth Heyden: »Zum Schadegard-Problem.« In: *Greifswald-Stralsunder Jahrbücher* 4 (1964), S. 57 ff. Zum Unterschied von den geläufigen Deutungen der Schadegard betreffenden Urkunde macht Heyden darauf aufmerksam, daß es sich nicht um eine Vernichtung der Stadt, sondern um die Aufhebung ihrer Selbständigkeit gehandelt haben muß.
25 Vgl. Richard Hennig: *Wo lag das Paradies? Rätselfragen der Kulturgeschichte und Geographie*. Berlin 1950, S. 191.
26 Władysław Filipowiak/Heinz Gundlach: *Wolin. Vineta*, a.a.O., S. 20.
27 Ebd., S. 48.

12. VINETA, DIE JÓMSBURG UND
DER VULKANSTOPF

1　Vgl. Manfred Kluger/Martin Lehnert: »Die westsächsische Geographie Germaniens von König Alfred dem Großen.« In: *Veröffentlichungen des Brandenburgischen Landesmuseums für Ur- und Frühgeschichte*, Bd. 28, 1994, S. 188.
2　Helmold, S. 39.
3　Adam, S. 251.
4　Friedrich Christoph Dahlmann: *Geschichte von Dännemark*. Zweites Buch, a.a.O., S. 121 FN.
5　Lauritz Weibull: *Kritiska undersökningar i Nordens historia omkring aar 1000*. Lund 1911, S. 178 f.
6　*Prähistorische Zeitschrift*, Berlin 1932, S. 131.
7　*Thule*, Bd. 19, S. 14.
8　*Saxo*, S. 480.
9　Georg Jacob: *Arabische Berichte von Gesandten an germanische Fürstenhöfe aus dem 9. und 10. Jahrhundert*, a.a.O., S. 270 f.
10　»Salz« ist ein aus dem indoeuropäischen Sprachraum hervorgegangenes Wort (lat. »sal«, engl. »salt«, frz. »sel«, in den slaw. Sprachen »sol« usw.). Wahrscheinlich galt auch die Saale einst als Fluß, auf dem die mit Salz beladenen Schiffe verkehrten. Ebenso dürften viele Orts- und Flurnamen mit der Silbe »sal« oder »saal« auf das Salz zurückzuführen sein.

13. EIN IRRTUM,
DER GESCHICHTE MACHTE

1　PUB I, 22. Hier handelt es sich nicht um eine echte Urkunde, sondern um einen Auszug aus Herbords Otto-Vita.
2　Vgl. »Das Leben des Bischofs Otto von Bamberg von einem Prüfeninger Mönch.« Übersetzt u. eingeleitet v. Adolf Hofmeister. In: *Die Geschichtschreiber der deutschen Vorzeit*, Zweite Gesamtausgabe, Bd. 96, Leipzig 1928, S. 28.
3　Adolf Hofmeister: »Die Prüfeninger Vita des Bischofs Otto von Bamberg.« In: *Denkmäler der Pommerschen Geschichte*, Bd. 1, Greifswald 1924, S. V.
4　Vgl. ebd., S. VII.
5　Herbord, S. 77.
6　Herbord, S. 80 f.
7　Adolf Hofmeister: »Die Prüfeninger Vita...«, a.a.O., S. 45.
8　Herbord, S. 99 f.
9　Herbord, S. 100.
10　»Das Leben des Bischofs Otto von Bamberg von einem Prüfeninger Mönch«, a.a.O., S. 47 f.
11　»Die Chronik des Ekkehard von Aura.« In: *Die Geschichtschreiber der deutschen Vorzeit*, Zweite Gesamtausgabe, 12. Jahrhundert, Bd. 3, Leipzig 1893, S. 160.
12　»Das Leben des Bischofs Otto von Bamberg von einem Prüfeninger Mönch«, a.a.O., S. 32.
13　Herbord, S. 142.

14 Herbord, S. 93.
15 *Thule*, Bd. 19, S. 379.
16 Helmold, S. 353.
17 Vgl. Martin Wehrmann: »Das Bistum Usedom.« In: *Monatsblätter der Gesellschaft für pommersche Geschichte und Altertumskunde*, 49, 1935, S. 18f.
18 PUB I, 51a.
19 Jürgen Petersohn: *Der südliche Ostseeraum im kirchlich-politischen Kräftespiel des Reichs, Polens und Dänemarks vom 10. bis 13. Jahrhundert.* Köln, Wien 1979, S. 311f.
20 PUB I, 72.
21 PUB I, 111.
22 Vgl. Martin Wehrmann: »Das Bistum Usedom«, a.a.O., S. 20. Wehrmann schreibt zwar »etwa von 1160 bis 1180«, doch gilt es als einigermaßen gesichert, daß Cammin schon ab 1176 Bischofssitz war.
23 Jürgen Petersohn: *Der südliche Ostseeraum*, a.a.O., S. 262.
24 Paul Behrens: *Vineta via Rethra.* Rostock 1940, S. 5.
25 »Das Leben des Bischofs Otto von Bamberg von einem Prüfeninger Mönch«, a.a.O., S. 47.
26 PUB II, 1106.
27 Vgl. Martin Wehrmann: »Das Bistum Usedom«, a.a.O., S. 19.
28 Vgl. ebd., S. 18.
29 Vgl. Adolf Hofmeister: *Der Kampf um die Ostsee*, a.a.O., S. 74.
30 Vgl. Paul Josef Schafarik: *Namen und Lage der Stadt Wineta*, a.a.O., S. 15ff.
31 *Thule*, Bd. 19, S. 381.

14. RESÜMEE, AUSBLICK UND NACHTRAG

1 *Schweriner Volkszeitung* vom 6. November 1996.
2 Ibrahim, S. 16.
3 Saxo, S. 706.
4 Herbord, S. 56, 54.
5 *Topographia. Beschreibung und Abbildung der vornehmsten Örter ...*, Th. 13, S. 47.
6 J. D. H. Temme: *Die Volkssagen von Pommern und Rügen.* Hildesheim/Zürich/New York 1994, S. 27.
7 *Sagen aus Pommern.* München 1998, S. 10.
8 Vgl. Johann Micraelius: *Sechs Bücher vom alten Pommernland.* Stettin 1640, Erstes Buch, S. 98.
9 Vgl.: L. Koczy: »Besprechung von Sofus Larsen, Jomsburg, dens Beliggenhed eg Historie«. Kopenhagen 1927 und 1928. In: *Slavia Occidentalis IX* (1930), S. 627–674.
10 Vgl.: Richard Hennig: *Wo lag Vineta?*, S. 47, 107.
11 *Topographia ...*, Th. 13, S. 37f.
12 Vgl. PUB I, 30.
13 Richard Hennig: *Wo lag das Paradies? ...*, S. 191.
14 Vgl. *Landbuch der Mark Brandenburg ...*, S. 298.
15 *Topographia ...*, Th. 13, S. 117f.

REGISTER

Bodstedter Bodden 167, 202 f., 206, 247, 256 f., 268

Bogislaw IV. (Hz. d. Pommern) 158

Böhmen 79, 89, 197

Bolesław I. Chobry, d. Tapfere (poln. Kg.) 70, 223

Bolesław III. Krzywousti, Schiefmund (poln. Kg.) 148, 191, 193–197, 230, 246, 249, 258, 262, 274

Bollnow, Hermann 108, 272

Borgwallsee 184

Born (Darß) 154, 157, 262

Borner Bülten 157, 185, 202 f., 257

Bosau 216

Bosporus 54

Brahms, Johannes 45

Brandenburg (Stadt) 211

Braunschweig 151, 202

Brautfeldzug 191 ff., 200, 241

Brecht, Bertolt 230

Bremen 89

Bresewitz 145, 201

Bresnitz 184 f.

Brokat 40, 59

Bronze 59

Brügge 28

Brüske, Wolfgang 148, 171, 252, 276 f.

Bülten 256

Bugenhagen, Johannes 114, 274

Burg 23, 27 f., 55, 57, 66, 91, 106, 108, 11, 115, 145, 147, 158, 175, 180, 195, 205, 220–223, 270, 272, 274 f.

Burkhardt, Robert 46

Bunarbaschi (Hügel) 255

Byzanz (s. Konstantinopel)

Caesar, Julius 236, 247

Calixtus II. (Pp.) 235, 239, 253

Cammin (poln. Kamie) 96 f., 173, 217 f., 232 f., 235 f., 241 f., 246, 249, 265 f., 279

Camminer Bodden 105

Camminer Haff 134

Christen 27, 31, 33, 43, 53, 90, 197

Christentum 75, 83, 104, 193, 195, 197, 230, 240

Circipaner 262

Codex Oldenburgensis 122, 128 ff.

Curschmann, Fr. 276

Dahlmann, Friedrich Christoph 89, 219, 273, 278

Dambek 154

Damerow 114, 139

Damgarten 51, 154, 161, 170, 184

Damm 87, 154 f., 157, 253

Dänemark 53, 55, 60, 67 f., 71, 81, 85, 89, 91, 114, 123, 186, 192, 194 ff., 219, 227, 270, 272, 275, 277 f.

Dänen 26–33, 43, 60, 67, 71 f., 76, 85, 87 f., 90 f., 97, 100, 105, 108, 121, 145, 152, 155, 172, 188–200, 205 f., 215, 219 f., 222, 232, 241 ff., 245–248, 276

Dänholm 223

Dänische Wieck 136

Darsin 32

Darß (s. Fischland-Darß-Zingst)

Deich 24, 34, 86, 138 f., 157, 195, 200, 202, 225 f., 233

Deichbruch 157, 253

Demmin 54, 83, 85 f., 105, 121 f., 131 f.,

137 ff., 148 f., 151 f., 181, 184, 273

Deutsche 13, 20, 26, 31, 33 f., 126, 134, 189, 206 f., 238, 260, 262, 265, 268

Deutschland 103, 110, 140, 155, 157, 179, 276

Devin 74, 191–197, 199, 206, 221 ff., 254

Deviner See 74, 184 f., 208, 221 ff., 257

Dierhagen 144, 161

Dierhäger Moor 146

Dievenow (poln. Dziwna) 11, 96 f., 100, 102–105, 108, 134, 152, 172, 233 f., 249 f., 252, 261, 263

Długosz, Jan (Johannes Longinus) 136 f., 273

Doenniges, Franz Alexander Friedrich Wilhelm 66

Dubin 276

Dünen 24, 34, 146 f., 172

Ebo v. Michelsberg 231, 234, 237, 249

Edelstein 26

Ehler, Melanie 268

Eider 85

Eisen 42, 59, 163

Ekkehard v. Aura 235, 276

Elbe 84 f., 89, 106, 165, 216, 223

Elfenbein 29, 59

Emaille 29

England 82, 217

Erik d. Gute (dän. Kg.) 189 f., 196

Ewe, Herbert 207, 277

Fagrskinna Saga 67, 175

Fehling, Emil F. 273

Filipowiak, Władysław 43, 103, 105, 167 f., 172, 210, 262 f., 270, 272 f., 275, 277

102, 104f., 107f., 114,
117, 120f., 125, 128,
131f., 134, 137ff., 141,
147, 149–152, 168,
172f., 176, 178f., 181,
184, 189, 192, 213ff.,
220, 225, 233, 240,
243, 249f., 252f., 267,
271f., 276ff.

Hennig, Richard 61, 80,
86, 91, 104, 106, 116,
135, 137, 173, 179, 210,
263, 266, 273ff., 277,
279

Herbord v. Michels-
berg 231–234, 237ff.,
246, 249, 253, 276

Herodot 271

Herrmann, J. 126, 160

Hertesburg 159, 220,
257f.

Hertoge 28, 128

Heyden, Hellmuth 277

Hiddensee 136, 202,
267

Hissarlik (Hügel) 255

Hofmeister, Adolf 106f.,
170, 231, 234, 258,
276f.

Holmgardr (s. Nowgo-
rod)

Holstein 33, 59, 67, 168,
238

Homer 45, 255

Honig 27, 29, 59, 71,
101, 165ff.

Hrbek, Ivan 125, 273

Huitfeldt, Arrild 177f.,
248, 275

Hutten, Ulrich v. 66

Hwarizmi, Muhammad
B. Musa al 124, 273

Ibrahim ibn Jaqub 12,
79f., 82, 84, 104, 123f.,
158, 168, 188, 221, 256,
271f., 275, 279

Idrisi, Abu Abdallah
Muhammad ibn Ab-
dallah ibn 122ff., 127,
167, 188, 201, 248

Imker 175

Imme (s. Biene)

Immenau 175f., 179ff.,
184f., 188, 195ff.,
199–203, 205f., 208,
217, 220f., 226ff., 233,
248, 254, 260

Innozenz II. (Pp.) 210,
236, 239, 264, 271

Irland 75

Isefjord 69, 93

Island 82

Istahrí, al 125, 167

Italien 20, 29, 157

Itinerar (s. Reise-
beschreibung)

Jacob, Georg 80, 225,
271, 277

Jarlsreich 68, 71

Jaubert, Pierre Amédée
123

Johannistag 44, 51

Jómsburg 11, 28, 66–74,
76, 89, 97, 106ff.,
122, 170, 173, 184,
188, 192, 219–223,
248f., 263, 270, 273,
277

Jómsvikinga Saga 67,
69, 74ff., 106, 108,
184, 219–222, 253

Jómswikinger (s. Wikin-
ger)

Julin 29, 43, 45, 73, 80,
91f., 97, 100, 104–108,
129, 173, 178f., 190 bis
193, 197, 205, 210,
219ff., 231–237, 239,
241, 246–249, 253,
262f., 266, 273

Jumne 20f., 69, 72f.,
75, 78, 80, 83ff., 87ff.,
91ff., 102, 104–108,
114, 116, 121f., 124f.,
131f., 141, 145ff., 162,
170–176, 177–179, 181,
184, 188f., 192, 210,
220, 224f., 252, 260f.,
263, 275

Jütland 30, 93

Kaiser-Friedrich-
Museum, Berlin 16

Kantzow, Thomas
114f., 272

Karl IV. (Ks.) 166

Karl, Wolfgang 154,
262, 268, 275

Karthago 230

Kaschuben 272

Kästner, Erich 5, 45,
270

Kaufleute 22, 24, 28ff.,
33f., 40f., 43, 54,
56–60, 84, 123, 125ff.,
140, 159

Keilhack, Konrad 148,
274

Kessiner 162, 198, 227,
262

Kette (Schmuck) 26, 40

Kiew 20, 24, 31, 59, 125,
167

Kiewer Reich 84

Kirche, griechisch-
orthodoxe 61, 84

Kirche, römische 58, 61,
197, 237

Klemens III. (Pp.) 236,
241

Kluger, Manfred 216,
277

Knut Laward 192, 194,
196

Knut VI. (dän. Kg.) 114,
151f., 206

Knytlinga Saga 67–72,
76, 93, 188f., 191, 198,
206, 219, 240, 249

Koczy, L. 279

Kolberg (poln. Koło-
brzeg) 210, 235, 265f.

Konrad (B. v. Lü-
beck) 243

Konrad I. (B. v. Pom-
mern) 241, 245

Konstantinopel (By-
zanz) 41, 54, 59, 80,
84, 224, 260

Konverse (s. Laien-
bruder)

Körkwitz 161, 226f.